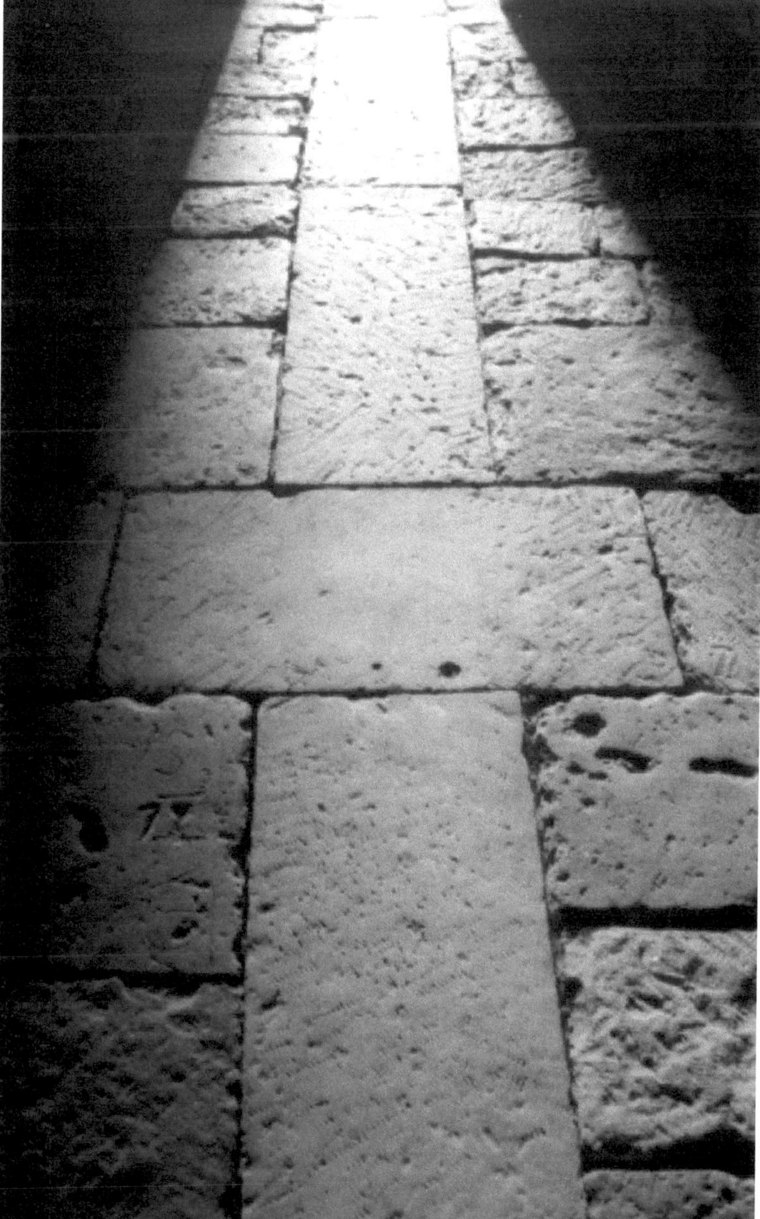

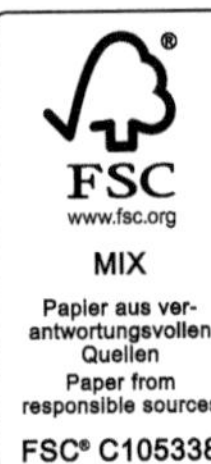

Klaus Schröer,
»Das Rätsel des Lammes - Der Genter Altar und sein Vorbild«

Bibliografische Information der Deutschen Nationalbibliothek:
Die Deutsche Nationalbibliothek verzeichnet diese Publikation
in der Deutschen Nationalbibliografie; detaillierte bibliografische
Daten sind im Internet über dnb.dnb.de abrufbar.

© 2017 Klaus Schröer, www.klaus-schroeer.com
Herstellung und Verlag:
BoD – Books on Demand, Norderstedt

ISBN: 9783743179462

Umschlagbild: Ausschnitt aus der Tafel der Anbetung des Lammes des Genter Altars
Seite 3: Klaus Schröer, Foto des Bodens im Zentrum der Grabkirche La Vera Cruz

Inhalt

Vorwort für eine Entdeckung

Eine echte Entdeckung scheint keine unmittelbare Motivation zu haben. Sie geschieht wohl eher nachdem man sich lange auf etwas konzentriert hat und dann zum erstenmal entspannt. Diesem Buch liegt eine solche zu Grunde.

Als derjenige, dem diese Entdeckung widerfuhr, möchte ich nicht den Versuch unternehmen, der ihr innewohnenden Kraft des Neuen einen Weg vorzuschreiben. Vielmehr betrachte ich es als meine Pflicht, sie vorzustellen, indem ich ihre Existenz hinreichend begründe, um sie dann gut gerüstet und für die wichtigsten Fälle gewappnet in die Freiheit zu entlassen.

Im folgenden wird also jene Entdeckung am Genter Altar über 500 Jahre nach dessen Entstehung gelüftet werden, auf daß noch größere daraus hervorgehen mögen. Es werden die ersten Ansätze zur Interpretation erörtert und den eigenen der Leser reichlich Material zur Vertiefung geboten.

Dann wird das Schicksal unter Ihnen, verehrte Leserinnen und Leser, jene Personen finden, die die nächsten Schritte in diesem geistigen Abenteuer gehen werden.

Klaus Schröer

I. Teil
Die Entdeckung

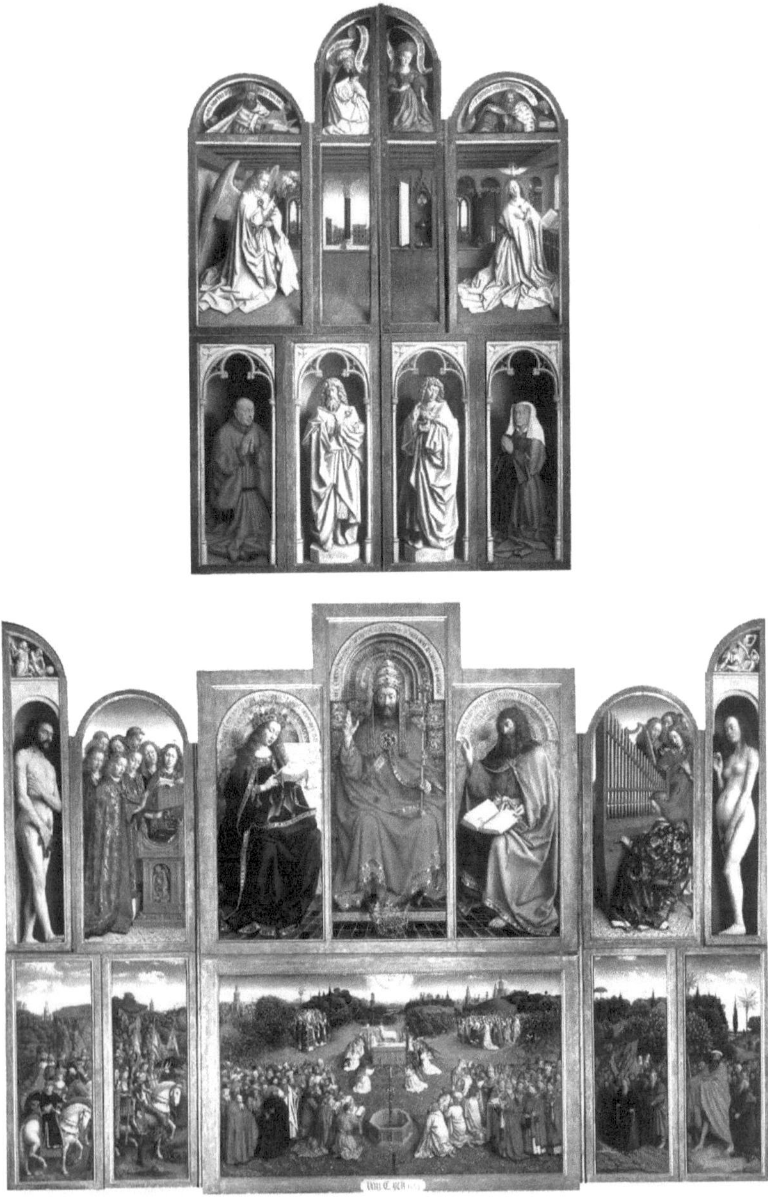

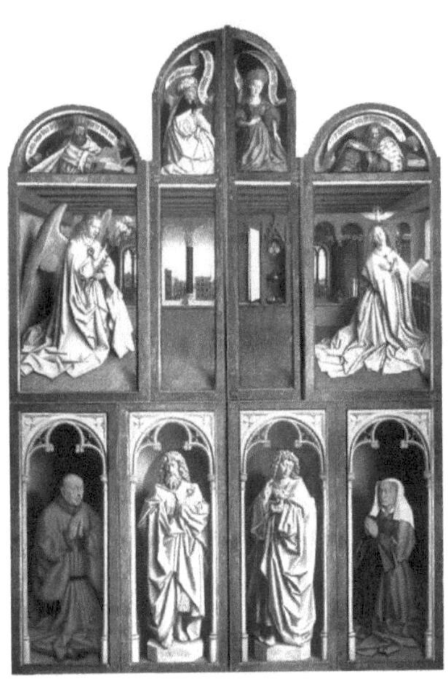

Abb. 1: van Eyck, Genter Altar, 1432; Gent, St.Bavo: Werktagsseite (ca. 380 x 240 cm mit Rahmen) und Sonntagssseite (ca. 380 x 480 cm mit Rahmen)

Geschichte und Rang des Genter Altars

Der wohl in erster Linie von Jan van Eyck geschaffene Genter Altar (Abb. 1) stand schon früh in dem Ruf, das schönste Gemälde der Christenheit überhaupt zu sein[1]. Tatsächlich kommt man bei seiner Würdigung nicht an Superlativen vorbei.

Sein Format kann mit 380 x 480 cm im aufgeklappten Zustand (mit Rahmen) im Vergleich zu den Dimensionen der Buchillustration, aus deren Schattendasein er 1432 heraustrat, nur als monumental bezeichnet werden.

Schier unfaßbar muß vom heutigen Standpunkt auch die Plötzlichkeit wirken, mit der er in seiner Qualität und Quantität die noch junge und geradezu jungfräuliche Bühne der europäischen Malerei betrat. In kaum einem anderen erdenklichen Bereich der abendländischen Kultur scheinen der Beginn einer Entwicklung und deren Vollendung derart eng zusammenzufallen wie in diesem Kunstwerk. Man stelle sich vor, die Gebrüder Wright hätten nicht nur das erste Flugzeug, sondern direkt die Concorde erfunden.

Tatsächlich dürfte sich diese Entwicklung aber etwas sanfter vollzogen haben. In den Jahren 1566 und 1578 wütete in den Niederlanden die Bildersturmbewegung. Die im Sinne einer Götzenanbetung geäußerte Bilderkritik der Reformatoren Calvin und Zwingli hatte einen wütenden Mop aus Arbeitern, Handwerkern und Bauern generiert, dem in zahlreichen Städten Kunstwerke von unschätzbarem Wert zum Opfer fielen[2]. In der Kirche St. Bavo zu Gent, von jeher die Heimat des Genter Altars, wurden unter anderem prächtige Buntglasfenster (Schenkungen von Karl V. und Philipp II.) und die Krypta zerstört[3]. Den Genter Altar selbst hatte man zum Glück rechtzeitig abgebaut und ins Rathaus geschafft[4]. Seine malerischen Vorgänger in Form von älteren mit ölhaltigen Farben geschaffenen Tafelgemälden aber gingen hier und anderen Ortes für immer verloren. So steht uns das berühmte Werk van Eycks um so mehr als einsamer Monolith der abendländischen Kunst gegenüber.

Seine Maltechnik war revolutionär. Zum erstenmal gelang die Verwendung von ölhaltigen Farben in der „Naß-in-Naß"-Technik, die dem Maler im Gegensatz zur Arbeit mit den schnell trocknenden reinen Temperafarben die Modellierung feinster Übergänge zwischen Licht und Schatten erlaubt. Der große italienische Künstlerbiograph des 16. Jhd., Giorgio Vasari, sah daher in Jan van Eyck (und seinem Bruder) gar den Erfinder der Ölmalerei selbst, was in dieser Verallgemeinerung allerdings nicht zutrifft. Zum einen verwendete van Eyck keine reine Ölfarbe, sondern mischte Temperafarben etwas Öl bei (die eigentliche Ölmalerei setzte sich erst im 16. Jhd. durch)[5]. Zum anderen beschrieb bereits um 1100 der deutsche Mönch Theophilus Ölfarben in einem Traktat und beurteilte mit der langen Trocknungszeit ihren größten Vorteil als „lästig"[6]. Im 15. Jhd. schenkte das älteste Handbuch zur Maltechnik in mittelhochdeutscher Sprache, das Straßburger Manuskript, im letzten von drei Teilen den Malern Einblick in die Herstellung des magischen Materials[7].

Das grundsätzliche Wissen um diese Technik dürfte sich in den Werkstätten der frühen niederländischen Malerei also bereits einer gewissen Verbreitung erfreut haben und im Aufbau der Gemälde der Zeit van Eycks sind nur geringe Unterschiede und somit wenig Werkstattgeheimnisse auszumachen. So wurden Eichetafeln als Bildträger mit Kreide und Tierhautleimung grundiert, die nach dem Trocknen zu einer völlig glatten Fläche poliert wurden, auf welcher dann die Vorzeichnung gesetzt und mit einer Schicht reinen Öls imprägniert wurde. Erst dann folgte die eigentliche Farbe in zunächst deckenden und dann immer transparenteren Schichten von hell zu dunkel mit Ausnahme der zum Schluß zu setzenden Lichtreflexe[8].

Doch gerade die drei langen Jahrhunderte zwischen Theophilus und dem Genter Altar lassen erahnen, daß für die optimale Nutzung der ölhaltigen Farbe noch eine ganze Reihe von weniger spektakulären Erfindungen notwendig gewesen war, wie z.B. das Beimischen von Schwermetalloxiden, Blei und Zinn zur Aussteuerung der Trocknungszeit. Die Werkstatt der van Eycks scheint die erste gewesen zu sein, die zu jeder in diesem Zusammenhang entstandenen Herausforderung die richtige alchimistische Antwort fand.

Daß Jan van Eyck diesen materialtechnischen Vorteil auch wie kein zweiter zu nutzen wußte, sollte indes weniger verwundern. Die Üppigkeit seines malerischen und zeichnerischen Talents dürfte erst jenen Innovationsdruck erzeugt haben, der diese technischen Entdeckungen wahrscheinlich machte. Die Feinheit seines Striches gilt entsprechend bis heute zurecht als unerreicht.

Die Ursprünge der seit 1540 St. Bavo und zuvor Johannes dem Täufer als St. Jan geweihten Kirche, für die der Genter Altar geschaffen wurde, gehen mindestens auf das 10. Jhd. zurück, als Transmarus, Bischof von Doornik-Noyon, hier eine Kapelle den beiden gerade genannten Heiligen sowie dem St. Vedastus weihte[9]. Hier fanden bedeutende kirchliche Weihen der großen Herzöge von Burgund statt. Auch Karl V. wurde hier getauft[10]. Die Räumlichkeit beherbergte 1445 das siebte und 1559 auch das letzte von insgesamt 23 Kapiteln (Versammlungen) des mächtigsten Ritterordens des 15. und 16. Jahrhunderts, des legendären Ordens vom Goldenen Vlies[11]. Die vielen Wappenschilde an den Innenwänden künden noch von jenen Momenten, in denen in diesen Hallen die mächtigsten Menschen ihrer Zeit als Ordensgroßmeister mit Ihrer Ritterschaft aus Grafen, Prinzen und Königen zusammenkamen.

Die Stadt Gent (vom keltischen Wort Ganda, „Zusammenfluss", „Mündung") selbst war schon im 11. Jhd. nach Paris zur zweitgrößten Stadt in Nordeuropa avanciert. Ihre Textilmanufakturen machten sie zu einer Wirtschaftsmetropole, in der sich früher als an anderen Orten eine bürgerliche Kaufmannschaft als politische Macht etablierte, die sich oft gegen den Adel erhob[12]. 1384 fiel das Herz Flanderns wenn auch nicht widerstandslos an das in der Folge kometenhaft aufstrebende Burgund[13], da die Erbin Margarete von Flandern Philipp den Kühnen von Burgund im St. Jan am 19. Juni

1369 mit gewaltigem Pomp geehelicht hatte[14].

An dem Tag, an dem der Genter Altar geweiht wurde, war die Kirche wieder Schauplatz eines fürstlichen Spektakels. Isabella von Portugal hatte dem Herzog von Burgund Philipp dem Guten einen Sohn geschenkt, der zu diesem Zeitpunkt auch die Erbfolge führte (jedoch kurz darauf verstarb). Er wurde am 6. Mai 1432 in St. Jan getauft[15]. Dies ist das gleiche Datum, das die Widmungsinschrift des Genter Altars bzgl. seiner Weihe angibt.

Dieses wichtigste Indiz für eine Datierung wurde im Jahre 1823 bei Restaurierungsarbeiten im Berliner Kaiser-Friedrich Museum auf dem Rahmen der Werktagsseite des Altars entdeckt[16].

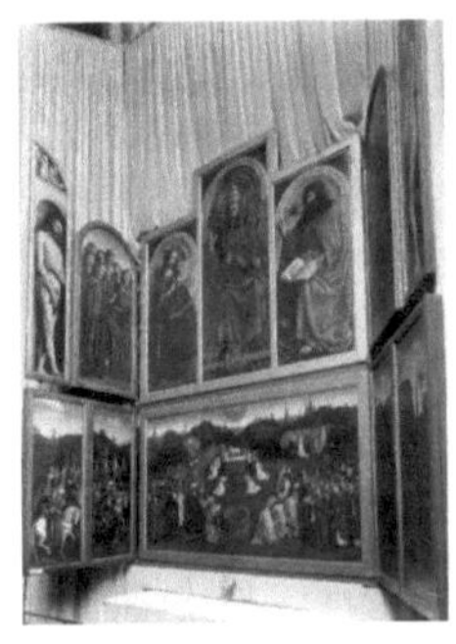

Abb. 2: Der Genter Altar in der Vijd-Kapelle, St. Bavo, Gent

Der nicht mehr gänzlich zu entziffernde lateinische Vierzeiler, dessen Echtheit bis zum heutigen Tag immer wieder angezweifelt wurde[17], gibt Auskunft über die wesentlichen Eckdaten der Genese: den Auftraggeber, die Auftragnehmer und den Tag der Weihe. Der Text lautet mit den Ergänzungen und der entsprechenden Übersetzung nach Schneider:

(PICTOR) (H)UBERTUS (E) EYCK. MAIOR QUO NEMO REPERTUS
INCEPIT PONDUSQ(UE) IOHANNES ARTE SECUNDUS
(FRATER PERFUNCTUS) JUDOCI VIJD PRECE FRETUS
VERSV SEXTA MAI. VOS COLLOCAT ACTA TVERI

(Der Maler) (H)ubert van Eyck - es wurde niemand gefunden, der größer war als er - begann (dieses Werk). Jan (sein Bruder), in der Kunst der zweite, vollendete die Aufgabe auf Wunsch des Jodocus Vijd. Mit dem letzten Vers lädt er euch ein, am 6. Mai das, was geschaffen wurde, zu betrachten[18].

Die Buchstaben der letzten Zeile, welche lateinischen Zahlzeichen entsprechen, wurden in roter Farbe auf dem Rahmen aufgetragen und ergeben ein sogenanntes Chronogramm, d.h. durch ihre Addition ergibt sich die Jahreszahl, in diesem Fall 1432[19].

Bereits mit dieser Inschrift deutet der Genter Altar seinen

rätselhaften Charakter an. Als Auftraggeber des Werkes
wird nicht etwa ein Papst oder ein bedeutender Fürst genannt, sondern ein wohlhabender Kaufmann aus Gent namens Jodocus Vijd, der zusammen mit seiner Frau auf zwei
Tafeln der Werktagsseite in einer betenden bzw. büßenden
Haltung wiedergegeben ist (Abb. 3). Das Altarbild war Teil
seiner umfassenden Stiftung an die Kirche St. Jan. Es war
für die in diesem Zuge ebenfalls entstandene Vijd-Kapelle
bestimmt, die als Familiengruft dienen sollte und deren
Ausschmückung etwa 1420 begann[20]. Wer diese Kapelle,
in der sich heute nur noch eine maßstabsgetreue Kopie des
Altars befindet, in der wunderbaren Kirche St. Bavo zu Gent
besucht, wird unweigerlich zu dem Schluß kommen, daß das
Bildwerk mit seinen Flügeln für diesen Raum völlig überdi-
mensioniert war (Abb. 2).

Ferner muß verwundern, daß Jan van Eyck seit 1425

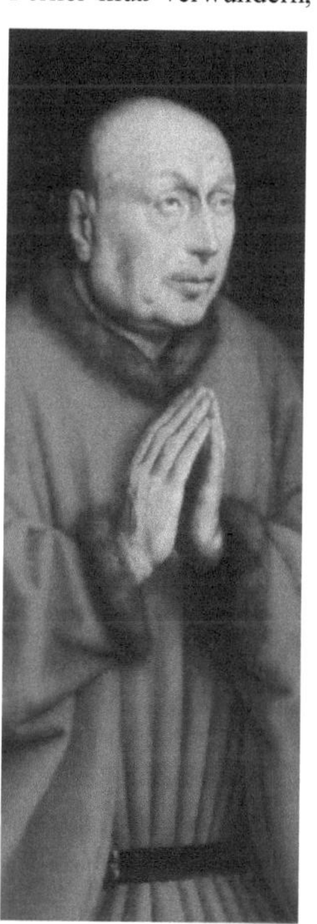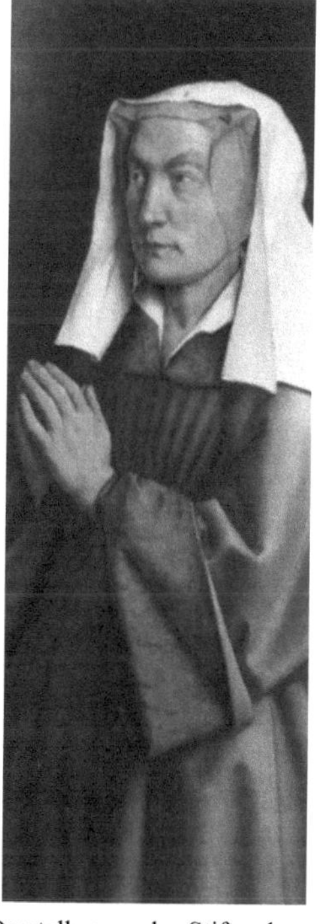

Abb. 3: van Eyck, Genter Altar: Darstellungen des Stifterehe-
paares auf der Werktagsseite

15

und somit bereits sieben Jahre vor der Fertigstellung des Genter Altars in die Dienste des schon erwähnten Philipp des Guten (Abb. 4) trat. Es ist schwer vorstellbar, daß es der Souverän für gut befand, daß Jan van Eyck einen Großteil seiner Zeit für ein privates Fremdprojekt opferte, während er vom Fürsten ein festes Einkommen bezog. Erschwerend kam hinzu, daß der Vater Jodocus Vijds den Großvater Philipps des Guten betrogen hatte[21] und somit das Verhältnis zwischen Jan van Eycks Auftraggeber und seinem Arbeitgeber aufgrund dieser Erbschuld eigentlich kein Gutes hätte sein dürfen, selbst wenn man der allgemein verbreiteten Annahme folgt, der Auftrag für den Genter Altar sei etwa 1420 erteilt worden[22]. Tatsächlich aber war das Zusammentreffen von Jodocus Vijd und Philipp dem Guten an diesem Tag in St. Jan kein unerwünschter Zufall. Vielmehr war Jodocus Vijd der Taufpate des kleinen Joos, den Philipp der Gute und seine Gemahlin an diesem Tag stolz dem versammelten Hof und internationalen Gästen präsentierten[23].

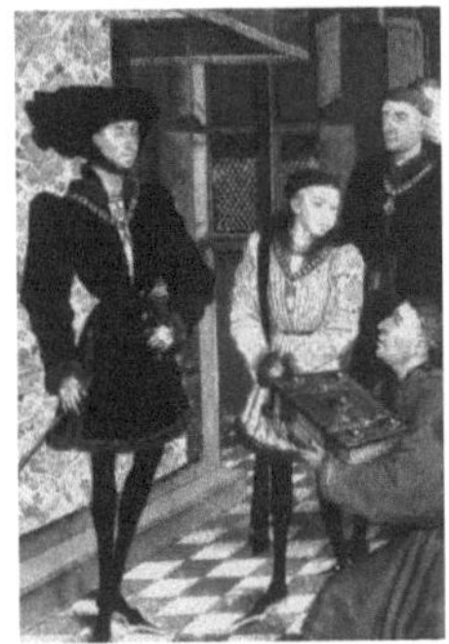

Abb. 4: Philipp der Gute, Herzog von Burgund; Ausschnitt aus Rogier van der Weyden: Widmungsbild, „Chroniques du Hainaut" von Jasques de Guise, um 1448; Brüssel

Die Kunsthistorikerin Elisabeth Dhanens fand für diese Ungereimtheiten eine einfache Erklärung: Mit der Stiftung des Genter Altars versuchte Vijd das Vergehen seines Vaters zu sühnen[24]. Dieses in der damaligen Zeit nicht unübliche Vorgehen erklärt auch die Dimensionierung des Werkes, die Tätigkeit Jan van Eycks für beide Geldgeber und natürlich die Verknüpfung der Altarweihe mit der Taufe. Der Genter Altar sollte dem großen Herzog von Burgund gefallen - Jodocus Vijd war in erster Linie für die Bezahlung zuständig.

Denkt man diese plausible Erklärung konsequent weiter, läßt sich folgern, daß sich die Aussöhnung zwischen Fürst und Kaufmann allerspätestens schon 1424/25 vollzogen haben muß. Denn von diesem Zeitpunkt weiß man, daß Jodocus Vijd bereits einer herzoglichen Delegation nach Zeeland angehören durfte[25], was für seine Geschäfte sicherlich kein Übel war. Unterstellt man Jodocus eine gesunde Mischung aus Gier und Opportunismus, so dürfte er schon kurz nach dem Amtsantritt des Herzogs 1419 den Ausgleich gesucht haben, den er bei dessen Großvater nicht erzielen konnte[26]. Somit rückt auch die wahrscheinliche Auftragsvergabe für den Genter Altar um 1420 wie die gesamte Stiftung Vijds an St. Jan mit dem anzunehmenden Datum der Aussöhnung eng zusammen.

Die mit der Inschrift verbundenen Fragen sind damit aber noch nicht vom Tisch. Ausdrücklich wird ein zweiter Künstler erwähnt, der das Altarwerk begann und in dem man einen älteren Bruder Jans vermutet. Im Gegensatz zu Jan van Eyck ist über dessen Leben mit Ausnahme der Altarinschrift jedoch sehr wenig bekannt. Ein wichtiges Indiz seiner Existenz soll sich bis zu seiner Zerstörung im Jahre 1578 im Boden der Vijd-Kapelle befunden haben. Es war die mutmaßliche Grabplatte jenes Hubrecht van Eyck. Ihrer überlieferten Inschrift zu Folge starb dieser 1426[27]. Der Anteil, den dieser potentielle Bruder an den Arbeiten zum Genter Altar noch vor seinem Dahinscheiden beisteuern konnte, wird wohl nie gänzlich zu klären sein.

Der malerische Schatz von St. Bavo sorgte vom ersten Tage seiner Präsentation an für größtes Aufsehen. In Windeseile verbreitete sich die Nachricht seiner Existenz wie der Bericht über ein Wunder. Wie ein solches muß das Werk vor allem auf das einfache Volk gewirkt haben, das keinerlei textlichen Zugang zum christlichen Glauben besaß. Bereits 1435 fand vor dem Altar täglich eine Messe statt[28]. 1458 machte sich Philipp der Gute dessen enorme Popularität zunutze: Die Sonntagsseite wurde auf einer dreistöckigen Bühne als lebendes Bild (ohne Adam und Eva) auf seinem Festzug durch Gent nachgestellt[29]. Schon 1591 - zu diesem Zeitpunkt hatte eine Stadt wie Hamburg etwa 20.000 Einwohner - mußte der Zugang zum Genter Altar wegen der enormen Besucherzahlen auf vier Termine pro Jahr beschränkt werden[30]. Nicht nur das gemeine Volk konnte sich für van Eycks Malerei begeistern. Große Künstler wie Albrecht Dürer[31], Gelehrte und Geistliche zog es nach Gent.

Der Kunstschatz weckte aber, wie alles Weltliche von Wert, auch niedere Begehrlichkeiten auf den höchsten Ebenen der Gesellschaft. So wurde die über 500-jährige Geschichte des Genter Altars immer wieder von Versuchen überschattet, in seinen Besitz zu gelangen. 1557 plante der allmächtige Philipp II. (Abb. 5) ihn mit zu seiner Thronbesteigung nach Spanien zu nehmen und scheiterte am Widerstand der Erben Vijds. Der Altar blieb in Gent und Philipp II. ließ von seinem Hofmaler M. Coxcie in nur zwei Jahren (!) eine hervorragende Kopie erstellen, für die er den Künstler mit 4000 Dukaten, dem doppelten des ausgemachten Preises[32], fürstlich und ohne Rücksicht auf die ruinösen Staatsfinanzen entlohnte. Wohl aus Wut über die Reaktion der Besitzer des Originals ließ er die Tafeln mit den Darstellungen des Stifterpaares vom Künstler in der Kopie durch Evangelisten ersetzen[33].

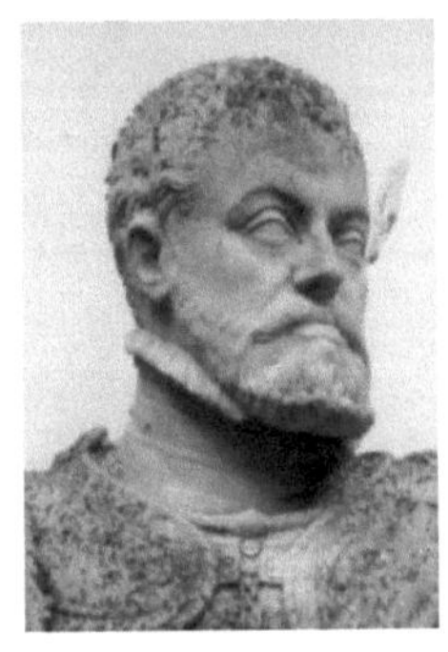

Abb. 5: Philipp II, Alcazar, Segovia

Philipp II. unternahm 1578 einen erneuten Zugriff auf das Original. Sein Versuch, das Bildwerk Elizabeth I. von England zum Geschenk zu machen, scheiterte aber ebenfalls.

1640 mußte der Genter Altar aus höchster Gefahr gerettet werden, nachdem das Dach des Chores und die kleine Campanile in Brand geraten waren[34].

Im Zuge der Revolutionskriege wurden die Mitteltafeln des Genter Altars 1794 von französischen Republikanern nach Paris in das Musée Central d'Art verschleppt[35]. Nachdem Napoleon in Waterloo verlor, kamen sie nach Gent zurück[36].

1822 fing der St. Bavo erneut Feuer. Neben dem Dach des Chorumgangs und der Vernichtung der Seitenkapellen wurden die Mitteltafeln des Altars in Mitleidenschaft gezogen, was eine Restauration im 19. Jhd. notwendig machte[37].

Bereits 1821 hatte die preußische Krone über den Belgier Nieuwenhuys und den Engländer Solly die Flügeltafeln ohne Adam und Eva (und deren Rückseiten)[38], die zuvor schon der prüde Kaiser Joseph II. 1781 wegen ihrer Anstößigkeit hatte entfernen lassen, erworben.

Die Mitteltafeln hat man während des 1. Weltkrieges in Gent versteckt[39]. Als im Jahre 1920 aufgrund einer eigens getroffenen Regelung im Versailler Vertrag die preußischen Tafeln wieder nach Gent zurückgelangten, war der Altar zum ersten mal seit 140 Jahren wieder komplett zu bewundern[40].

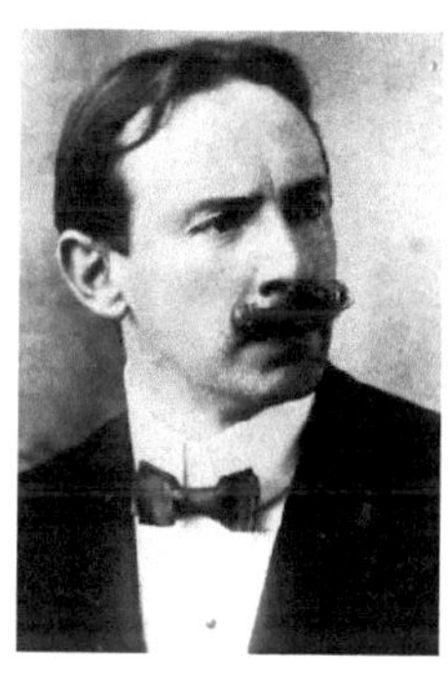

Abb. 6: Arsène Goedertier

Nun folgte der mysteriöseste Raub der Kunstgeschichte: In der Nacht des 11.April 1934 wurden die Flügeltafeln des Hl. Johannes und der Gerechten Richter aus dem Genter Altar gestohlen. Daraufhin erhielt der Bischof von Gent diverse Erpresserbriefe, in denen ein Lösegeld von 1 Mio. belgischer France für die Herausgabe der Tafeln verlangt wurde[41]. Lediglich die Johannestafel wurde von dem oder den Erpressern im Zuge der Lösegeldforderung am Brüsseler Nordbahnhof deponiert und konnte so wieder an ihren ursprünglichen Ort zurückgebracht werden. Die Tafel der Gerechten Richter blieb bis zum heutigen Tag trotz zum Teil aberwitziger Versuche ihrer Wiederauffindung (wie z.B. dem Sprengen von Brücken) verschollen und wurde durch eine Kopie von J. van der Veken ersetzt.

Nachdem Arsène Goedertier (Abb. 6), ein wohlhabender belgischer Finanzmakler und Politiker, Ende 1934 auf dem Sterbebett seinem Notar gestanden hatte, nur er wisse, wo die verschollene Tafel der Gerechten Richter sei, aber ohne deren Verbleib zu klären, erwuchs die räuberische Erpressung zu einem der größten Skandale der belgischen Geschichte. Es kam zu einigen Todesfällen im Umfeld Goedertiers. Ferner gerieten hohe Richter und selbst Minister in den Verdacht, mit der Geschichte etwas zu tun zu haben. Goedertier verfügte bei seinem Dahinscheiden über ein Vermögen von drei Millionen belgischen France (eine Lösegeldzahlung ist nie erfolgt). Seine Rolle dürfte nicht die eines Täters gewesen sein – vielmehr spricht einiges dafür, daß er den Tätern auf die Spur gekommen war.

Die Umstände des Verbrechens wurden bis heute nicht geklärt. Die Ereignisse von 1934 werden aber nicht wie bei vielen Veröffentlichungen im Zusammenhang mit dem Genter Altar im Zentrum dieses Buches stehen, wenngleich eine Wiederauffindung der Gerechten Richter natürlich zutiefst wünschenswert wäre. Es wird um ein älteres und fundamentaleres Geheimnis des Kunstwerks gehen[42].

Nachdem der zweite Weltkrieg ausgebrochen war, geriet der Genter Altar ins Visier der deutschen Nationalsozialisten. 1940, während der Besetzung Belgiens, scheiterte ihr Versuch, das Kunstwerk unter Kontrolle zu bringen. Genter Bürger hatten in einer Nacht- und Nebelaktion den Altar ins Schloß Pau im unbesetzten Frankreich nahe der spanischen Grenze in Sicherheit gebracht. 1942 wurden die Tafeln schließlich doch von dort nach Neuschwanstein (Abb. 7) geschafft[43] - auf persönlichen Befehl Adolf Hitlers und mit Duldung der Behörden der Vichy-Regierung[44]. Man muß sich als kunstbegeisterter Mensch fragen, was wohl das größere Verbrechen war: Die Aneignung des Altars selbst oder die Geschmacklosigkeit bei der Wahl seiner neuen Herberge? Nachdem auch das Märchenschloß in die Reichweite der Realität alliierter Bomber gelangt war, wurden die Tafeln zusammen mit anderer Beutekunst nach Altaussee in eine Salzmine gebracht, wo sie später von den Bezwingern des Deutschen Reichs sichergestellt wurden[45].

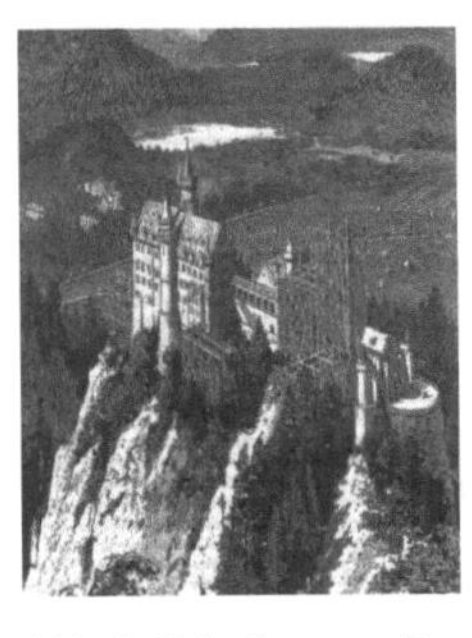

Abb. 7: Beherbergte zeitweilig den Genter Altar: Schloß Neuschwanstein

Der mysteriöse Raub der Gerechten Richter, das nachweislich starke Interesse des deutschen Kunstschutzes und der SS-Organisation Ahnenerbe nährten jene Legende, nach der der Genter Altar nichts geringeres beinhalten solle, als einen Hinweis auf den Verbleib des Heiligen Grals[46].

Seit 1945 kann man den Genter Altar wieder dort bewundern, wo er hingehört: im St. Bavo zu Gent[47]. 1952 wurde er in den zentralen Laboratorien der belgischen Museen unter Leitung von Prof. Dr. P. Coremans gereinigt und restauriert[48].

1986 wurde er aus Sicherheitsgründen und Platzmangel von der Vijd-Kapelle in die ebenfalls zu kleine Villa-Kapelle des Doms verlegt[49].

Es ist eine böse Ironie des Schicksals, daß der Genter Altar all die Wirren und Gefahren seiner Geschichte zwar unbeschadet überdauerte (abgesehen von der Tafel der Gerechten Richter), aber ausgerechnet beim Versuch seiner Pflege möglicherweise eine ganze Tafel verloren ging. So berichtet M. van Vaernewijk 1568 davon, daß bei Restaurierungsarbeiten im Jahre 1550 eine mit Wasserfarben gemalte Predella mit Darstellungen der Hölle zerstört wurde. Er benennt auch mit Lancelot Blondeel und Jan van Scorel die Schuldigen[50]. Bis heu-

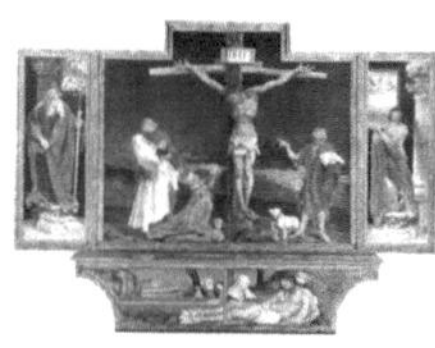

Abb. 8: Mathis Grü-
newald, Isenheimer Altar
mit Predella, 1506-1515,
Antoniterkloster, Colmar

te ist ungeklärt, ob diese Schilderung ernst zu nehmen ist oder ob es hier nur darum ging, zwei Kollegen als Dilettanten oder Kunstverächter zu brandmarken.

Die Predella ist ein verzierter Unterbau eines Flügelaltars. Hier war wohl eine Bildtafel gemeint, die sich unterhalb der Mitteltafeln der Sonntagsseite befand und somit im geschlossenen wie geöffneten Zustand des Altars sichtbar gewesen wäre. Zahlreiche andere Altäre vor und nach van Eyck weisen genau so eine Tafel auf, wie z.B. der Isenheimer Altar (Abb. 8). Ferner wäre es gestalterisch durchaus folgerichtig, die Darstellung der Hölle mit einem minderwertigeren Material zu erstellen, wie die anderen Tafeln, die edle Bildgegenstände zeigen. Die Möglichkeit der Wahrhaftigkeit des Berichtes ist daher zu erwägen.

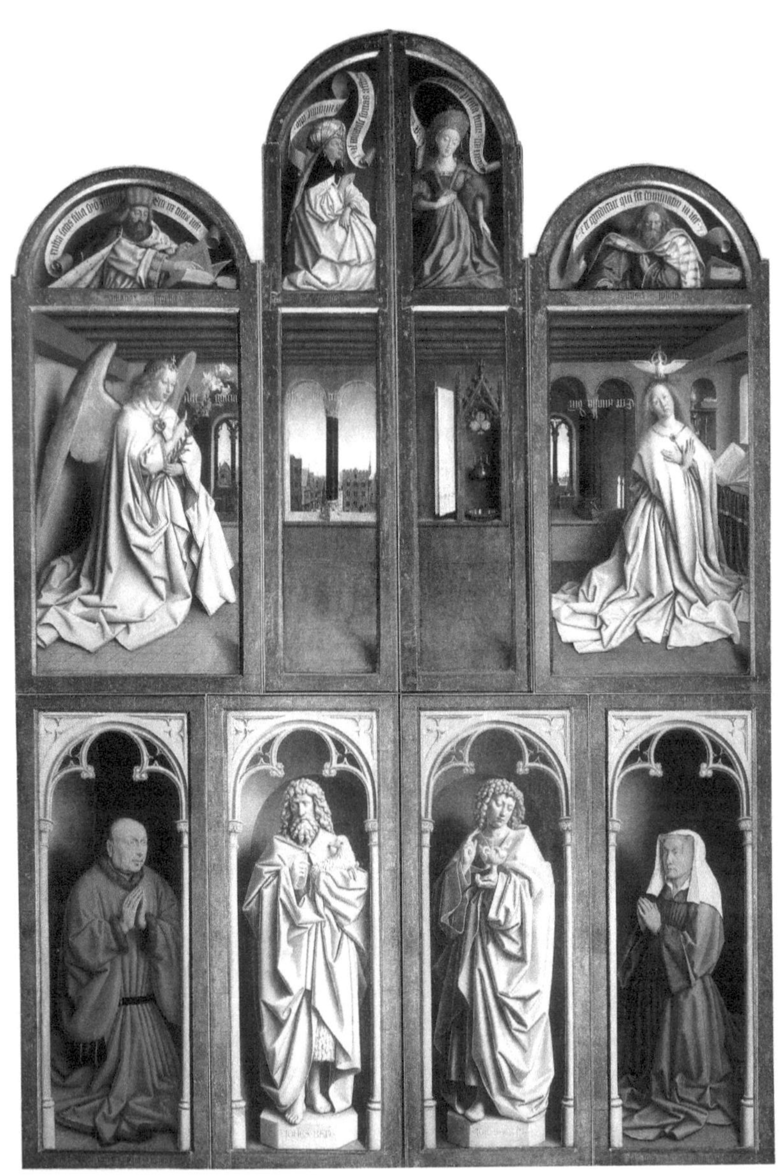

Abb. 9: van Eyck, Genter Altar: Werktagsseite

22

Inhalt und Bedeutung des Genter Altars

Die altniederländische Malerei, zu deren wichtigsten Vertretern neben Jan van Eyck (um 1390-1441) und dessen Schüler Petrus Christus (ca. 1410/1420-1473), Robert Campin (ca. 1375-1444) und dessen Schüler Rogier von der Weyden (1400-1464), sowie Hugo van der Goes (1440-1482), Hans Memling (um 1435-1494) und Hieronymus Bosch (1450-1516) zu zählen sind, entwickelte sich aus der Buchillustration heraus. So werden auch einige Miniaturen zu einem Stundenbuch (eine nach Andachtszeiten geordnete Sammlung von Gebeten) als Jugendwerk Jan van Eycks betrachtet[1]. Die unglaublich feinen malerischen Strukturierungen der Bildgegenstände in van Eycks erhaltenen Tafelbildern, die zum Teil mit einzelnen Pinselhaaren gemalt worden zu sein scheinen, läßt noch den geübten Miniaturmaler erkennen.

Der Genter Altar als sein ältestes erhaltenes und datiertes großformatiges Werk ist im besonderen Maße als Illustration religiöser Texte zu verstehen, wenngleich das für die Kunst dieser Zeit ohnehin zu gelten scheint. Die Konzeption eines solch komplexen Gegenstandes war hauptsächlich eine theologische Aufgabe und nicht selten wurde sie, wie beim Isenheimer Altar des Mathis Grünewald bezeugt, nicht vom Maler selbst, sondern von einem belesenen Geistlichen, im genannten Fall Guido Guersi[2], vollzogen. Beim Genter Altar gibt es keine konkreten Hinweise auf einen solchen Berater. Auch wenn Jan van Eyck höchst gebildet war, worauf seine noch näher zu beleuchtenden diplomatischen Tätigkeiten schließen lassen, dürfte er wohl inhaltliche Unterstützung erfahren haben.

Als Quellen dienten dabei nicht nur das Alte und Neue Testament als solche, sondern der gesamte damit im Zusammenhang stehende theologische Überbau, wie z.B. die Werke der Kirchenväter und die Heiligengeschichte. Ferner floßen historische, politische und zeitgeschichtliche Bezüge ein.

Die Zugehörigkeit zur Bibel der für den Genter Altar wesentlichen Offenbarung des Johannes war lange fraglich und in den Gottesdiensten der Ostkirchen wird sie bis auf den heutigen Tag gemieden[3]. Noch Martin Luther hatte Bedenken[4], sie in seine deutsche Übersetzung aufzunehmen.

Die Werktagsseite

Der Autor des also nicht unumstrittenen, aber seit seiner Entstehung Ende des 1. Jhd zugleich höchst populären Textes ist auf der Werktagsseite (Abb. 9) in der untersten Reihe neben der Stifterfrau Elisabeth Boorluut als steinerne Figur abgebildet.

Er hält einen durch Schlangen gekennzeichneten Giftkelch in der Hand, der seine visionäre Kraft verkörpert (Abb. 10). Direkt links neben dem Apokalyptiker, in dem man zu dieser Zeit auch den Evangelisten Johannes und somit den Namenspatron des Stifters Jodocus Vijd sah[5], und in gleicher Darstellungsweise findet sich Johannes der Täufer, der sich durch das Lamm in seinen Armen ausweist (Abb. 9). Als Namensgeber der Kirche St. Jan (und als Patron der Stadt Gent)[6] durfte seine Darstellung wohl nicht fehlen. Beide Figuren sind auf ihren gemalten Sockeln nochmals namentlich genannt. Die unterste Reihe der Werktagsseite würdigt somit die Stifter, den Stiftungsnehmer und den Schöpfer der wesentlichen Thematik des Altars und man kann sie als eine Art gemaltes Impressum betrachten.

Die vier Bildfelder der mittleren Reihe zeigen eine zusammenhängende Szene (Abb. 9), so daß die Rahmenleisten wie Fenstergitter wirken. Es handelt sich bei dieser zentralen Darstellung der Werktagsseite um die Verkündigung, also den Beginn der Menschwerdung Gottes. Der Erzengel Gabriel erscheint Maria und grüßt sie mit den in lateinischer Sprache auf den zwei linken Tafeln wiedergegeben Worten: „Gegrüßet seist du, Holdselige ! Der HERR ist mit dir, du Gebenedeite unter den Weibern!" (Lk 1,28). Im Lukasevangelium folgt nun der Dialog, in dem der Erzengel ihr die Geburt ihres Sohnes Jesus verkündet und mitteilt, daß Gott der Herr ihm den Stuhl (Thron) seines Vaters David

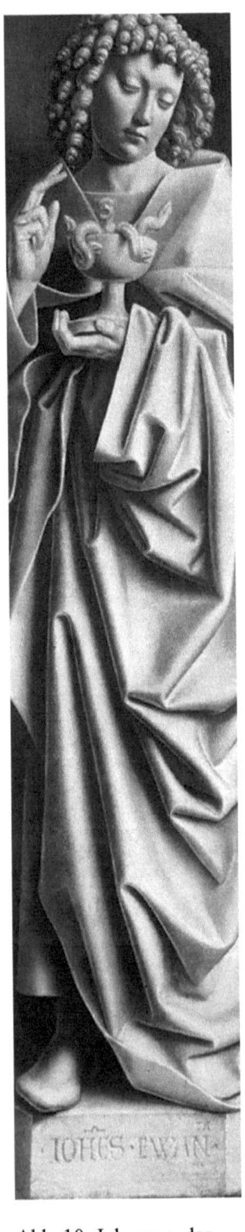

Abb. 10: Johannes, der Apokalyptiker, Ausschnitt Werktagsseite

24

geben wird, was bereits auf das Himmlische Jerusalem (auf der Sonntagsseite des Genter Altars dargestellt) am Ende aller Zeit anspielt und somit auf die endgültige Erlösung eines jeden Christen. Van Eyck begnügt sich damit, Marias abschließende Bemerkung in dem rechten äußeren Bildfeld gekürzt wiederzugeben, mit der sie ihr Schicksal ausdrücklich bejaht: „Siehe ich bin des HERRN Magd ...“ (LK 1,38). In der gesamten Verkündigungsszene verteilt finden sich diverse Symbole mit Bezug zur Thematik. So demonstriert z.B. die weiße Kleidung Marias Jungfräulichkeit. Ihr Haupt krönt der Hl. Geist in Gestalt einer Taube. Selbst die romanischen und gotischen Säulen in der Architektur sollen auf den alten und neuen Bund anspielen[7]. Über der Verkündigung sind in der obersten Reihe in den vier sogenannten Lynetten Propheten bzw. Prophetinnen aus alttestamentarischer Zeit mit lateinischen Spruchbändern dargestellt (Abb. 9). Sie fungieren gleichsam als roter Teppich für die Verkündigungsszene, da alle vier das Kommen des Heilands vorhersagten. Links und rechts außen sind Zacharias und Micha zu sehen und in der Mitte mit der erythräischen und cumäischen Sibylle bemerkenswerterweise zwei heidnische Prophetinnen. Norbert Schneider begründet ihre Verwendung u.a. mit der Tatsache, daß schon frühe Kirchenväter diese als quasi-christliche Propheten betrachteten[8].

Die in der Art eines offenen Hauses strukturierte Werktagsseite hat eine insgesamt intimere Ausstrahlung als die Sonntagsseite mit ihren unzähligen Figuren, ausschweifenden Landschaften und der das ganze Spektrum ausschöpfenden Farbenpracht. Sie ist aber mehr als ein schützender Deckel für die Innenseite, die hauptsächlich den Ruhm des Altars begründete. Vielmehr verhalten sich Außen- und Innenseite wie die Grenzen eines Intervalls: Was mit der Verkündigung begann, erfüllt sich im großen Finale der Ankunft des Himmlischen Jerusalems, das die Sonntagsseite zeigt.

Die Sonntagsseite

Im Gegensatz zur Werktagsseite sind die Bildfelder der Sonntagsseite (Abb. 11, 12) in nur zwei statt drei

25

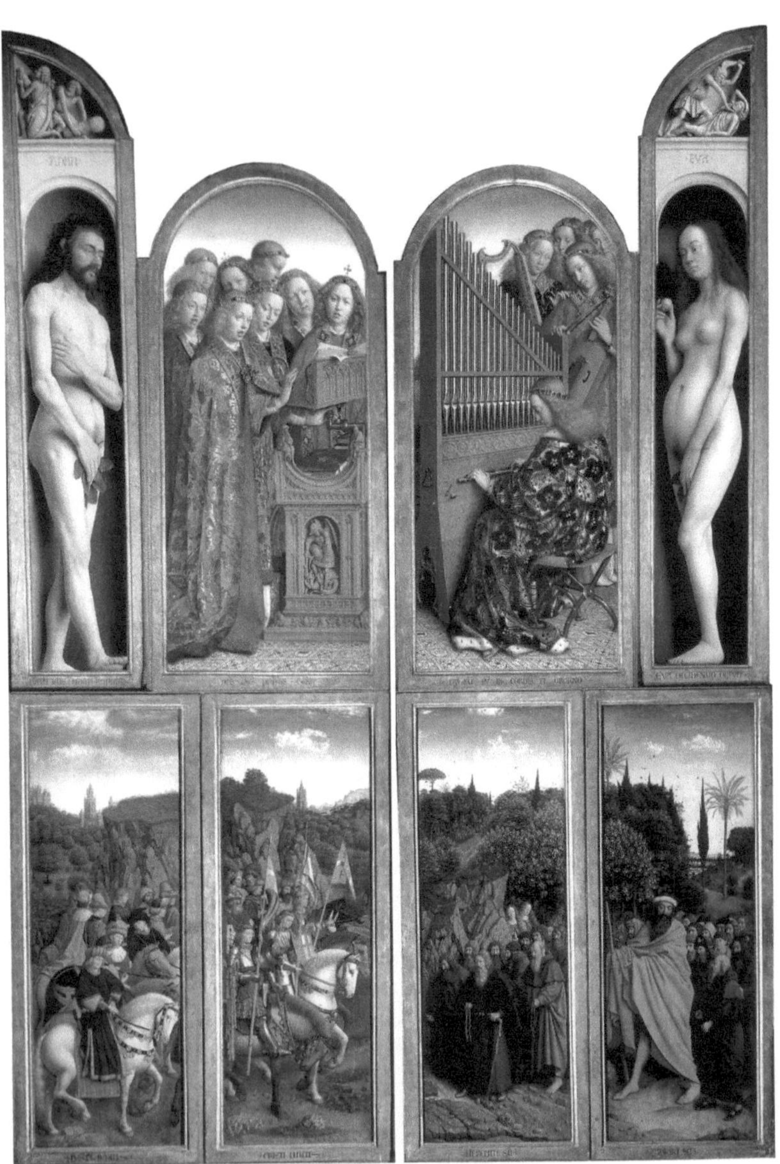

Abb. 11: van Eyck, Genter Altar: Linker und rechter Flügel der Sonntagssseite

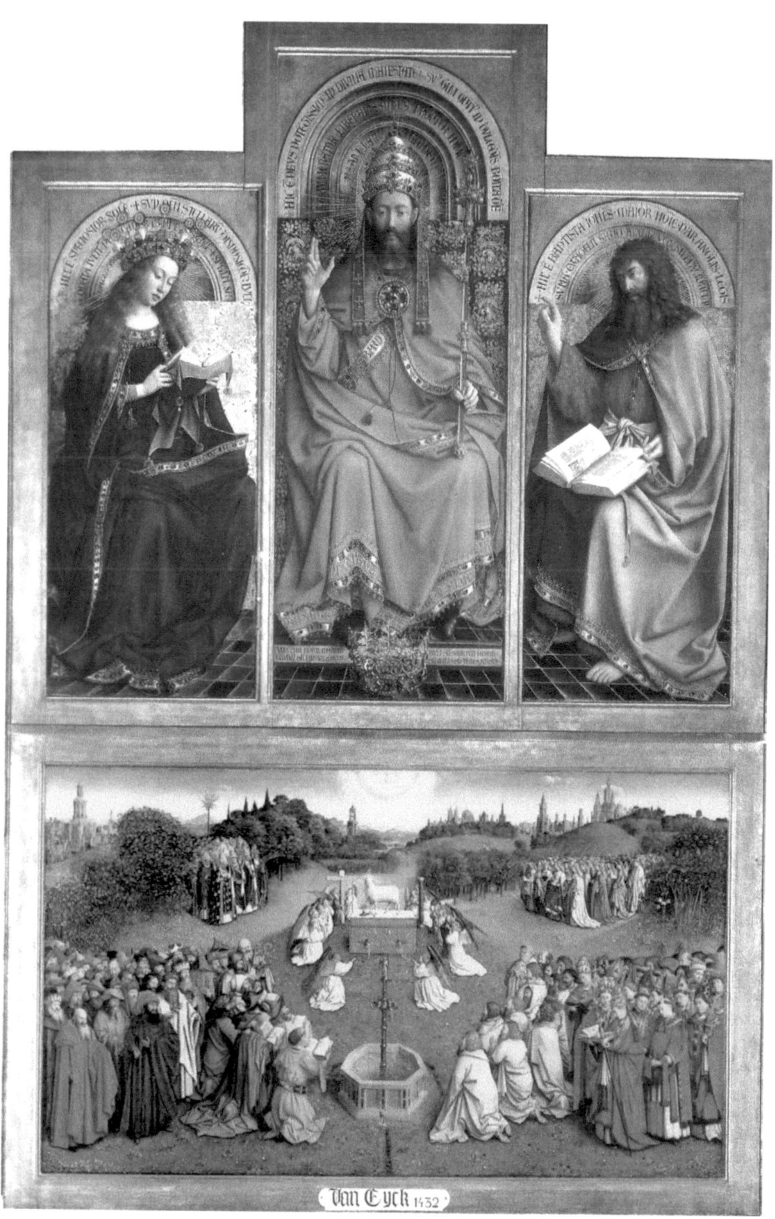

Abb. 12: van Eyck, Genter Altar: Mitteltafeln der Sonntagsseite

Reihen und auch vertikal anders gegliedert, wobei die
mittlere Teilung der Höhe bei den Mitteltafeln etwas
von der der Flügel abweicht. Auf den ersten Blick
fällt auf, daß die obere Reihe einen deutlich anderen
Maßstab der Darstellung hat, als die untere. Dies
führte Erwin Panofsky zu der heute nur noch wenig
geteilten Vermutung, der Genter Altar sei zum Teil aus
vorhandenen Bildtafeln zusammengestückelt worden,
sei also eine Art Collage[9]. Was die unterschiedliche
Dimensionierung der Figuren betrifft, erklärt sich diese
hinreichend aus der Darstellung ihres unterschiedlichen
religiösen Ranges, wie man sie auch in älteren Darstellungen antrifft[10]. Die vier Mitteltafeln zeigen oben Jesus bzw. Gottvater auf dem Thron, flankiert von Maria
und Johannes dem Täufer, und darunter die Anbetung
des Lammes. Auf den Flügeln sind in der oberen Reihe
ganz außen Adam und Eva und innen musizierende
Engel zu sehen. In der unteren Reihe nähern sich von
beiden Seiten verschiedene Personengruppen zu Pferde
und zu Fuß dem Bildzentrum und bilden mit diesem
eine breite kontinuierliche Panoramalandschaft.

Die Ankunft des Himmlischen Jerusalems folgt dem
göttlichen Strafgericht am Ende der Zeit, in dessen
Zuge die alte Welt und der alte Himmel vernichtet und
neu geschaffen werden. Wer eine romanische oder goti-
sche Kirche betritt, wird nicht selten schon am Eingang
über diesen Sachverhalt durch eine Weltgerichtsdarstellung über dem Portal aufgeklärt (Abb. 13)[11]. Die
Sonntagsseite und der Genter Altar insgesamt zeigen
diese nicht. Auch wenn man davon ausgeht, daß die
Predella mit der Höllendarstellung tatsächlich existierte, fehlt z.B. der die Seelen der Auferstandenen wiegen-
de Erzengel Michael. Ferner kann man die Landschaft
mit ihrer unglaublichen Pracht nur als Darstellung der
bereits neugeschaffenen Welt verstehen. Entsprechend
erblickt man jene Szenerie, in der Gute und Böse, letztere ggf. auf der Predella, bereits getrennt sind und sich
zumindest die Auserwählten des angenehmen Teils des
Weltendes erfreuen dürfen.

Sehr wohl befinden sich Maria und Johannes der Täufer
aber noch an jenem Platz, an dem man sie nach mittel-

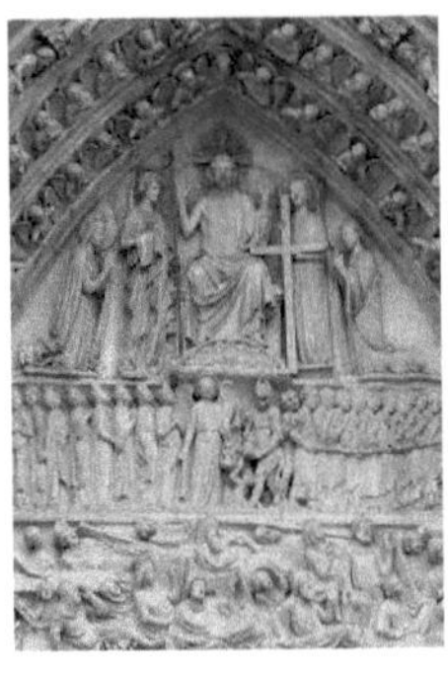

Abb. 13: Weltgerichtsdar-
stellung mit dem thronen-
den Christus („Maiestas
Domini"-Motiv), Notre
Dame, Paris

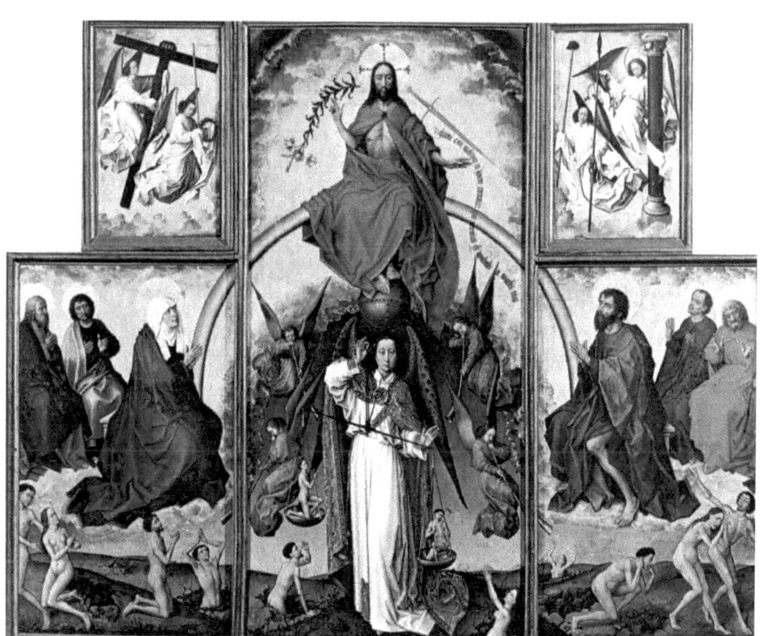

Abb. 14: Roger van der
Weyden: Das Jüngste
Gericht (Ausschnitt)
1446-52,Öl auf Holz,
215 x 560 cm; Musée de
l'Hôtel Dieu, Beaune

alterlicher und ursprünglich byzantinischer Vorstellung
während des Weltgerichtes erwartete: als Fürsprecher
der abzuurteilenden Menschheit links und rechts vom
thronenden Gottvater[12]. Den flehenden Gestus, wie er
z.B. in Roger van der Weydens Weltgerichtsdarstellung (Abb. 14) vorzufinden ist, haben sie jedoch bereits
abgelegt und widmen sich dem Studium der Heiligen
Schrift[13]. Der thronende Gottvater selbst, der zugleich
Christus verkörpert, wird eher grüßend als strafend
präsentiert. Sein majestätischer Blick dringt durch die
Augen des Betrachters und trifft ihn so im Mark. Die
Papstkrone auf seinem Haupt, das Zepter in seiner linken Hand und die Kaiserkrone zu seinen Füßen kann
man nicht nur als generelles Bekenntnis zum Papst-

tum[14] als weltlicher Macht mit göttlicher Legitimation verstehen, sondern auch als Bejahung des Kaisertums. Vor allem die hochnaturalistische Darstellung dieser Tafel dürfte von den Bilderstürmern als die wesentliche Provokation betrachtet worden sein, als sie sich über hundert Jahre nach der Weihe des Altars aufmachten, ihn zu zerstören.

Der Tafel Gottvaters läßt sich ferner ein interessantes Detail entnehmen, das auf eine Reliquie in Brügge verweist, wo sich Jan van Eyck nach umfangreichen Reisetätigkeiten 1430 niederließ[15]: Der den Hintergrund verzierende Brokat (Abb. 15) zeigt das eher selten gebräuchliche Symbol Christi als Pelikan, der nach mittelalterlicher Vorstellung mit seinem eigenem Fleisch seine Kinder ernährt und so den Opfertod des Erlösers verkörpert[16]. Dieses Zeichen findet sich in vielfältiger Form in der Heilig-Blut-Basilika zu Brügge. Seit dem 12. Jhd. werden dort einige Blutstropfen Christi verwahrt, die sich auf einem in einer Phiole befindlichen Stück Lammfell befinden und die Diderik van Elsaz, Graf von Flandern, am Weihnachtstag 1148 in Jerusalem vom Patiarchen und vom König der Stadt geschenkt bekommen haben soll (Abb. 16)[17]. Die hohe Verehrung dieser Reliquie zu Zeiten Jan van Eycks läßt sich aus der Gründung der „Edelen Broederschap van het Heilig Bloed" im Jahre 1405[18] schließen und ihre materielle Zusammensetzung läßt es schwerlich zu, ihre Existenz im Zusammenhang mit der Thematik der Tafel der Anbetung des Lammes im Genter Altar zu ignorieren.

Die hohe Symmetrie der Komposition der vier Mitteltafeln ist es, die sie formal als eine von den lockerer geordneten Flügelmotiven abgegrenzte Einheit erscheinen läßt. Inhaltlich ergänzt die Tafel der Anbetung des Lammes dieses Bildzentrum zu einer in sich abgeschlossenen Darstellung der im Himmlischen Jerusalem anzutreffenden Dinge, zu der man sich höchstens noch als Kontrast die Höllendarstellung der Predella denken muß. In der Anbetung des Lammes wurde zusätzlich die Idee des Allerheiligenmotivs integriert[19], in dem sich um den mit rotem Brokat gekleideten Al-

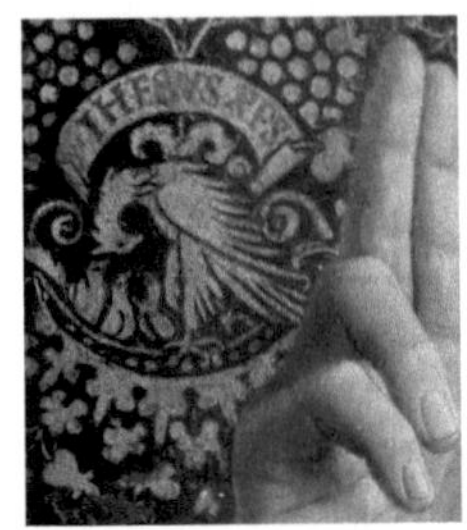

Abb. 15: Brokat in der Tafel Gottvaters mit dem Pelikanmotiv

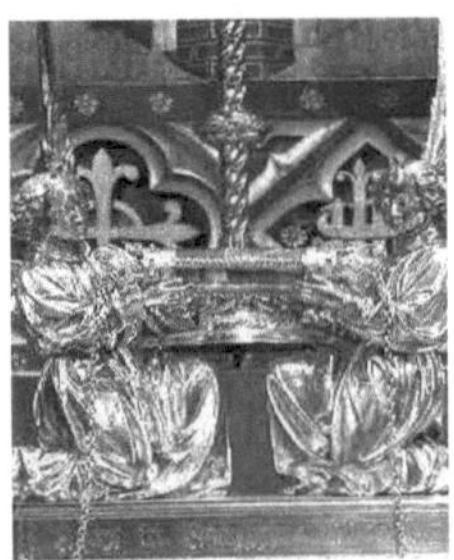

Abb. 16: Heilig-Blut-Reliquie, Brügge

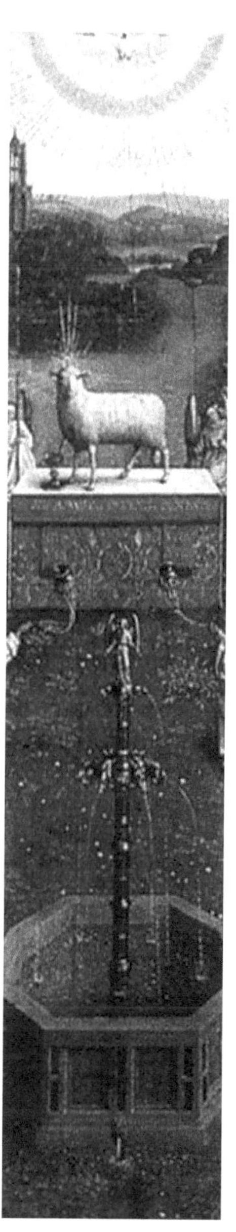

tartisch mit dem Christus symbolisierenden Opferlamm die Apostel, Päpste, Bischöfe, Propheten, Märtyrer und Heiligen in vier Gruppen rundherum zur Verehrung versammeln. Die enge Anbindung an den für die Ausgestaltung dieser Tafel wesentlichen Text der Offenbarung mit der Beschreibung der Akteure, Objekte und Gegebenheiten im Himmlischen Jerusalem läßt sich explizit nachvollziehen:

„Und die Stadt bedarf keiner Sonne noch des Mondes, daß sie ihr scheinen; denn die Herrlichkeit GOttes erleuchtet sie, und ihre Leuchte ist das Lamm." (OFF 21,23). Tatsächlich läßt van Eyck die Landschaft vom Heiligen Geist in Form einer am Himmel schwebenden Taube (anstatt des Lammes selbst) erleuchten (Abb. 17). Der Schlagschatten des Lammes auf dem Altartisch weist ihn deutlich als Lichtquelle aus. Er ersetzt mit seinem Strahlenkranz die Sonne des alten Himmels.

„Und er sprach zu mir: Es ist geschehen. Ich bin das A und das O, der Anfang und das Ende. Ich will dem Durstigen geben von dem Brunn des lebendigen Wassers umsonst." (OFF 21,6) und „Und er zeigte mir einen lauteren Strom des lebendigen Wassers, klar wie ein Kristall; der ging von dem Stuhl GOttes und des Lammes." (OFF 22,1). Den mit einem Engel und sechs Drachenköpfen als Speier verzierten Lebensbrunnen ließ der Künstler die Szenerie der Anbetung am unteren Bildrand eröffnen (Abb. 17). Indem er ihn auf die Symmetrieachse der Sonntagsseite legte, wird diese selbst mit rein kompositorischen Mitteln zum Strom des lebendigen Wassers, das vom Thron des in der mittleren Tafel der oberen Reihe dargestellten Gottvaters und dem des darunter liegenden Lammes ausgeht bzw. diese durchläuft.

„Und die Heiden, die da selig werden, wandeln in demselbigen Licht. Und die Könige auf Erden werden ihre Herrlichkeit in dieselbige bringen. Und ihre Tore werden nicht verschlossen des Tages; denn da wird keine Nacht sein. Und man wird die Herrlichkeit und die Ehre der Heiden in sie bringen. Und wird nicht hineingehen irgendein Gemeines, und das da Greuel tut und Lügen, sondern die geschrieben sind in dem lebendigen Buch des Lammes." (OFF 21, 24-27). Die Landschaft beschränkt sich nicht auf die Tafel des Lammes. Folgerichtig öffnet sie sich einladend zu den Seiten wie eine offene Stadt, von wo aus sich verschiedene Personengruppen in das Zentrum bewegen. Die in der Lutherbibel von 1545 verwendete irritierende Bezeichnung „Heiden" meint übrigens sinngemäß Nationen oder Völker[20].

„Mitten auf ihrer Gasse und auf beiden Seiten des Stromes stund Holz des Lebens, das trug zwölferlei Früchte und brachte seine Früchte alle Monden; und die Blätter des Holzes dieneten zu der Gesundheit der Heiden." (OFF 22,2). Links und rechts der bereits erwähnten Symmetrieachse sind die das Holz des Lebens repräsentierenden Bäume und Kräuter als Paradiesgarten aufgereiht (Abb. 18 a, b). Die Pflanzendarstellungen in der Tafel des Lammes und dem Genter Altar sind so zahlreich und von botanischer Präzision, daß Esther Gallwitz ihnen ein eigenes Buch mit dem Titel „Ein wunderbarer Garten" widmete, in dem sie explizit auf die verschiedenen Gewächse, ihre Symbolik und ihre medizinische Verwendbarkeit eingeht[21].

„Und wird kein Verbannetes mehr sein; und der Stuhl GOttes und des Lammes wird darinnen sein; und seine Knechte werden ihm dienen" (OFF 22,3). Diese Stelle verdeutlicht nochmals, daß alle vier Mitteltafeln zusammen den Inhalt des Himmlischen Jerusalems zeigen, denn der Stuhl des Lammes und der Stuhl Gottes befinden sich beide in ihm.

Der Altartisch, auf dem das Lamm in den Gral blutet, wird zu beiden Seiten von je sechs Engeln flankiert, von denen einige die Marterwerkzeuge Christi präsentieren (Abb. 19 und 40). Davor sind isoliert zwei Weihrauch schwenkende Engel zu sehen. Im Hintergrund der Landschaft befinden sich verschiedene Gebäude und zwar in erster Linie Kirchen. Die Kunstgeschichtsschreibung geht einhellig davon aus, daß diese Gebäude die Architektur des Himmlischen Jerusalems repräsentieren sollten. Dieser Auffassung wird im folgenden Kapitel widersprochen werden. Zunächst soll die Aufmerksamkeit jedoch der Peripherie gelten.

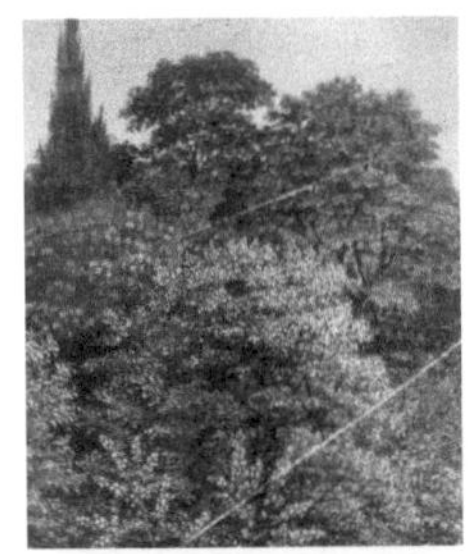

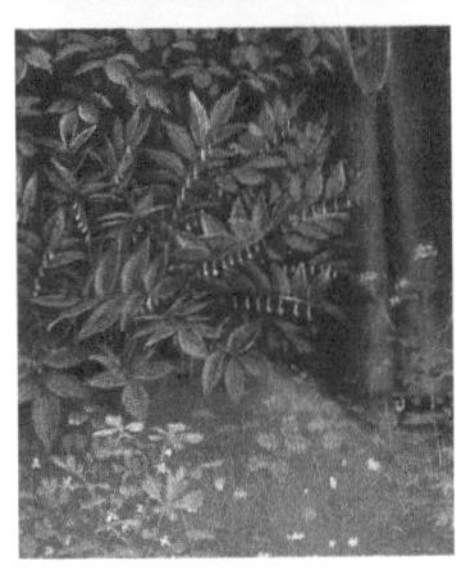

Abb. 18 a und b: Paradiesgarten, Anbetung des Lammes, Ausschnitte

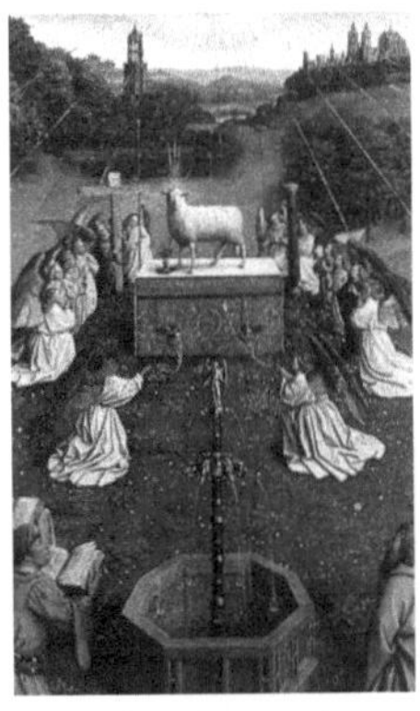

Abb. 19: Anbetung des Lammes, Ausschnitt

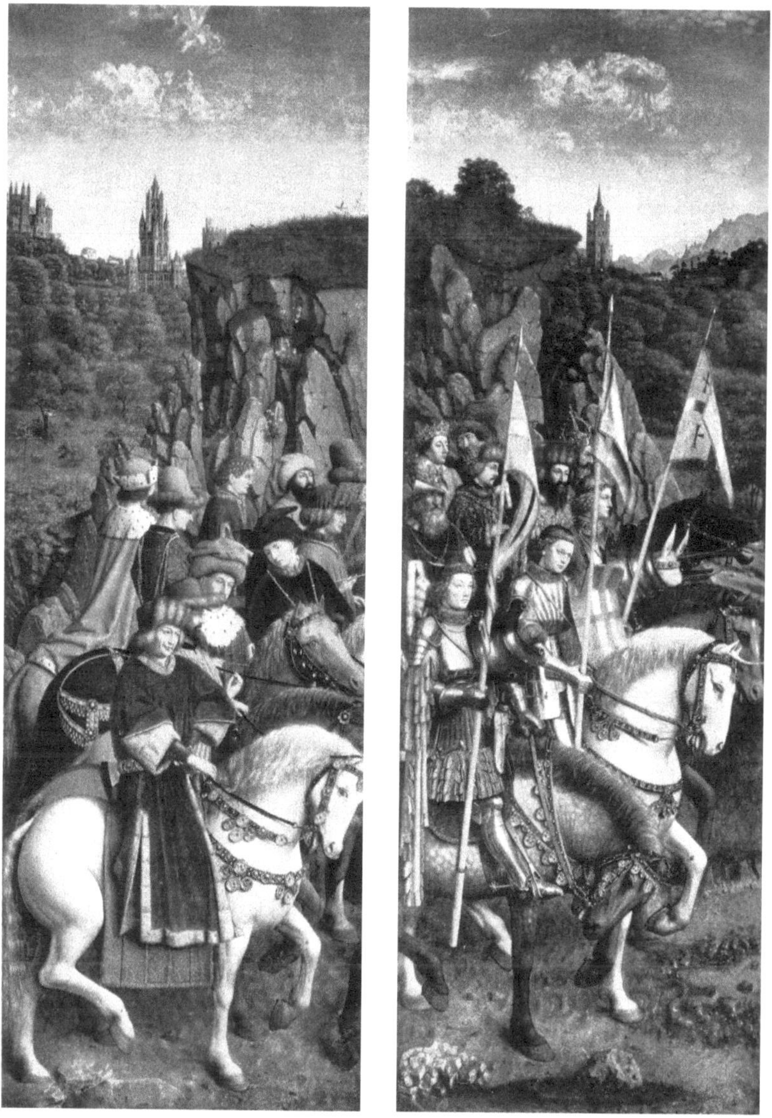

Abb. 20: Die Gerechten Richter (Kopie der Originaltafel) und die Streiter Christi

In den Bildfeldern der unteren Reihe des linken Flügels sieht man zwei einander folgende Reitergruppen. Die äußere ist mit IVSTI IVDICES auf dem Rahmen beschriftet, die „Gerechten Richter" (Abb. 20). Es sind zehn Reiter zu sehen, deren Köpfe keilförmig aufgereiht sind. In seinen 1565 erschienenen Gedichten identifizierte Lucas de Heere den ersten Reiter als Hubert und den vierten aus dem Bild herausschauenden als Jan van Eyck. In dem Jahrbuch der preußischen Kunstsammlung von 1921 äußert P. Post die Vermutung, die ersten vier Reiter könnten Philipp der Kühne, Louis de Mâle, Johann Ohnefurcht und Philipp der Gute sein, die Grafen von Flandern[22]. Keine dieser Zuordnungen konnte bis zum heutigen Tag in den Bereich einer hohen Wahrscheinlichkeit gerückt werden. In der von J. van der Veken zwischen 1939 und 1941 erstellten Kopie wurden übrigens die Gesichtszüge des zweiten Reiters von links oben allem Anschein nach denen von König Leopold III. von Belgien angepaßt[23]. Ferner trug der zweite Reiter von unten im Original in seiner rechten Hand einen Ring vor seiner Brust, der in der Kopie fehlt (Abb. 21)[24].

Erwin Panofsky führte die Tafel für seine These ins Feld, der Altar sei z.T. zusammengesetzt bzw. mit Fremdmaterial ergänzt worden. Er ordnet das Motiv als Gerechtigkeitsbild ein, wie es von den Kommunen gerne für Gerichtssäle bestellt wurde. Demnach wäre das Werk, nach dem heute noch halb Belgien sucht, zunächst für einen anderen Zweck als den Genter Altar bestimmt gewesen.

Die Gerechten Richter sind somit nicht nur aufgrund ihres Verschwindens, sondern schon als Bildmotiv rätselhaft. Bemerkenswert ist auch, daß die Landschaft auf der Tafel wie ein Spiegelbild der benachbarten CHRISTI MILITES wirkt (Abb. 20).

Auch bei dieser Gruppe ist die Zuordnung nicht bis ins letzte geklärt. Unstrittig ist, daß es sich um Streiter Christi handelt, da dies lateinisch auf dem Rahmen zu lesen ist. Klar ersichtlich ist auch, daß aufgrund der Rüstungen und Wappen hier die Ritter der Kreuzzüge gewürdigt wurden. Doch schon die Anzahl Neun der

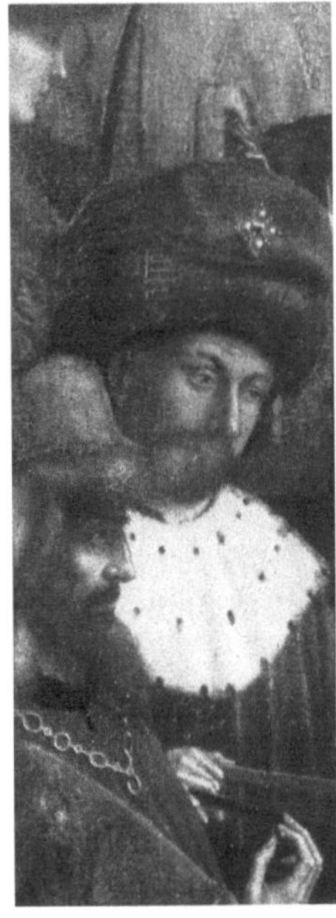

Abb. 21: Detail aus Tafel der Gerechten Richter mit dem Reiter, der im Original einen Ring in der Hand trug

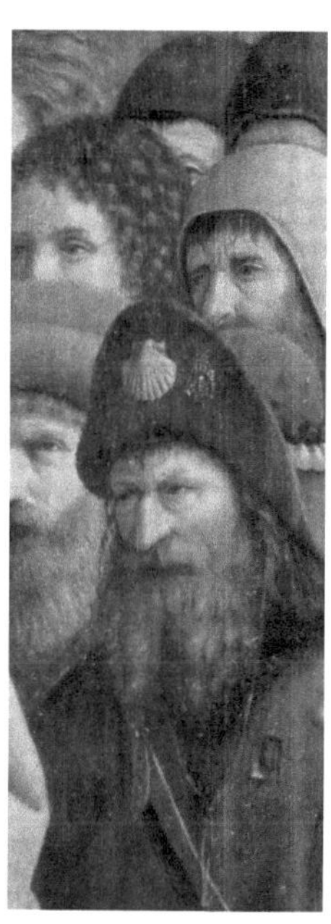

Abb. 22: Detail aus der Tafel der Pilger mit dem Apostel Jakobus d.Ä.

abgebildeteten Personen eröffnet das Interpretationsspektrum von den neun Helden der Antike bis hin zu den neun Gründern der Templer. Das seit 1147 bekannte Symbol des legendären und auf Betreiben des französischen Königs Philipp dem Schönen im Jahre 1312 aufgelösten Ordens, das rote Tatzenkreuz[25], findet sich auf dem Schild des zweiten Reiters. Auch die Motivwelt dieser Tafel wurde immer wieder im Zusammenhang eines vermuteten Geheimnisses des Genter Altars zitiert. Für beide Tafeln, die Gerechten Richter und die Streiter Christi wird sich im Rahmen dieser Arbeit ein neuer und überraschend simpler Interpretationsansatz ergeben, der nicht minder spannend ist.

Gegenüberliegend, auf dem rechten Flügel, sind zwei Gruppen zu sehen, bei denen es weniger rätselhaft zugeht. Die innere mit der in Klammern stehend ergänzten Rahmenbeschriftung HEREMITE S(AN)C(T)I zeigt die heiligen Eremiten, wie z.B. Antonius von Padua, denen sich, hinter einem Felsen hervortretend, Maria Magdalena und Maria Ägyptica anschließen (Abb. 11).

Ganz außen folgen die heiligen Pilger (PE(RE)GRINI S(AN)C(T)I) (Abb. 11) mit dem riesenhaften Hl. Christopherus. Der hinter ihm stehende Jakobus der Ältere, erkennbar an der Muschel an der Hutkrempe (Abb. 22), kann als Anspielung auf Jan van Eycks eigene Biographie verstanden werden, der die Wallfahrt zum Grab des Apostels nach Santiago de Compostella selbst Ende der zwanziger Jahre des 15. Jhd. mitgemacht hatte. Die teilweise südländische Vegetation in der unteren Bildreihe insgesamt bestärkt diesen Gedanken.

Die äußeren Tafeln der oberen Reihe mit Adam und Eva (Abb. 11)zeigen die menschliche Nacktheit erstmals in der nordeuropäischen Malerei in solch provozierendem Naturalismus[26]. Als unselbstverständlich ist auch zu betrachten, daß die Figuren in gleichem Maßstab wie Gottvater dargestellt und somit auf eine Stufe gestellt wurden. In den Lynetten sind zwei Szenen mit Kain und Abel in reliefartiger Form zu sehen. Acht singende Engel auf der linken Seite und sechs musizierende Engel auf der rechten Seite bilden schließlich den würdigen musikalischen Rahmen für die Deesis im Zentrum.

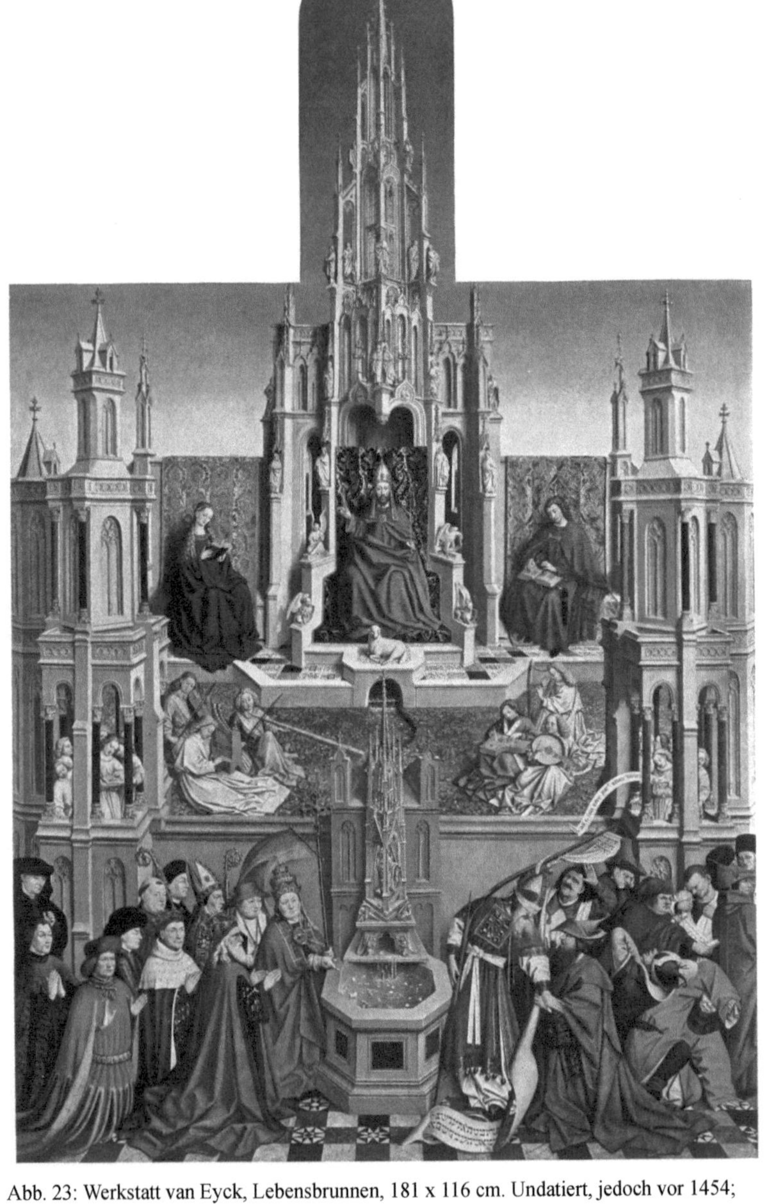

Abb. 23: Werkstatt van Eyck, Lebensbrunnen, 181 x 116 cm. Undatiert, jedoch vor 1454; Madrid, Prado.

Der Schlüssel zum Himmlischen Jerusalem

Wenn man sich, soweit es einem Menschen des 21. Jhd. überhaupt noch möglich ist, in die Denkweise und das Welt- und Geschichtsbild eines im Spätmittelalter lebenden gläubigen Christen versetzt, so muß man zu dem Schluß kommen, daß das Himmlische Jerusalem der mit Abstand bedeutendste Gegenstand überhaupt war, der sich begrifflich fassen ließ. Es war jener schützende Hort, an dem man nichts geringeres erwarten durfte, als die endgültige Erlösung von dem Bösen!

Es ist im vorangegangenen Kapitel ersichtlich geworden, daß bei der Erschaffung des Genter Altars ein hohes Maß an Texttreue bzgl. der Darstellung des Innenlebens dieses Ortes angestrebt wurde.

Wie steht es aber um die Wiedergabe seiner Architektur, also seiner äußeren Form? Der Apokalyptiker Johannes hinterließ eine sehr umfassende, wenn auch nicht in allen Punkten eindeutige Beschreibung. Deren genaue Lektüre birgt den Schlüssel zum Geheimnis des Genter Altars, das dieses Buch zum Thema hat, und ist deshalb hier ungekürzt wiedergegeben:

„Und ich, Johannes, sah die heilige Stadt, das neue Jerusalem, von GOtt aus dem Himmel herabfahren, zubereitet als eine geschmückte Braut ihrem Mann. Und hörete eine große Stimme von dem Stuhl, die sprach: Siehe da, eine Hütte GOttes bei den Menschen! Und er wird bei ihnen wohnen; und sie werden sein Volk sein, und er selbst, GOtt mit ihnen, wird ihr GOtt sein. Und GOtt wird abwischen alle Tränen von ihren Augen. Und der Tod wird nicht mehr sein, noch Leid noch Geschrei noch Schmerzen wird mehr sein; denn das Erste ist vergangen. Und der auf dem Stuhl saß, sprach: Siehe, ich mache alles neu. Und er spricht zu mir: Schreibe; denn diese Worte sind wahrhaftig und gewiß. Und er sprach zu mir: Es ist geschehen. Ich bin das A und das O der Anfang und das Ende. Ich will dem Durstigen geben von dem Brunn des lebendigen

Wassers umsonst. Wer überwindet der wird's alles ererben; und ich werde sein GOtt sein, und er wird mein Sohn sein. Den Verzagten aber und Ungläubigen, den Greulichen und Totschlägern und Hurern und Zauberern und Abgöttischen und allen Lügnern, deren Teil wird sein in dem Pfuhl, der mit Feuer und Schwefel brennet, welches ist der andere Tod. Und es kam zu mir einer von den sieben Engeln, welche die sieben Schalen voll hatten der letzten sieben Plagen, und redete mit mir und sprach: Komm, ich will dir das Weib zeigen, die Braut des Lammes. Und führete mich hin im Geist auf einen großen und hohen Berg und zeigte mir die große Stadt, das heilige Jerusalem, herniederfahren aus dem Himmel von GOtt. Und hatte die Herrlichkeit GOttes; und ihr Licht war gleich dem alleredelsten Stein, einem hellen Jaspis. Und hatte große und hohe Mauern und hatte zwölf Tore und auf den Toren zwölf Engel und Namen geschrieben, welche sind die zwölf Geschlechter der Kinder Israel: vom Morgen drei Tore, von Mitternacht drei Tore, vom Mittag drei Tore, vom Abend drei Tore. Und die Mauer der Stadt hatte zwölf Gründe und in denselbigen die Namen der zwölf Apostel des Lammes. Und der mit mir redete, hatte ein gülden Rohr, daß er die Stadt messen sollte und ihre Tore und Mauern. Und die Stadt liegt viereckig, und ihre Länge ist so groß als die Breite. Und er maß die Stadt mit dem Rohr auf zwölftausend Feldwegs. Die Länge und die Breite und die Höhe der Stadt sind gleich. Und er maß ihre Mauern, hundertvierundvierzig Ellen, nach dem Maß eines Menschen, das der Engel hat. Und der Bau ihrer Mauern war von Jaspis und die Stadt von lauterem Golde gleich dem reinen Glase. Und die Gründe der Mauern und der Stadt waren geschmückt mit allerlei Edelsteinen. Der erste Grund war ein Jaspis; der andere ein Saphir, der dritte ein Chalzedonier, der vierte ein Smaragd, der fünfte ein Sardonich, der sechste ein Sardis, der siebente ein Chrysolith, der achte ein Beryll, der neunte ein Topasier, der zehnte ein Chrysopras, der elfte ein Hyazinth, der zwölfte ein Amethyst. Und die zwölf Tore waren zwölf Perlen, und ein jeglich Tor war von einer Perle. Und die Gassen der Stadt waren lauter

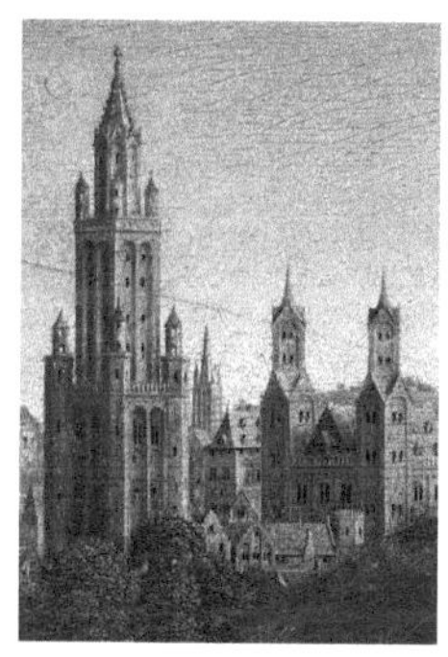
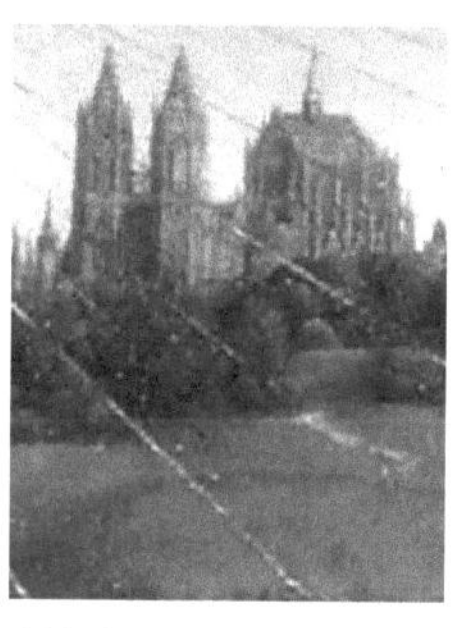
Abb. 24 a,b: Auswahl verschiedener Kirchen aus der Sonntagsseite des Genter Altars

Gold, als ein durchscheinend Glas. Und ich sah keinen Tempel darinnen; denn der HErr, der allmächtige GOtt, ist ihr Tempel und das Lamm." (OFF 21,2-22).

„Und ich sah keinen Tempel darinnen" - die Landschaft der Sonntagsseite des Genter Altars ist übersäht mit Kirchen (!), von denen übrigens keine einzige sicher identifiziert werden konnte (Abb. 24 a und b).
Aber es findet sich nicht die Spur jener explizit beschriebenen Architektur mit ihren großen und hohen Mauern aus Jaspis, die all die in den Mitteltafeln aufzufindenen Dinge beherbergen sollte.
Letzteres leisten die dargestellten Kirchen jedenfalls nicht. Sie befinden sich hinter den Dingen, die sie beherbergen sollten. Sie sind somit innerhalb des Himmlischen Jerusalems anzusiedeln, wo sie gemäß dem Apokalypsentext nicht sein dürften.
Ferner muß ihre Anordnung verwundern. Ist nicht die hohe Symmetrie der Mitteltafeln Ausdruck der Vollkommenheit jenes Momentes, an dem sich am Ende der Geschichte alles zum Guten wendet?

„Unter allen Kombinationen erfreute sich die Symmetrie der größten Gunst, sie wurde tatsächlich als der deutlichste Ausdruck für das Geheimnisvolle in der Harmonie gesehen."
Émile Mâle, Die Gotik, S. 22

Ausgerechnet diese Kirchen stören diese Ordnung. Die *Willkürlichkeit*, mit der sie in die Landschaft hineingesetzt wurden, läßt sie *nicht* wie eine Schöpfung Gottes erscheinen.
Eine einzige zumindest das Lamm *beinhaltende* und im Bild *symmetrisch* dargestellte Außenmauer mit Ähnlichkeit zur Kirchenarchitektur wäre akzeptabel und ein Beispiel dafür wird in diesem Kapitel noch vorgestellt. Das ist aber im Genter Altar nicht zu sehen.
Wo sind also die zwölf Tore auf denen zwölf Engel sind? Die Hütte Gottes selbst, das zentrale Thema des Genter Altars, ist einfach nicht da!
Otto Prächt gehört zu den wenigen, die diese einfache,

aber zugleich anscheinend für die Interpretation des
Werkes etwas hinderliche Feststellung auch unver-
blümt zu schreiben bereit waren:

„Durch das ganze Mittelalter hindurch hat man
das Himmlische Jerusalem, der ausführlichen Beschreibung des Apokalypsentextes folgend, als mit
Edelsteinen, Zinnen und Türmen geschmückte Stadt
verbildlicht, der Meister der Genter Lammesanbetung
aber ließ sich von einer anderen, unmittelbar auf die
Beschreibung der himmlischen Stadt folgenden Stelle
inspirieren, wo es heißt: ...“
Otto Prächt, Van Eyck, München, 1989, S.146

Es folgt bei Prächt die Passage mit dem Lebensbrunnen.
In den Formulierungen, die die beiden im folgenden zi-
tierten Autoren bei der Übernahme der mittlerweile tra-
dierten Annahme wählten, die Kirchen im Hintergrund
der Landschaft entsprächen der Architektur des Himmlischen Jerusalems, läßt sich ihr Unbehagen spüren:

„Van Eyck hat es (das himmlische Jerusalem) *fern hinter der Kulisse* der Bäume, *im atmosphärischen Dunst*
sommerlichen Abendlichts *angedeutet.*“
Norbert Schneider, Jan van Eyck, Der Genter Altar, S. 58

„Das himmlische Paradies aber, in dem das Lamm
Gottes verehrt wird, *kann sich jene Zeit und auch der
Künstler jener Zeit nicht anders* als mit den herrlichs-
ten Naturschönheiten der Erde ausgestattet *denken,*
..., in deren Hintergrund das himmlische Jerusalem ...
aufragt, ...“
Heinrich Zimmermann, Die Malerei der Gotik und Frührenaissance, S. 38

Dieses Gefühl dürfte unter anderem durch eine Bildtafel, die sich heute im Prado befindet, zusätzliche Nah-
rung erhalten haben. Der sogenannte Lebensbrunnen
(Abb. 23) ist eine undatierte und unsignierte Arbeit aus
der Werkstatt van Eycks. Sie wurde erstmals 1454 urkundlich erwähnt[1]. An der Frage, um wieviele Jahre sie
älter ist, trennt sich ihre Einordnung. War sie eine Vor-

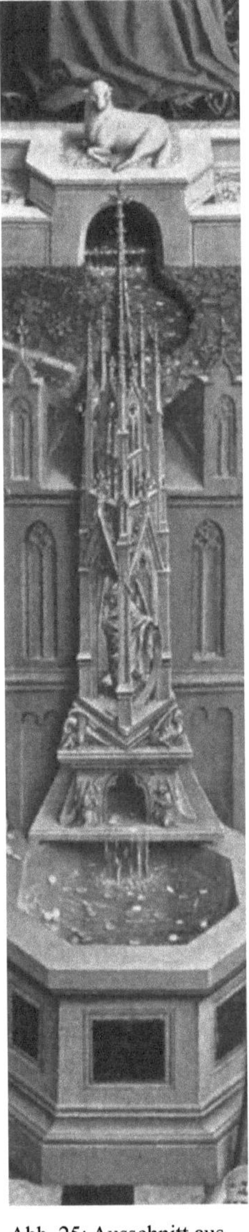

Abb. 25: Ausschnitt aus
dem Lebensbrunnen mit
dem Lamm zu Füßen
Gottvaters und dem
Strom des Lebens

studie zum Genter Altar oder nach diesem entstanden? Beim Vergleich dieser 181 x 116 cm messenden Tafel mit dem viel größeren Genter Altar fällt insbesondere auf, daß sie alle wesentlichen auf der Sonntagsseite bereits aufgeführten Elemente des Himmlischen Jerusalems zeigt, diese aber mit einer hohen Mauer umgibt, die die Achsensymmetrie verstärkt, statt sie zu stören.
Im Hintergrund sieht man die Deesis in fast gleicher Art wie im Genter Altar. Lediglich der Johannes wirkt noch etwas ruhiger, was die Dreiergruppe insgesamt etwas langweiliger macht. Die Brokathintergründe schließen rechteckig und nicht rund, wie beim Genter Altar (ferner zeigt der Brokat hinter Gottvater keine Pelikane). Das Lamm präsentiert sich hier in einer wesentlich undramatischeren Pose und vor den Füßen Gottvaters auch an etwas verlorener Stelle (Abb. 25). Es wirkt wie eine spätere Berühmtheit auf einem alten Klassenfoto. Es ist kaum vorzustellen, daß dieses Bild jemand malte, der die überwältigende Tafel der Anbetung des Lammes, nach der der Genter Altar heute im Volksmund auch als Ganzes bezeichnet wird, mit eigenen Augen gesehen hat.
Vom Lamm aus rinnt der Strom des Lebendigen Wassers in Richtung des Lebensbrunnens. Die Kaiserkrone fehlt. Der Paradiesgarten fällt wesentlich kleiner aus. Da er aber keine Heerscharen von Anbetenden beherbergen muß, ist noch Platz für Zierrat in Form der musizierenden Engel, die beim Genter Altar auf die Flügel ausgelagert wurden. Vor der Fassade finden sich zwei Personengruppen, deren Vertreter teilweise an solche aus der unteren Reihe der Genter Sonntagsseite erinnern.
Die Architektur erweist sich in ihrem Grundriß als etwas unklar. Der Künstler zeigt eine Front mit zwei Türmen und eine ebenso breite Rückwand mit einem Gottvater schützenden Baldachin in der Mitte. Der seitliche Übergang der Architektur vom Vorder- zum Hintergrund erschließt sich nicht. Dennoch hat man als Betrachter den Eindruck, ein quadratisches Gebäude vor sich zu haben, das mit der Höhe seiner Türme sogar kubisch wirkt. *„Die Länge und die Breite und die Höhe der Stadt sind gleich.“*

Auf den beiden Türmen befinden sich Engel (Abb. 26).
Links sind es sechs und rechts ebenso. Entsprechen sie
den zwei Sechsergruppen, die im Genter Altar um den
Altartisch des Lammes knien (vergl. Abb. 40)? Sie repräsentieren allem Anschein nach die zwölf Engel, die sich
auf den zwölf Toren der Hütte Gottes befinden sollen.

Gewiß ist hier keine exakte Umsetzung der beschriebenen Architektur des Himmlischen Jerusalems zu sehen,
aber es wurde doch zumindest der erkennbare Versuch
unternommen, den alten Text behutsam in zeitgenös-
sische Architektur und Symbolik zu transferieren. Die
Front mit den zwei durch eine Mauer verbundenen
Türmen zeigt Bezüge zur Kirchenarchitektur mit ihren Zweiturmfassaden, die ebenfalls als abstrahierte
Anlehnung an das Himmlische Jerusalem betrachtet
werden[2]. Innerhalb dieser Mauern ist textgetreu kein
Tempel zu sehen.

Die Frage, ob dieses Bild älter als der Genter Altar ist,
läßt sich an dieser Stelle noch nicht evident klären.
Doch auch wenn sie später entstanden sein sollte, un-
terstreicht sie die Frage, wieso der Genter Altar den
Text der Offenbarung bzgl. der Architektur ignoriert
und gar verletzt? Es gibt weitere von der Literatur
bereits verstreut erfasste Punkte, mit denen die Tafel
der Anbetung des Lammes zu einer genaueren Untersuchung bzgl. des Verbleibs des Himmlischen Jerusalems
im Genter Altar einlädt:

Um den Lebensbrunnen herum liegen einige Edelsteine
auf dem Boden, die vielleicht auf die zwölf edlen Gründe der Gottesstadt anspielen sollten.

Sowohl die Werktagsseite als auch die Sonntagsseite
des Genter Altars zeigen jeweils durch Rahmenleisten
getrennte zwölf Bildfenster (vergl. Abb. 1). Die Präsenz einer gewollten Zahlensymbolik wird durch den
Sachverhalt unterstrichen, daß kleine Stilbrüche zur
Erlangung der gleichen Zahl in Kauf genommen wurden: die Lynetten auf der Werktagsseite wurden durch
aufgesetzte Rahmenleisten abgetrennt, die der Sonntagsseite nicht (Abb. 27). Die ursprüngliche Existenz
einer wegen ihres unedlen Bildgegenstandes isoliert zu
betrachtenden und mit anderem Material gefertigten

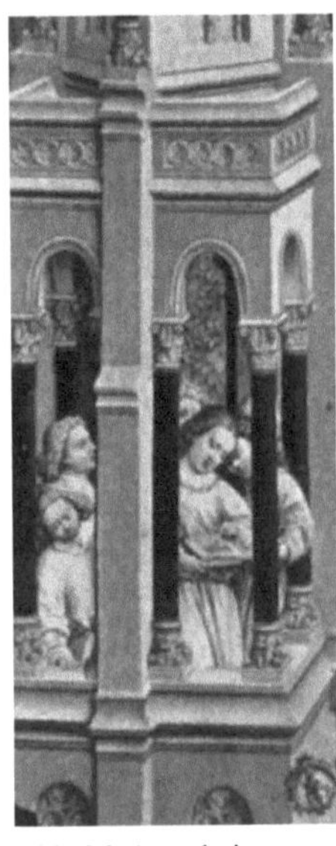

Abb. 26: Ausschnitt aus
dem Lebensbrunnen mit
sechs Engeln auf einem
Turm der Architektur

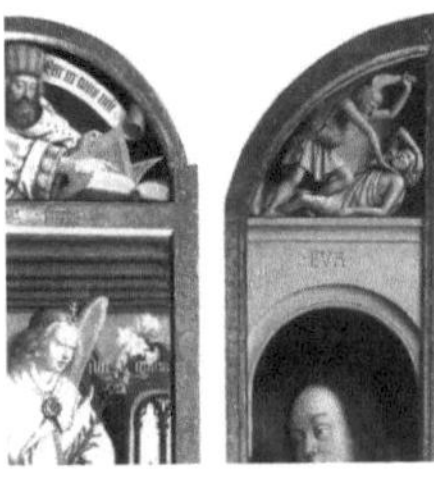

Abb. 27: Lynetten der
Werktags- und Sonntags-
seite des Genter Altars

Predella würde das Resultat der Zählung nicht stören. Vielmehr würde sie sich auf den einleitenden Text der Architekturbeschreibung in der Offenbarung beziehen: „Den Verzagten aber und Ungläubigen, den Greulichen und Totschlägern und Hurern und Zauberern und Abgöttischen und allen Lügnern, deren Teil wird sein in dem Pfuhl, der mit Feuer und Schwefel brennet, welches ist der andere Tod."

Die Betonung der Zwölfheit im Genter Altar in der Anzahl der Bildfelder und durch die zwei Engelsgruppen am Stuhl des Lammes kann man als einen direkten Bezug zur gesuchten Architektur betrachten[3]. Zufriedenstellend ist das aber nicht.

Die gehäufte Darstellung des Himmlischen Jerusalems in der Buchillustration setzte etwa Ende des 10. Jhd. ein und wurde von Historikern oft als Argument für eine mit dem Jahrtausendwechsel verbundene Endzeiterwartung angeführt[4]. Es waren gerade die auf den iberischen Mönch Beatus von Liébana zurückzuführenden illustrierten Apokalypsehandschriften, die nach ihm benannten Beatus-Codici, die der europäischen Illustration entscheidende Impulse gaben[5]. Zwei Darstellungsformen des Himmlischen Jerusalems kristallisierten sich dabei zu Darstellungstraditionen heraus.

Bei der einen zeigt sich ein quadratischer (bzw. rechteckiger) Grundriß, der in der Flächigkeit mittelalterlicher Bildauffassung zumeist auch genau in dieser Ansicht gezeigt wird (Abb. 28)[6]. Meistens wird er an den vier Seiten je dreimal durchbrochen. Eine seltenere, halbwegs perspektivische Darstellung dieses Typus zeigt ein Blatt aus der Zeit vor 1020 (Abb. 29). In dieser Art wäre wohl das Himmlische Jerusalem aus der Pradotafel anzusiedeln. Bezüglich des Genter Altars aber ergeben sich hieraus keine klärenden Erkenntnisse.

Zum anderen finden sich etwas abstrakter gehaltene Interpretationen des Himmlischen Jerusalems als rundliche und in geeigneter Weise zwölfmal durchbrochene Form, wie zum Beispiel die Paradiesdarstellung „De laudibus Sanctae Crucis" von 1179/85 (Abb. 30). Tatsächlich widerspricht diese nicht dem Johannestext. Aus der Tatsache, daß das Himmlische Jerusalem vier-

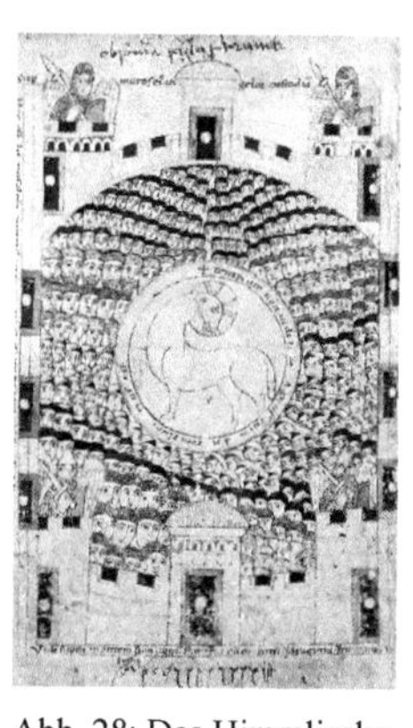

Abb. 28: Das Himmlische Jerusalem mit rechteckigem Grundriß, Württembergische Landesbib. Brev. 100

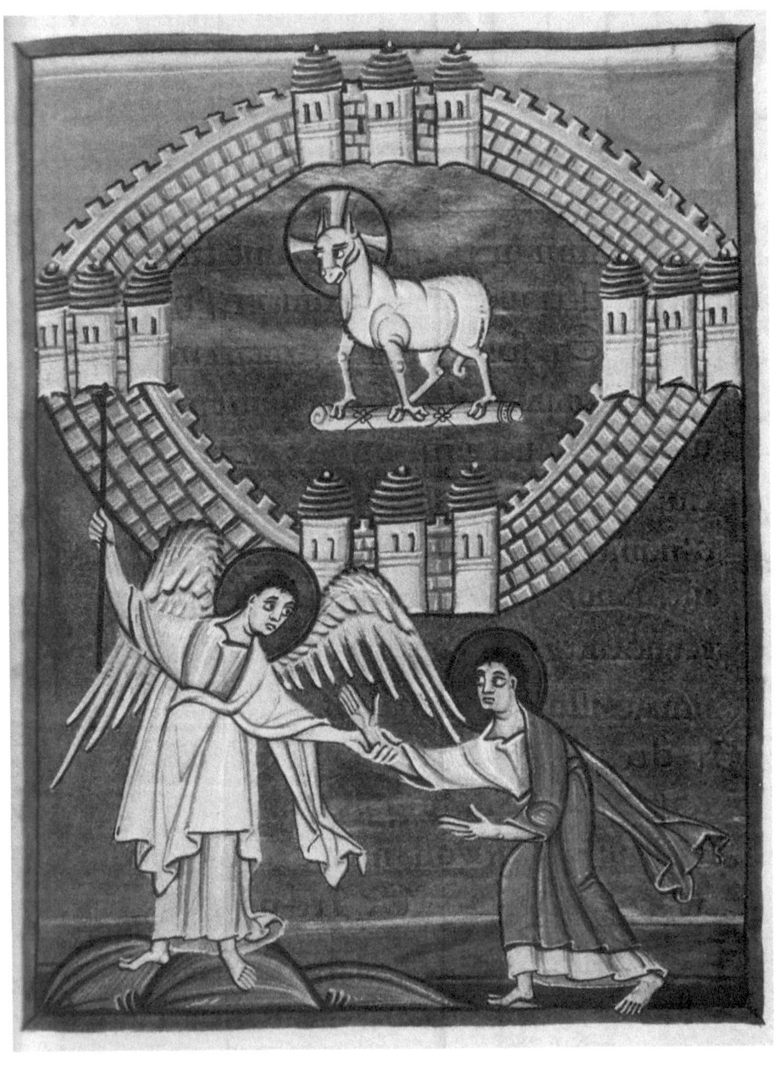

Abb. 29: Das neue Jerusalem, Apokalypse, Ms. bibl. 140, fol. 55r., Reichenau, vor 1020; Bamberg

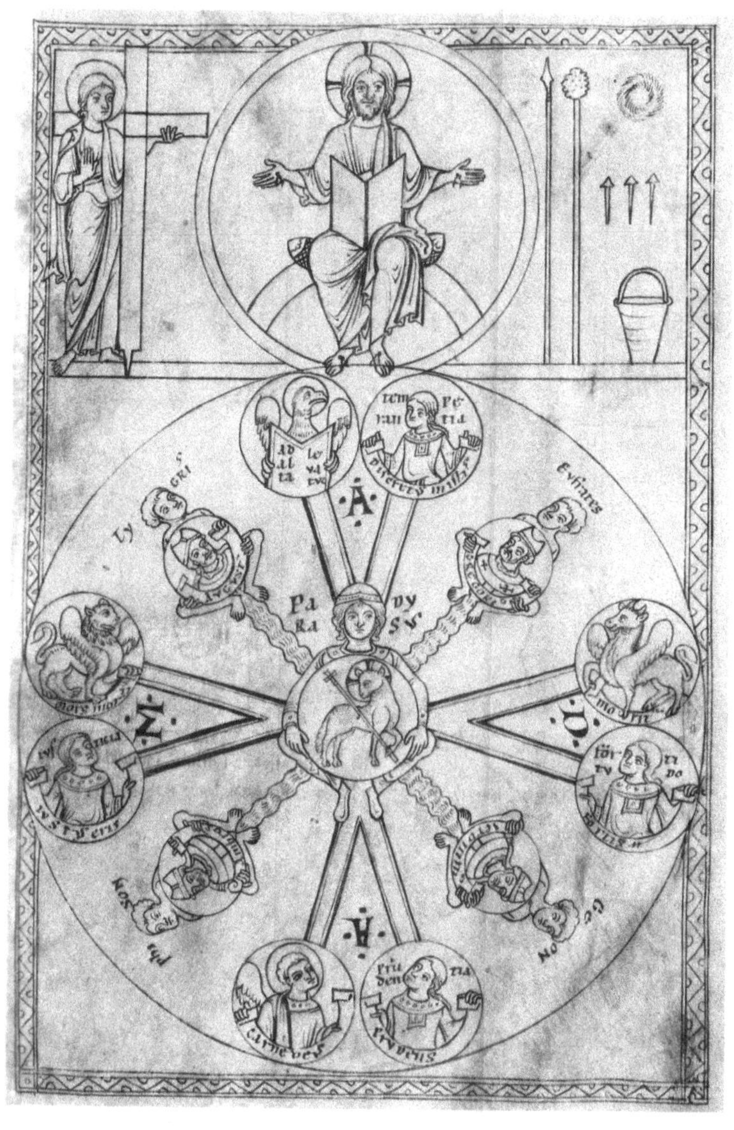

Abb. 30: Das Paradies, „De laudibus Sanctae Crucis", Clm. 14159, fol. 5v., Regensburg, 1170/85; München

eckig liegt[7], folgt nicht zwingend, daß es ein Viereck ist. Ein Zwölfeck z.B. tut dies auch und seine Höhe ist wie seine Breite. Das mittelalterliche Blatt verbindet die Idee der Kreuzanbetung mit der des am apokalyptischen Lamm erkennbaren zukünftigen Paradieses[8]. Es zeigt interessanterweise gewisse formale Ähnlichkeiten mit den Mitteltafeln des Genter Altars. Das von zwölf mehr oder weniger im Kreis angeordneten Portraits (u.a. der Evangelisten) umgebene Lamm ist zu dem darüber befindlichen Gottvater ähnlich positioniert wie auf den Mitteltafeln des Genter Altars. Die Marterwerkzeuge Christi finden sich aber nicht beim Lamm, wie im Genter Altar, sondern bei Gottvater bzw. Jesus, der, als Schmerzensmann dargestellt, über allem thront.

Es existieren auch kreisrunde Weltkarten, natürlich mit Jerusalem als Mittelpunkt, deren Kreisbahn wie ein Zwölfeck unterteilt wurde[9]. In ihnen verschmolz die Idee des irdischen mit der des Himmlischen Jerusalems, ein sehr populärer Gedanke zur Zeit der Kreuzzüge[10]. Ein gutes Beispiel dafür zeigt Abb. 31. Oben auf der etwa 1250 zu datierenden Karte triumphiert Christus[11]. Er wird von zwei Engeln mit Weihrauch umhüllt, wie wir sie beim Genter Altar wiederum vor dem Lamm vorfinden. Die Darstellung der Welt verheißt durch die zwölfgeteilte kreisrunde Rahmung deren Erneuerung.

Insbesondere das erste Beispiel, die Paradiesdarstellung, erweist sich aufgrund ihrer formalen Parallelen als ernstzunehmender Hinweis darauf, welcher Art die Darstellung des Himmlischen Jerusalems im Genter Altar sein könnte, so sich eine dem Text der Offenbarung entsprechende überhaupt an ihm finden läßt.

Die Vorstellung einer rundlichen Architektur wurde nicht nur in der Buchillustration umgesetzt. Die Inschrift eines mit zwölf Türmchen und zwölf Medaillons verzierten kreisrunden romanischen Radleuchters aus der Klosterkirche St. Nikolaus in Schwäbisch-Hall weist diesen noch heute als Symbol des Himmlischen Jerusalems aus[12]. In der Architektur ist es vor allem die zwölfblättrige Fensterrose (Abb. 32) der Gotik, die sich dieser Sprache bedient und auch der Schöpfer des Genter Altars dürfte sie verstanden haben.

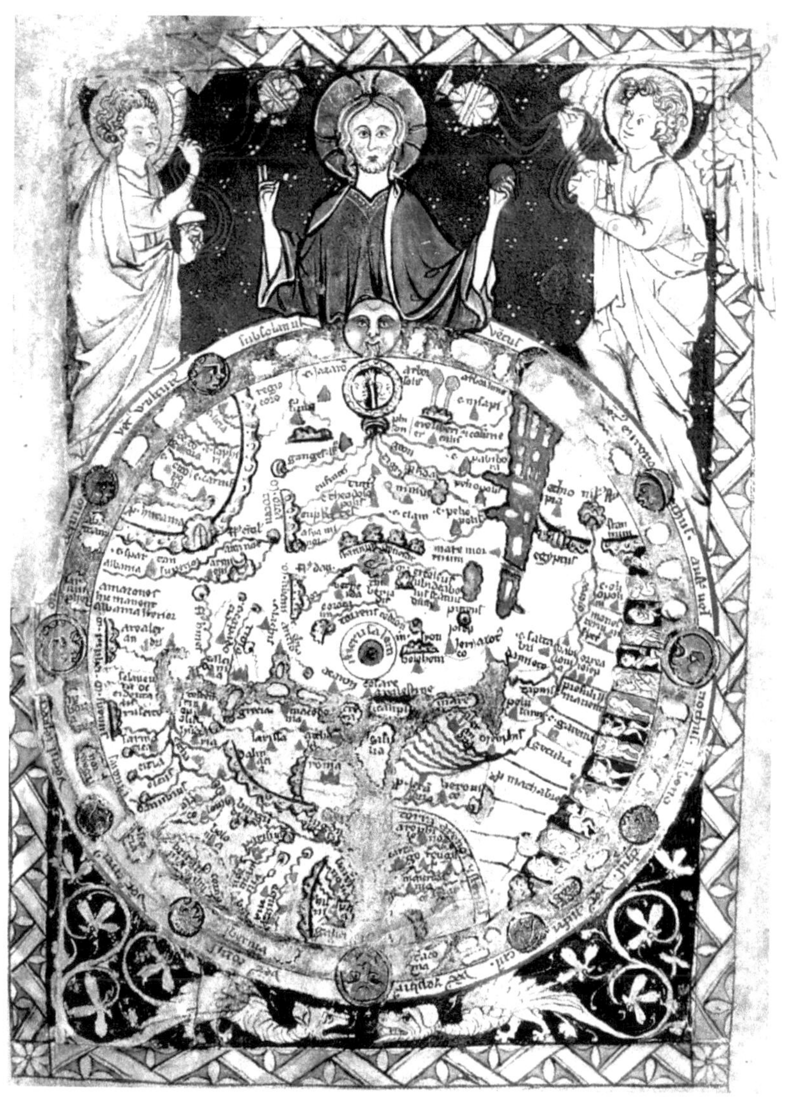

Abb. 31: Weltkarte mit Jerusalem als Mittelpunkt, aus einer lateinischen Handschrift von etwa 1250; Ms. Add. 28681. British Library, London).

Die Architektur des romanischen wie auch gotischen Kirchenbaus selbst steht in abstrakterem Bezug zum Himmlischen Jerusalem, ohne dieses (mit wenigen Ausnahmen) exakt abzubilden[13]. So kann man das mühevolle Glätten der Innenseiten der Mauern romanischer Kirchen als einen fast tragisch zu nennenden Versuch betrachten, dem Material des Jaspis, aus dem die Außenmauern der Gotteshütte bestehen, irgendwie nahe zu kommen. Die in der Realisation sehr aufwendige Erfindung der Lichtgalerie romanischer Kirchen diente dem Zweck, die Transparenz des Gesamtgebäudes in diesem Sinne zu steigern. Im gleichen Geiste machte es sich die Gotik zur Aufgabe, die Wände fast gänzlich aufzulösen, was zur Wahrung der Statik die Errichtung eines Gewirrs von Stützpfeilern außerhalb des Kirchenbaus notwendig machte. Der Genter Dom St. Bavo selbst ist ein gutes Beispiel dafür.

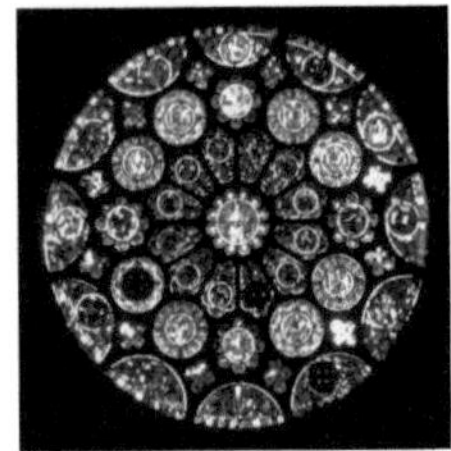

Abb. 32: Fensterrose der Südfassade von Chartes, Kathedrale Notre-Dame

Auch beim Grundriß der Kirchenarchitektur gab es die Alternative runder und eckiger Formen. Die sehr verbreitete eckige Kirche hat die schematische Form eines flächigen Kreuzes (und somit zwölf Ecken), das es zugleich im christlichen Sinne symbolisiert und auf diese Weise monumental verehrt. Das Schema der runden Kirche ist an die Zentralbauarchitektur der Grabeskirche in Jerusalem angelehnt[14]. Die Befreiung der Herberge des Grabes Christi war das oberste ideelle Ziel der Kreuzzüge. Nach dem endgültigen Verlust Jerusalems im Jahre 1199 wurden in ganz Europa Kirchenbauten mit kreisförmigen bzw. vieleckigen Grundrißen in Zentralarchitektur gebaut, die an ihr Vorbild nicht nur erinnern sollten, sondern dieses auch als Pilgerziel zu ersetzen hatten[15]. Man bezeichnet diesen Kirchentypus allgemein als Grabkirche.

Die kleine Exkursion in die Darstellungstradition des Himmlischen Jerusalems in Illustration und Architektur und die Untersuchung der Pradotafel legten ermutigende Spuren frei, auf die sich der Schöpfer des Genter Altars in stark verklausulierter Form möglicherweise bezog. Die zwölf Engel, die um den Altartisch (Abb. 33) des Lammes stehen, scheinen dabei der greifbarste Hinweis zu sein. Wenn man sich jedoch damit zufrie-

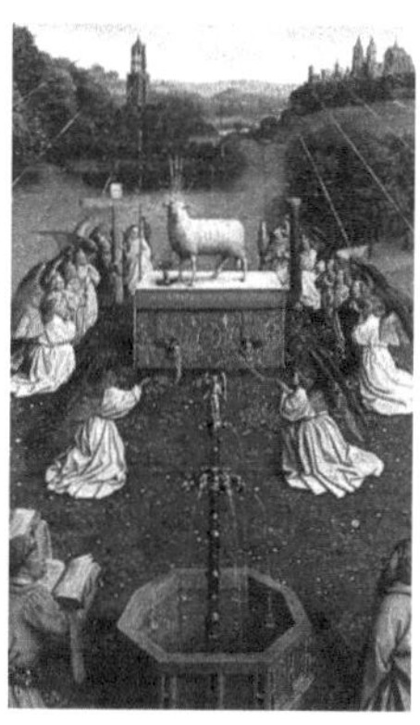

Abb. 33: Die zwei Sechsergruppen Engel um den Altartisch des Lammes

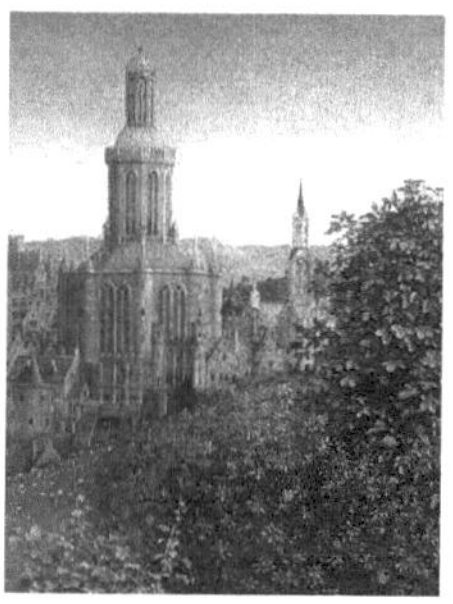

Abb. 34: Die Grabkirche in der Anbetung des Lammes

den geben würde, diese als hinreichende Andeutung auf die eigentliche Gotteshütte zu begreifen, wäre dies schon deshalb sehr unbefriedigend, weil diese dann nur den Tisch des Lammes und nicht die anderen Objekte und Akteure beinhalten würde. Wenn van Eyck eine solche Notlösung tatsächlich wählte, warum verwirrte er den Betrachter dann bis zum heutigen Tage erfolgreich mit der falschen Repräsentation des Himmlischen Jerusalems in Form der diversen Kirchen in der Landschaft?

Von den vielen anonymen Kirchen auf der Sonntagsseite des Genter Altars, steht eine besonders weit im Vordergrund und gibt sich als Grabkirche durch ihre runde bzw. polygone Form deutlich zu erkennen (Abb. 34). Sie symbolisiert also das Grab Christi. In diesem Punkt unterscheidet sie sich von allen anderen dargestellten. Da das Grab Christi im Sinne mittelalterlicher Liturgie bereits durch die hügelige Zone um den Altartisch des Lammes verkörpert wurde, erfuhr dieses Gebäude darüber hinaus eine besondere Betonung, ebenso wie der Charakter des Altartisches selbst als Grab Christi[16].

So betrachtet ergibt sich genau im Zentrum des Genter Altars eine höchst komplexe Symbolik: Die zwölf Engel kann man als die zwölf Tore des Himmlischen Jerusalems betrachten, die das Grab Christi umzäunen. Unter Berücksichtigung der seltsam prominenten Grabkirche läßt sich dieses Arrangement als Rätsel begreifen, das eine zwölfeckige Grabkirche beschreibt.

An diesem Punkt möchte ich die rein sachliche Ausführung für einige Zeilen um eine autobiographische Komponente erweitern. Nur mit dem gerade beschriebenen Gedankenexperiment bewaffnet, machte ich mich eines Abends im Jahre 1999 und unmittelbar, nachdem mir dieser Gedanke in den Kopf geschossen war, auf die Suche nach einer zwölfeckigen Grabkirche, die über ihre ungewöhnliche Architektur den Gedanken der Grabeskirche zu Jerusalem mit dem des Himmlischen Jerusalems in eleganter Weise vereinigen würde, so es sie denn gab. Ich folgte hierbei nur meiner Intuition,

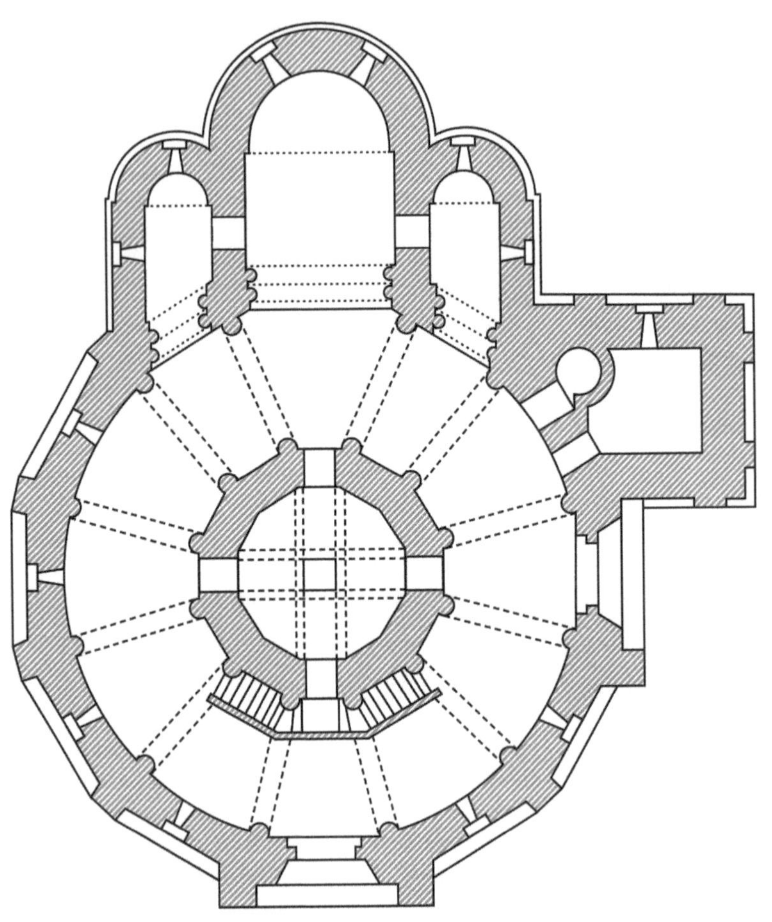

Abb. 35: Grabkirche La Vera Cruz, Segovia, 1208. Grundriß nach Lampérez y Romea (1880/1890) (mit Korrektur der Innenkontur der äußeren Mauer nach H. Sutter (1997))

denn den Nutzen des Nachweises ihrer Existenz konnte ich noch nicht im geringsten erahnen. Glücklicherweise stand mir damals, es war bereits sehr spät, umfassende Literatur zur Kirchenarchitektur mit unzähligen Grundrißen griffbereit zur Verfügung. Entsprechend wälzte ich die ganze Nacht Buchseiten. Kurz vorm Er-

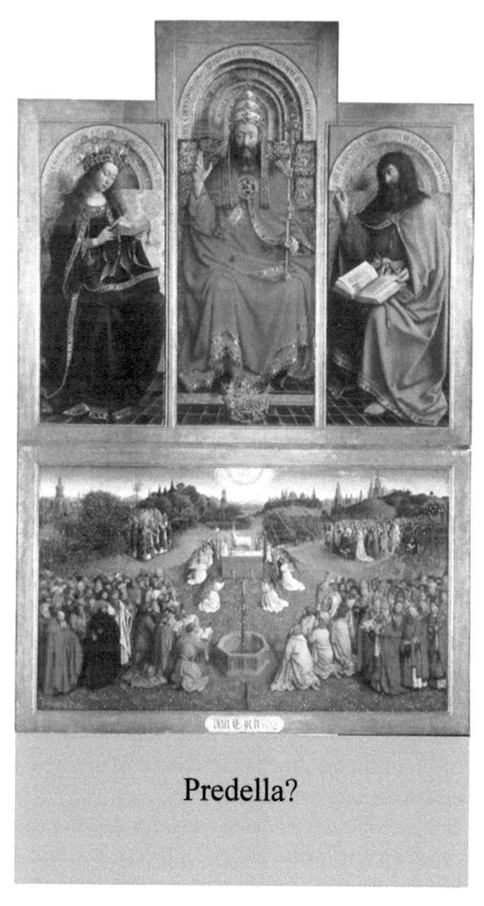

Abb. 36: Mitteltafeln des Genter Altars mit ergänztem Platzhalter für die Predella

müden und mit nicht geringen Zweifeln am Sinn meines Tuns, erblickte ich im Lichtkegel meiner Schreibtischlampe schließlich Seite 208 des Bandes Mittelalter I der Reihe „Propyläen Kunstgeschichte". Ich drehte das Buch langsam um 90 Grad gegen den Uhrzeigersinn und es lief mir binnen weniger Augenblicke eiskalt den

51

Rücken herunter: Der Grundriß, den ich erblickte (Abb. 35), zeigte derart viele Übereinstimmungen mit dem Aufbau und der Komposition der Mitteltafeln des Genter Altars (Abb. 36) , daß mir der Atem stockte und ich leicht zu zittern begann.

Im Gegensatz zu den meisten anderen Grabkirchen, die in der Regel sechs-, acht-, oder zehn- jedoch nicht zwölfeckig sind, verfügt diese über eine am Zentralbau angeschlossene dreiapsidiale Choranlage, die dem Deesismotiv des Genter Altars formal und auch inhaltlich genau entspricht. Nicht nur die äußere Hülle des Zentralbaus wurde als Zwölfeck angelegt. Ihr ungewöhnlicher Kernbau folgt derselben Form und erinnert mit der Vierung in der Mitte und seinen vier Öffnungen an den Altartisch des Lammes mit den vier darum versammelten Anbetungsgruppen im Genter Altar. Der Lebensbrunnen und der darüber schwebende Hl. Geist scheinen dabei je einen Eingang zu repräsentieren. Die stumpfen Innenwinkel des Gemäuers gar, werden von den vorderen beiden knienden Gruppen recht präzise wiedergegeben, die zugleich mit ihren zu Boden fallenden Gewändern die Treppenanlage anzudeuten scheinen (Abb. 37 a und b). Die oberen drei Seiten des äußeren Zwölfecks im Schema der Grabkirche, die die Choranlage nach innen schräg abschneiden, finden ihre Entsprechung durch die Schrägstellung Marias und Johannes und deren Faltenwürfe.

Die Höhenproportionen der Choranlage und des Kernbaus insgesamt werden von den Mitteltafeln sehr exakt wiedergegeben. Berücksichtigt man die mögliche Existenz einer Predella, könnte dies gar für den gesamten Grundriß der Kirche gegolten haben (Abb.38).

Die Kirche, deren Grundriß diese wundersamen Eigenschaften in Bezug auf den Genter Altar aufweist, befindet sich im alten Kastilien und liegt am Rand des Städtchens Segovia am Fuße der Pyrenäen und somit über tausend Kilometer von Gent entfernt. Sie datiert auf das Jahr 1208 oder früher und ist somit deutlich älter als der Genter Altar[17]. Man kann aus Gründen, die im fünften Kapitel ausführlich dargelegt werden, davon ausgehen, daß sie schon deutlich vor Jan van Eyck aufgrund einer

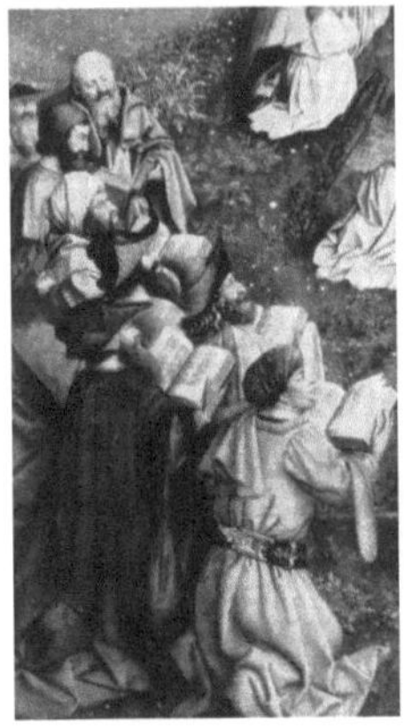

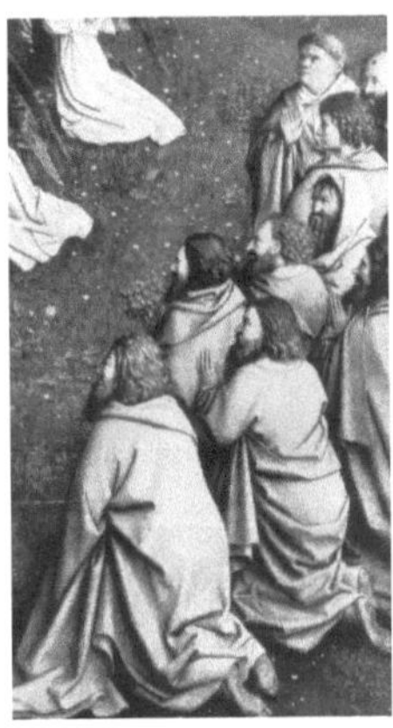

Abb. 37 a und b: Die beiden vorderen Anbetungsgruppen in der Anbetung des Lammes bilden durch einen Knick in der Außenkontur jeweils einen Winkel, der dem Innenwinkel eines Zwölfecks ähnelt

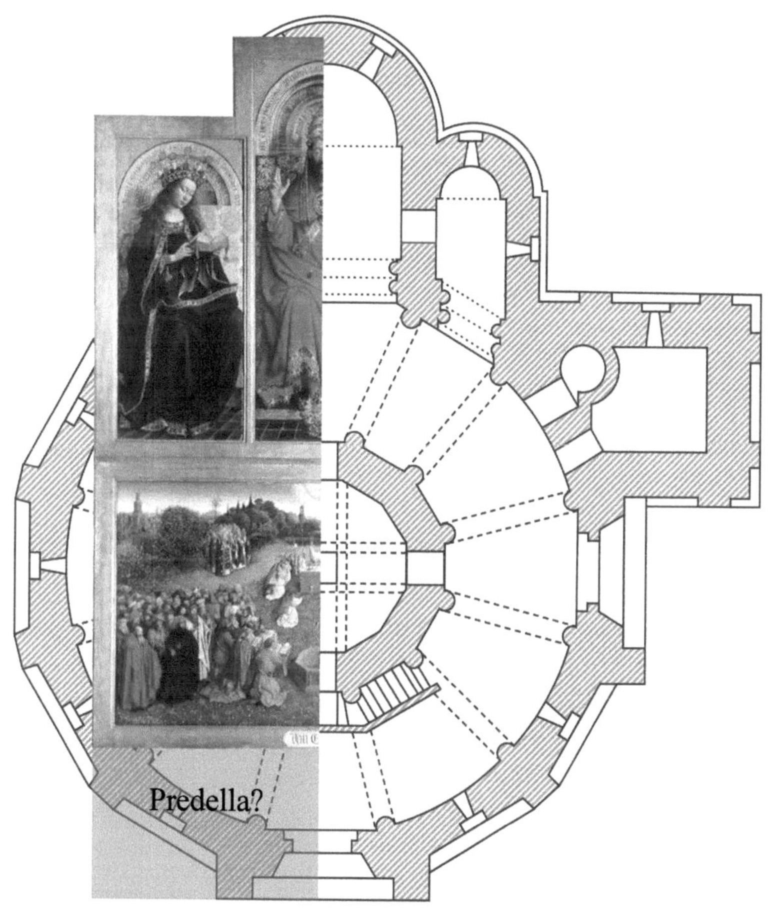

Abb. 38: Überlagerung der Mitteltafeln mit Predella und des Grundrißes von La Vera Cruz

spätestens seit Anfang des 13. Jhd dort verehrten Reliquie - einem Stück vom Kreuz Christi - als „La Vera Cruz" namentlich bezeichnet wurde[18].

Im Zuge einer umfassenden Recherche konnten nur zwei weitere zwölfeckige Grabkirchen aus der Zeit vor 1432 nachgewiesen werden: Eine kleine Kapelle in Drüggelte[19], die jedoch mit ihrem schlichten Grundriß eines Zwölfecks keinerlei formale Parallelen zum Genter Altar erkennen läßt, und eine wohl ebenfalls einfach zwölfeckige Kirche in der Templerfestung Atlit, die jedoch die Kreuzfahrerzeit nicht überstand und deren schemenhafte Ruinen erst in unserer Zeit wieder freigelegt wurden[20].

Die Architektur der Grabkirche La Vera Cruz wird in der Literatur somit zurecht als absolut einmalig eingestuft[21]. Lediglich ihre Anlage als Doppelrotunde erinnert an einen sechszehneckigen Rundbau im Covento de Christo im portugiesischen Tomar, der ehemaligen Templerzentrale in Portugal[22].

Da der Aufbau der Tafeln des Genter Altars, seine Komposition und seine Proportionierungen, wie bereits beschrieben wurde, ebenso als ungewöhnlich betrachtet werden, entfällt ein beiden Objekten zugrundeliegendes Gestaltungsschema (wie man es z.B. für die Proportionierung des Anlitz Christi in der Ikonenmalerei kennt) als Erklärung für die ersichtlichen Übereinstimmungen.

Gemäß dem Fall, die Mitteltafeln des Genter Altars und möglicherweise seine Predella wären tatsächlich nach dem Grundriß der Grabkirche komponiert worden, so wäre die Frage nach der Darstellung der Architektur des Himmlischen Jerusalems geklärt. Es würde durch die Form und Symbolik des Grundrißes der Grabkirche auf einer tieferliegenden Bedeutungsebene des Genter Altars, nämlich in seiner Komposition dargestellt.

Ferner wäre mit dem gemachten Fund das direkte und wesentliche Vorbild des Genter Altars identifiziert.

Zu allererst aber ist zu klären, ob sich Indizien finden lassen, die die Vermutung erhärten oder gar beweisen, daß die aufgezeigten Deckungsgleichheiten kein großer Zufall sind, sondern die Mitteltafeln des Genter Altars tatsächlich die konkrete und gewollte Wiedergabe dieses einzigartigen Kirchengrundrißes waren.

Als einen ersten Hinweis in diesem Sinne, kann man die aus der Anzahl der Bildfelder auf Werk- und Sonntagsseite entnommene Zahlensymbolik betrachten. Die zwölf Felder (mit edlen Inhalten) außen und innen erscheinen nun wie eine konkrete und zu ihrer Identi-

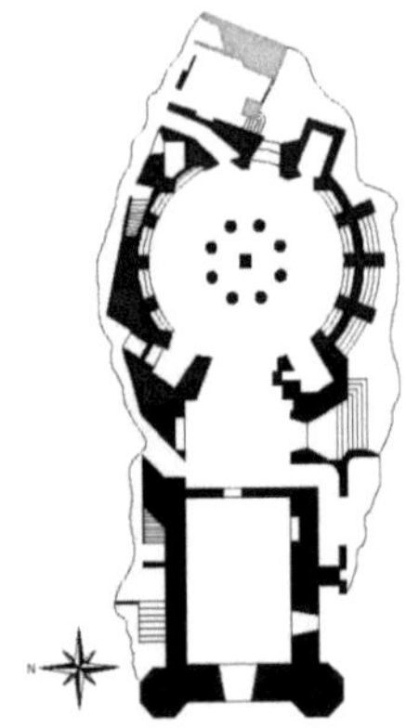

Abb. 39: Grundriß der Ordensburg in Tomar

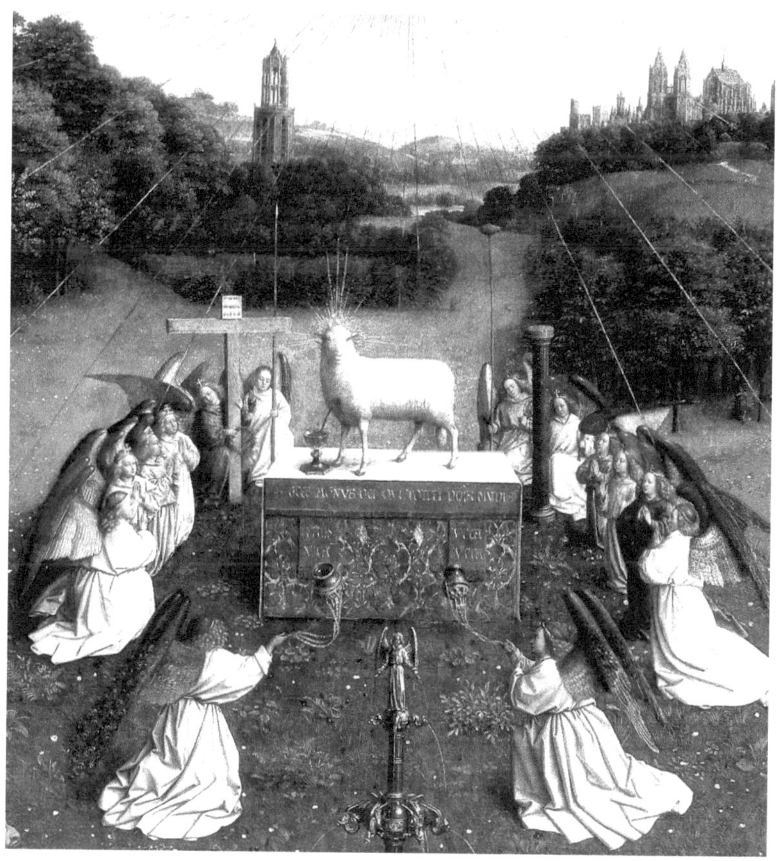

Abb. 40: Das Kreuz neben dem Brokat-verzierten Altartisch in der Anbetung des Lammes

fizierung bereits hinreichende kurze Beschreibung der aus zwei ineinander verschachtelten Zwölfecken bestehenden Doppelrotunde der Grabkirche: „Zwölf innen, Zwölf außen".

Im Zentrum des Genter Altars mit dem Altartisch des Lammes und somit an jener Stelle, die in rätselhafter Weise zur Assoziation einer zwölfeckigen Grabkirche einlud, findet sich eine weitere in diesem Zusammenhang höchst interessante Unstimmigkeit.

Norbert Schneider machte in seinem Buch „Jan van Eyck - Der Genter Altar" bereits darauf aufmerksam, daß die Wiedergabe der Marterwerkzeuge auf der Tafel der Anbetung ikonographisch problematisch ist (Abb. 40). Sie hätten eigentlich die Darstellung Christi als Schmerzensmann und nicht als Lamm erfordert[23]. Im Umkehrschluß müßen im Angesicht der Präsenz des Lammes die Attribute der Kreuzigung als deplatziert erscheinen (man werfe in diesem Zusammenhang auch nochmal einen Blick auf Abb. 30).

Interessanterweise findet man im Genter Altar selbst eine ikonographisch korrekte Wiedergabe des Lammes mit der Christusfahne. Sie versteckt sich auf den Bodenfliesen in der Tafel der musizierenden Engel und ist obendrein räumlich verzerrt (Abb. 41). Das aufgezeigte Problem war also kein Unfall.

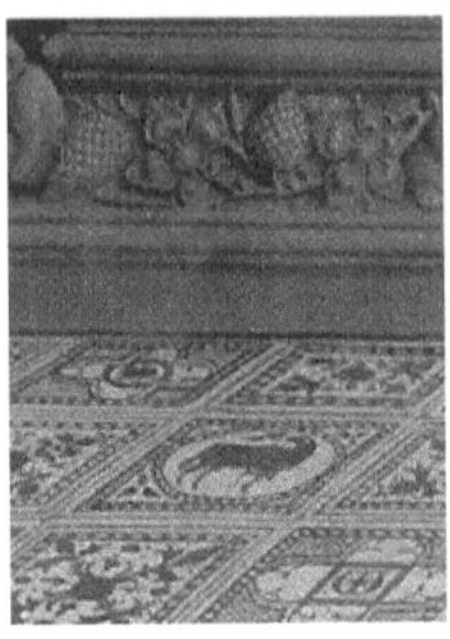

Abb. 41: Christus als Opferlamm mit Siegesfahne, Genter Altar

Zu den Marterwerkzeugen, die dort also gar nicht sein dürften, gehört auch das Wahre Kreuz, spanisch „La Vera Cruz". Somit findet sich an denkbar prominenter Stelle ein möglicherweise auch so gemeinter namentlicher Hinweis auf die Grabkirche im Genter Altar.

Mehr noch: Auf dem roten Brokat, mit dem der Altartisch des Lammes geschmückt ist (Abb. 40), finden sich drei Inschriften. Die erste läuft oben über die ganze Breite und lautet: „ECCE AGNVS DEI QUI TOLLIT PEC(CA)TA MV(N)DI"[24], also Joh 1,29: „Siehe, das ist GOttes Lamm, welches der Welt Sünde trägt!". Sie bezieht sich also direkt auf das darüber zu sehende Motiv und braucht einen nicht zu wundern. Die beiden Brokatlappen darunter tragen die beiden anderen Inschriften „IHES VIA" und „VITA VITA"[25]. Gemeinsam zitieren sie in stark gekürzter Form Joh 14,6: „Dicit ei Iesus: „ Ego sum via et veritas et vita; ..."[26] bzw. „JEsus spricht zu ihm: Ich bin der Weg und die Wahrheit und das Leben; ...".

Die Verwendung dieser Stelle des Johannesevangeliums ist hier aus dem bildnerischen Kontext nicht zwingend. Seltsamerweise wird dieser Satz von van Eyck ohne Not in zwei Stücke zerlegt.

Handelte es sich hierbei vielleicht um ein Wortspiel? In dem ersten Fragment finden sich in ausgeschriebener Form jene Buchstaben in der richtigen Reihenfolge, die den Namen der Stadt SEGOVIA ergeben, in der sich

die Grabkirche befindet (hier fett gekennzeichnet):
„... IESVS: **EGO** SUM **VIA** ...“.
Aber dies kann natürlich auch ein Zufall sein. Auch
ohne diesen möglichen weiteren Hinweis auf die spanische Grabkirche erfordern die gemachten Entdeckungen, Vera Cruz als mögliches Vorbild für den Aufbau
des Genter Altars zu betrachten.

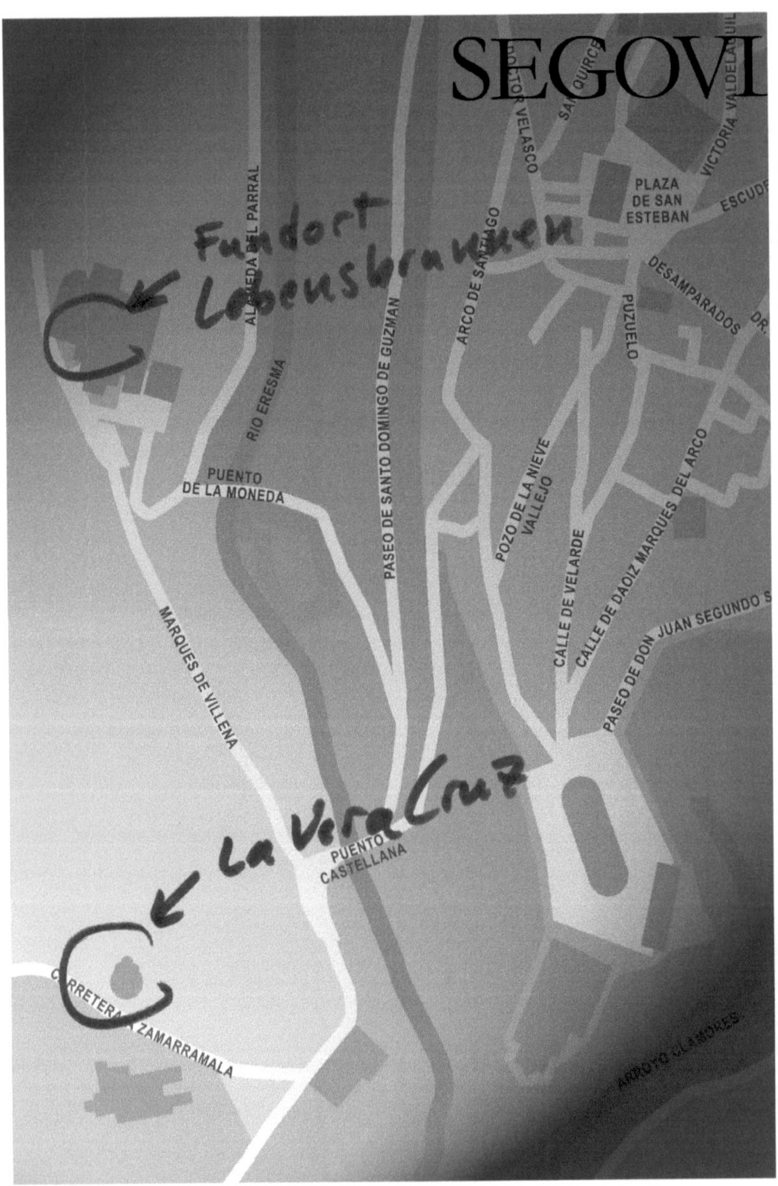

Abb. 42: Gute Nachbarn: Die Grabkirche La Vera Cruz und das Kloster El Parral auf einem Stadtplan von Segovia

Jan van Eyck - ein Diplomat auf Reisen

Wenn der Grundriß der Grabkirche möglicherweise die Komposition des Genter Altars bestimmte, stellt sich die drängende Frage, ob und wie Jan van Eyck Kenntnis von ihm haben konnte. Schließlich liegt die zugehörige Kirche im Herzen Spaniens und die älteste erhaltene Grundrißzeichnung datiert auf 1880/90[1].

Tatsächlich aber ist bekannt, daß Jan van Eyck die iberische Halbinsel vor der Fertigstellung des Genter Altars mindestens einmal bereist hat.

Gesichert ist ein längerer Aufenthalt vom Oktober 1428 bis 1429, bei der er einer burgundischen Delegation angehörte, um eine Ehelichung seines Dienstherrn Philipp dem Guten mit Isabella von Portugal zu arrangieren. Elisabeth Dhanens konnte einige Stationen dieser Reise rekonstruieren: Abreise von Sluis (Zeeland) am 19. Oktober 1428, Empfang in Lissabon, die schon erwähnte Wallfahrt nach Santiago de Compostela, Besuch bei König Juan II. von Kastilien in Valladolid, Besuch des Herzogs von Ajona und des Königs von Granada. Van Eycks Aufgabe bestand auf dieser Reise auch darin, Portraits der Auserwählten zu fertigen, die heute verloren sind[2].

Bereits am 18. Oktober 1427 ist Jan van Eycks Aufenthalt in Doornik belegt[3]. Dies ist insofern von Interesse, als dort zwei Tage später eine Delegation Philipps des Guten eintraf, die gerade von einer Reise nach Aragon, Barcelona und Valencia zurückgekehrt war. Auch diese Expedition diente der Verkupplung Philipps und man vermutet, daß Jan van Eyck der Delegation angehörte, aber zum genannten Tag nach Doornik vorauseilte, um am Fest des Hl. Lukas, Schutzpatron der Maler, teilzunehmen und einige Kollegen zu treffen.

Leider ist über die Reiseaktivitäten insgesamt nicht viel bekannt, denn sie unterlagen alle der Geheimhaltung. Gleiches gilt für eine weitere Reise, die Jan van Eyck im Auftrag Philipp des Guten bereits im August 1426 antrat[4].

Immerhin ist durch Quellen belegt, daß Jan van Eyck lange vor der Fertigstellung des Genter Altars kastilischen Boden betreten hat. Nicht nur die Tourismus-Lobby Segovias behauptet aber, daß Jan van Eyck auch jenen Ort besuchte, der immer mehr in den Fokus der Betrachtung rückt: Segovia.

Der Anlaß dieser Vermutung wurde im Vorangehenden bereits eingehend vorgestellt. Es ist die Tafel des Lebensbrunnens, die sich zwar heute im Prado befindet, aber ursprünglich im Besitz des Klosters El Parral war und in diesem Zusammenhang erstmals 1454 urkundlich in einem Schenkungsverzeichnis erwähnt wurde[5]. Dieses Gotteshaus befindet sich in unmittelbarer Nachbarschaft zur Grabkirche La Vera Cruz (Abb. 42)!

Die Tafel war eine Schenkung Heinrich IV. von Kastilien an das erst 1445 gegründete neue Kloster[6] und wurde in der Urkunde ausdrücklich als flämisches Werk bezeichnet[7]. Zusammen mit einem Marienaltar von Roger van der Weyden, der bereits 1445 von Johann II. von Kastilien der Kartause von Miraflores in Burgos überlassen wurde, ist sie somit das älteste altniederländische Gemälde überhaupt, das in Kastilien nachweisbar ist[8].

Bisher vermutete man, daß sie sich zuvor im Alcazar von Segovia befunden hat, das ebenfalls nur einen Katzensprung von der Grabkirche La Vera Cruz (Abb. 43) entfernt liegt. Für den zwischenzeitlichen Verbleib der Tafel ist mit der Grabkirche nun ein weiterer heißer Kandidat hinzugekommen. Die genauen Umstände werden wohl nie völlig geklärt werden können, aber die ursprüngliche Präsenz des Lebensbrunnens ausgerechnet in Segovia läßt zusammen mit den am Genter Altar gemachten Entdeckungen und den Reiseaktivitäten Jan van Eycks nun folgende Deutung zu:

Jan van Eyck war irgendwann in der zweiten Hälfte der zwanziger Jahre des 15. Jhd. in Segovia. Er hat die Grabkirche La Vera Cruz besucht und sie bzw. ihren Grundriß zum Vorbild für die Komposition des Genter Altars gemacht. Die Tafel des Lebensbrunnens, die eine ältere und in diesem Zuge verworfene Konzeption des Genter Altars zeigt, ließ er in Segovia zurück.

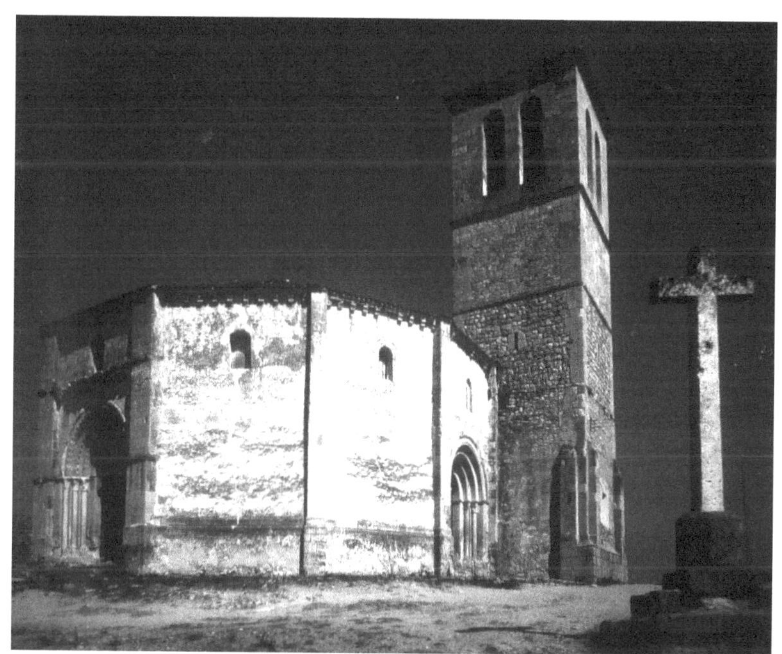

Abb. 43: Das Vorbild des Genter Altars: Die Grabkirche La Vera Cruz, Segovia, 1208

Abgeleitet von der Architektur der Grabkirche La Vera Cruz ist ferner davon auszugehen, daß der Genter Altar tatsächlich eine Predella mit einer Höllendarstellung hatte.

Jan van Eyck muß diese somit wohl älteste altniederländische Tafel in Spanien jedoch nicht zwingend selbst gemalt haben. Sein potentieller Bruder oder ein anderer Zuarbeiter könnten dieses ungewöhnliche Reiseutensil ebenso gefertigt haben.

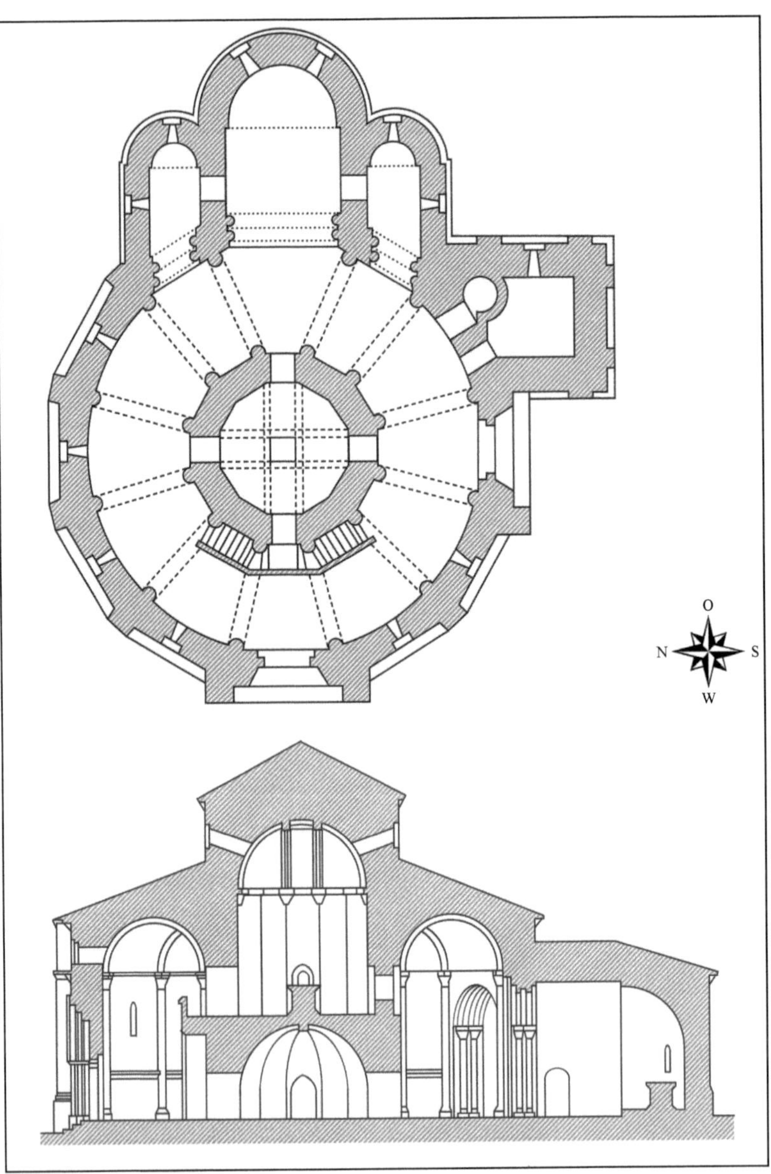

Abb. 44 a und b: Grabkirche La Vera Cruz, Segovia, 1208. Grundriß nach Lampérez y Romea (1880/1890) (mit Korrektur der Innenkontur der äußeren Mauer nach H. Sutter (1997)); Längsschnitt nach J. Gailhabaud

Die Grabkirche La Vera Cruz

Nun ist es endlich an der Zeit, die Kirche La Vera Cruz selbst und ihre Umgebung, für deren Besichtigung Jan van Eyck eine so weite und gefährliche Reise unternahm, in Augenschein zu nehmen.

Die kleine Grabkirche La Vera Cruz findet sich nordwestlich und somit außerhalb der alten Stadtmauern des über 2000 Jahre alten Segovias[1] an der Straße nach Zamarramala an den letzten Ausläufern der Pyrenäen. Sie liegt zu Füßen des Alcazars, das hoch oben auf einer mächtigen Felszunge zwischen den Flüßen Rio Eresma und Arroyo Clamòres an sicherer Stelle thront (Abb. 45). Von Alfonso VIII. von Kastilien (1161-1214), dem mutmaßlichen Stifter der Grabkirche Vera Cruz[2], und seiner Frau Eleonore von England, einer Schwester von Richard Löwenherz, ist bekannt, daß sie vornehmlich hier residierten und die romanisch-gotische Grundsubstanz der Burg erschufen[3]. Das Gebäude wurde fortan zu einem beliebten Sitz der kastilischen Könige und permanent erweitert. Isabella die Katholische trieb von diesem Ort aus die spanische Reconquista (Vertreibung der Mauren) voran. Noch der im Zusammenhang mit dem Genter Altar bereits erwähnte Philipp II. hielt hier gerne Hof[4], bis er in der zweiten Hälfte des 16. Jhd. in das von ihm gebaute El Escorial nahe Madrid umzog, was die große Zeit des Alcazars besiegelte.

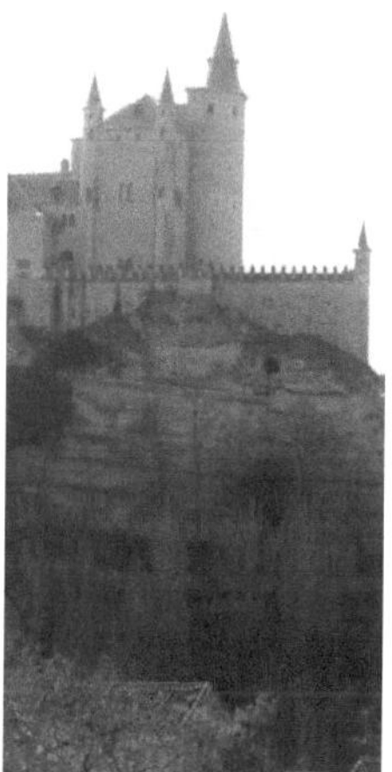

Abb. 45: Das Alcazar von Segovia von der Grabkirche aus betrachtet

Die Architektur von La Vera Cruz

Das Gebäude ist eine äußerst seltene Mischung aus Longitudinal- und Zentralbau (Abb. 44 a), da nach Osten eine gestaffelte dreiapsidiale Choranlage angeschlossen ist. Dies ist die erste Eigenschaft, die La Vera Cruz mit ihrem großen Vorbild in Jerusalem gemeinsam hat (vergl. Abb. 46). Im Südosten ist ein Turm angeschlossen, dessen Zugehörigkeit zur originalen Bausubstanz sehr umstritten ist und der Quellen zufolge erst im Jahre 1507, also nach van Eycks Besuch

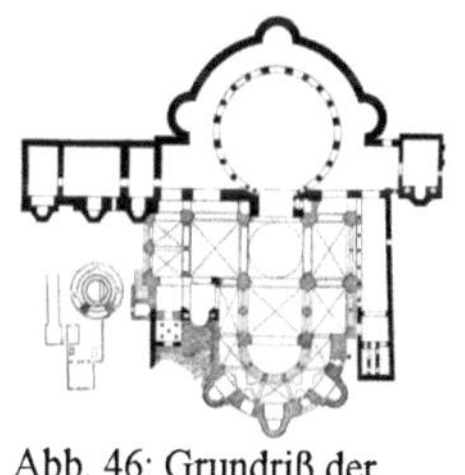

Abb. 46: Grundriß der Grabeskirche zu Jerusalem

hinzugefügt wurde[5]. Sollte sich zuvor an dieser Stelle schon ein älterer Turm befunden haben, wäre dies bzgl. der Vorbildfunktion des Grundrißes für den Genter Altar nicht weiter störend. Da eine sakrale Nutzung dieses Teils erst ab etwa 1520 erfolgte[6] und er architektonisch rein praktischen Erwägungen folgte (wie z.B. der Verteidigung), ist er so oder so nicht zur ursprünglichen Bauidee im sakralen Sinne zu zählen.

Im Zentrum des polygonen Gewölbes befindet sich eine fast völlig durch Mauerwerk geschlossene Kapelle, die das Gewölbedach durchbricht (Abb. 44 b und Abb. 50 a und b). Ihre Zweistöckigkeit spielt auf die in der Grabeskirche zu Jerusalem mittig in den Zentralbau eingestellte Kapelle an (Abb. 47), was die zweite wesentliche Parallele beider Gebäude ist. Bei Vera Cruz ist an diese im Westen eine doppelflügelige Treppenanlage angeschlossen (Abb. 48), die ins oberste Stockwerk führt[7].

In das darunter liegende sehr niedrige Gewölbe (Abb. 49), das im Sinne des Vorbildes das Heilige Grab selbst verkörpert, führen vier Eingänge aus allen Himmelsrichtungen. Diese bilden zusammen mit den beiden Gurtenpaaren der Kuppelwölbung (Abb. 51) die Kreuzform bzw. Vierung der Kirche.

Sowohl der von einer Gurtentonne überspannte Umgang als auch der Kernbau sind zwölfeckig angelegt (Abb. 44 a). Dieser Umlauf ist die dritte wesentliche Übereinstimmung von Vera Cruz und der Jerusalemer Kirche.

Dennoch sollte man Vera Cruz und auch nicht die erwähnte Anlage im portugiesischen Tomar als „Kopien" bezeichnen. Sie waren als Imitationen angelegt und sollten lediglich den Baugedanken der Jerusalemer Kirche wiedergeben. Hätten ihre Baumeister eine exakte Wiedergabe gewollt, es wäre ihnen zweifelsohne auch gelungen, denn man darf getrost davon ausgehen, daß sie Gelegenheit hatten, das Original ausgiebig in Jerusalem zu studieren. Vielmehr gibt es einige wesentliche Unterschiede zwischen La Vera Cruz und der Jerusalemer Kirche (für Tomar gilt dies ebenso). Im wesentlichen wurde die Architektur um das Gedankengut der Apokalypse bereichert (das ja als Thema der

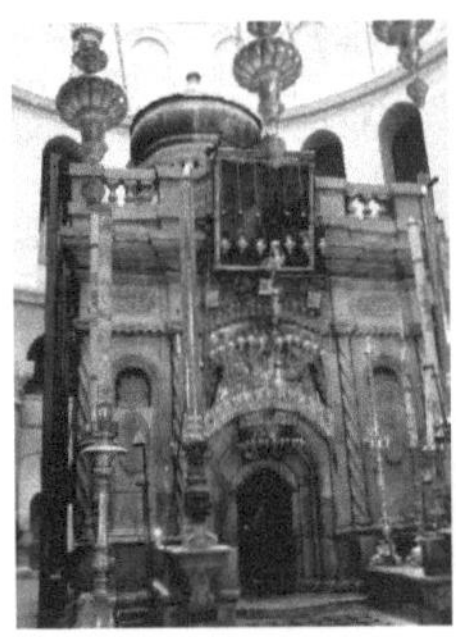

Abb. 47: Zweistöckige Ädikula in der Grabeskirche zu Jerusalem

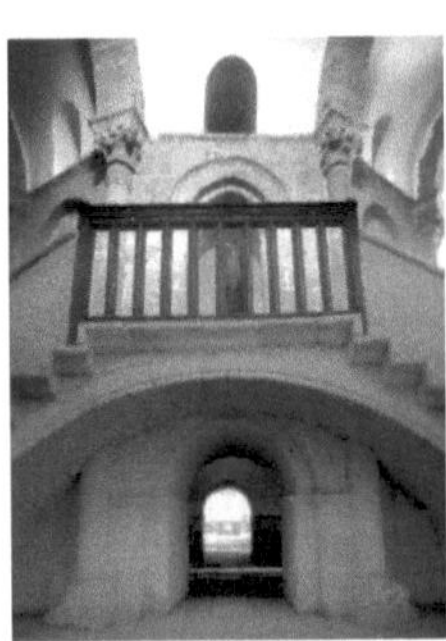

Abb. 48: La Vera Cruz, Blick auf die Treppenanlage

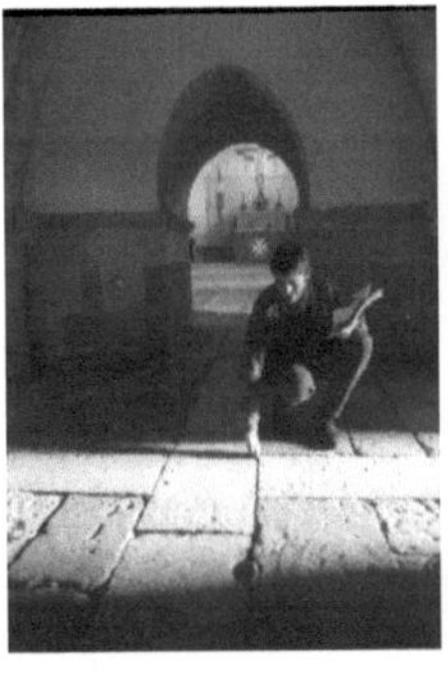

Abb. 49: La Vera Cruz, der Autor im Untergeschoß der Kapelle

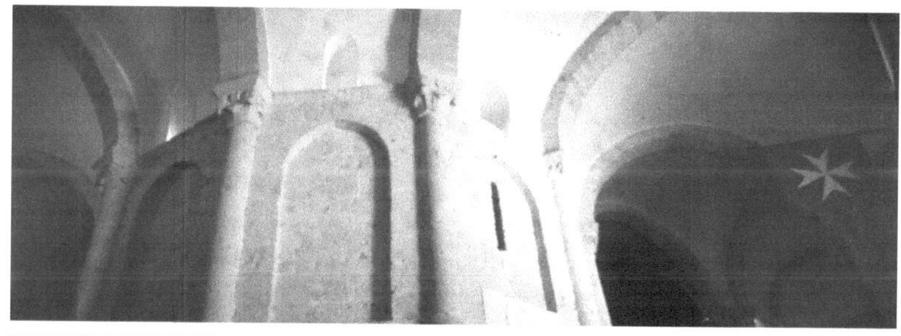

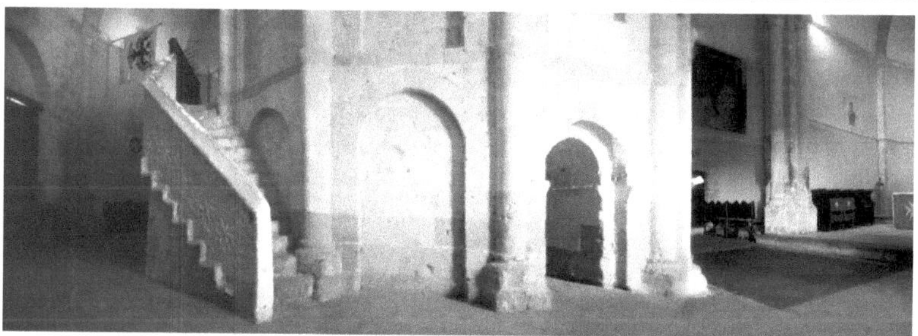

Abb. 50 a und b: La Vera Cruz, West-Ost-Panorama des Gewölbes (Montage aus zwei Aufnahmen) und des Erdgeschoßes (Montage aus drei Aufnahmen) der Innenrotunde

Buchillustration seinen Siegeszug von der iberischen Halbinsel aus antrat, vergl. S.43). Dies spiegelt sich in der Zwölfeckigkeit im Sinne des Himmlischen Jerusalems genauso wider, wie in der dreiapsidialen Choranlage, als Repräsentation der Deesis.

Die Portale

La Vera Cruz verfügt über zwei große Portale, eines nach Westen (Abb. 55) und eines nach Süden (Abb. 56). Letzteres dient mittlerweile als Haupteingang. Über dem Westportal ist eine besonders große Fensteröffnung eingelassen[8].

Beide Portale sind sich in ihrer architektonischen Ausgestaltung wie auch von den Steinmetzarbeiten ausgesprochen ähnlich. Das Westportal wird von beiden Seiten durch drei, das Südportal von jeweils zwei gestaffelten Säulen gerahmt, über die sich mit Friesornamenten verzierte, halbkreisförmige Bögen schließen. Die Figurenkapitelle zeigen im Süden (Abb.

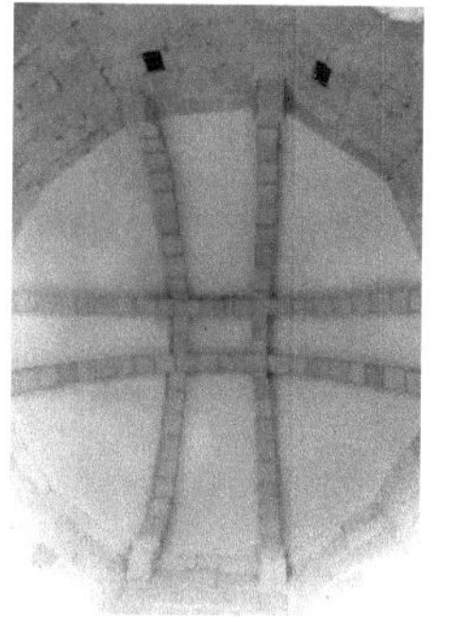

Abb. 51: La Vera Cruz,
Decke des Obergeschoßes
mit den Gurtenpaaren

58 a, b und c) Pflanzenverzierungen, in die auch Ritterfiguren eingearbeitet wurden, sowie ein chimärenhaftes Mischwesen aus Vogel und Mensch, wie man es auch am Westportal findet, an dem die Darstellungen nur noch schwerlich zu identifizieren sind (Abb. 57 b). Darüber verfügt das West- im Gegensatz zum Südportal über elf figürliche Konsolensteine (Abb. 57 a), die jedoch ebenso in schlechtem Zustand sind. Zum Teil sind dämonenartige Figuren noch zu erahnen. Weil ihre Anzahl im Sinne der Zahlensymbolik das Unvollkommene verkörpert (denn die Zwölf galt als besonders vollkommen und das dürfte gerade den Erbauern von Vera Cruz klar gewesen sein) ist anzunehmen, daß hier eine höllenartige Darstellung vorlag. Diese Annahme würde eine weitere Motivkongruenz zwischen Vera Cruz und der Predella des Genter Altars bedeuten, was in diesem Fall allerdings relativ unsignifikant wäre, da nahezu jede romanische Kirche eine solche Thematik an dieser Stelle aufweist. Um das Westportal herum wurden ein Doppelkreuz und zwei Malteserkreuze in jüngerer Zeit mit roter Farbe aufgemalt. Erwähnung finden sollte eine zerstörte Plastik über dem Südportal, die thematisch nicht mehr einzuordnen ist.

Das Kircheninnere

Der Kirchenboden ist lediglich noch im Zentrum der Kapelle im Original erhalten, wenngleich er bereits vor längerer Zeit allem Anschein nach dort auf recht brachiale Weise aufgebrochen wurde, wovon eingemeißelte Kerben zum Heraushebeln der Steine genauso zeugen wie eingesetze Flicksteine, die nicht mehr zu entziffernde Inschriften tragen (vermutlich zweckentfremdete Grabsteine, siehe Frontispiz auf S. 3). Der Kreuzgedanke wurde auch im ursprünglichen Bodenmuster verwirklicht.

Vor der Hauptapsis sind sechszehn, vor der südlichen Apsis zwei Grabplatten aus der Zeit um 1680 in den Boden eingelassen (Abb. 52).

Das massive romanische Taufbecken (Abb. 53) befand sich wahrscheinlich ursprünglich am Westportal.

In der Hauptapsis steht ein Kreuz, daß aus dem 13. Jhd. stammt und in seiner Proportionierung durchaus

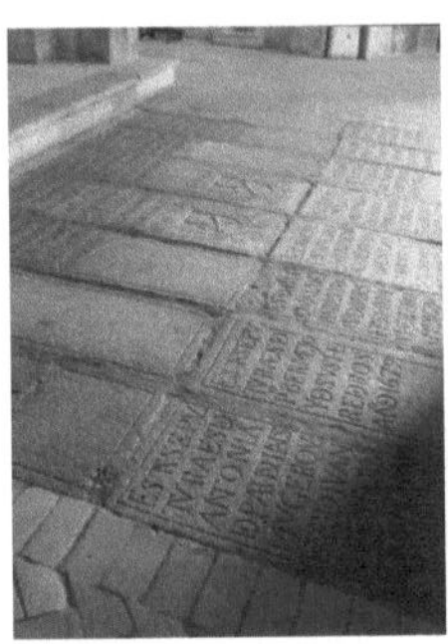

Abb. 52: La Vera Cruz, Grabplatten vor der Hauptapsis

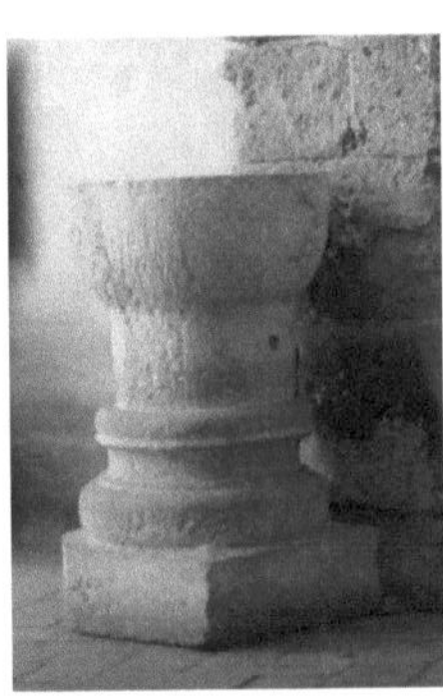

Abb. 53: La Vera Cruz, Taufbecken

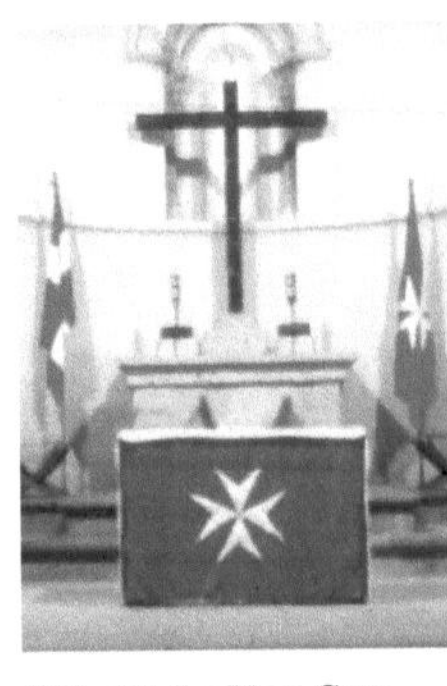

Abb. 54: La Vera Cruz, Hauptapsis mit Kreuz aus dem 13. Jhd.

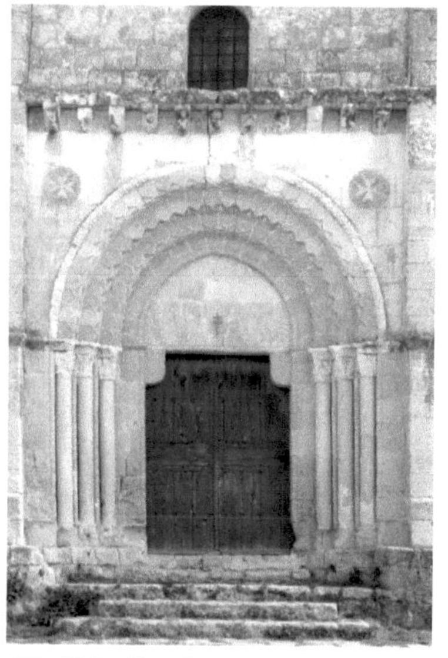

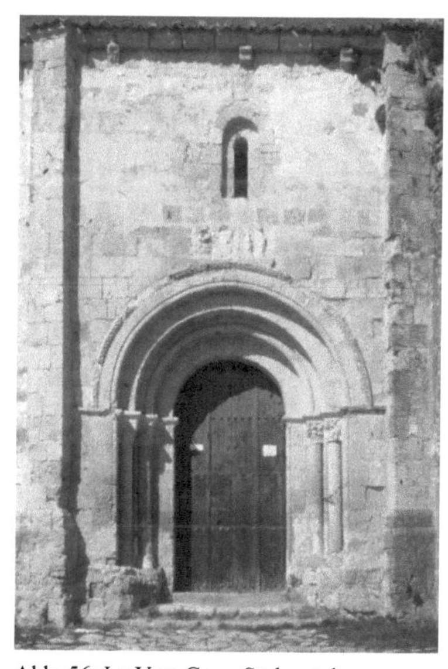

Abb. 55: La Vera Cruz, Westportal

Abb. 56: La Vera Cruz, Südportal

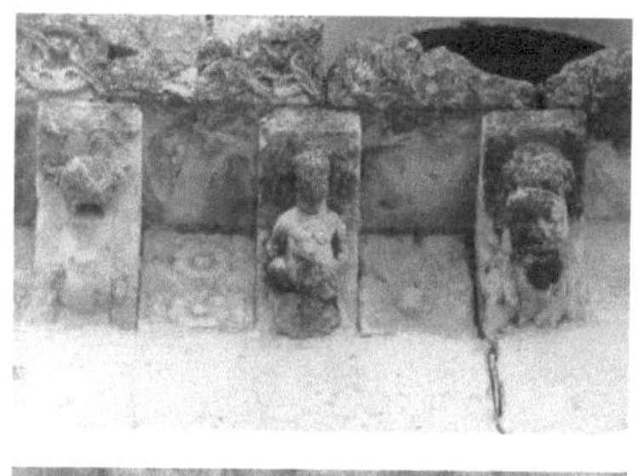

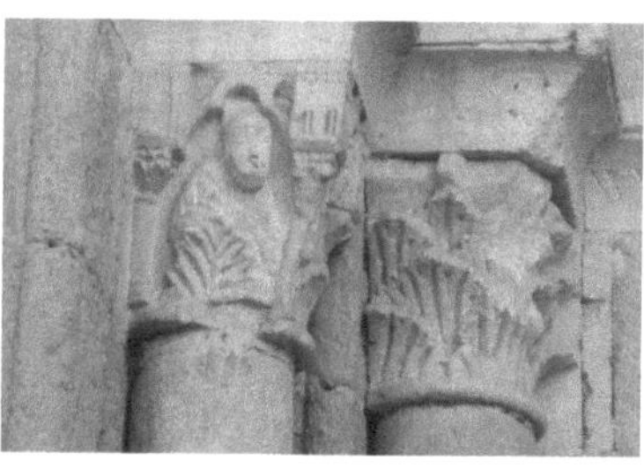

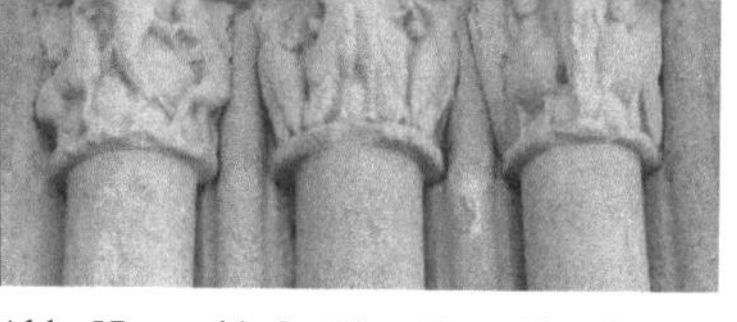

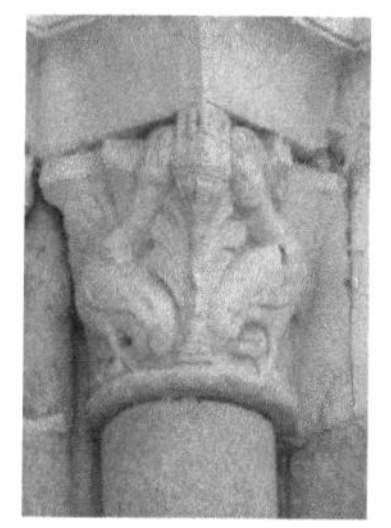

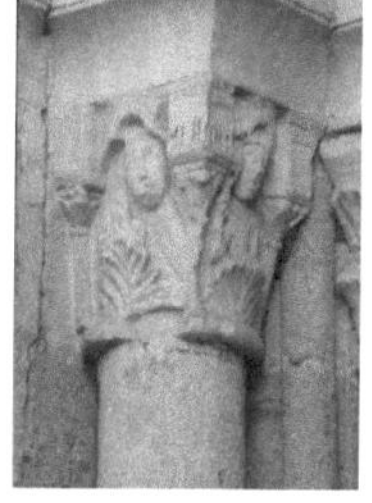

Abb. 57 a und b: La Vera Cruz, Simsfiguren über dem Westportal und Kapitelle des Westportals

Abb. 58 a, b und c: La Vera Cruz, Kapitelle am Südportal

an jenes aus der Tafel der Anbetung des Lammes in der Nähe des Altartisches erinnert (vergl. Abb. 40). Es ist jedoch unklar, ob es zum ursprünglichen Bestand der Kirche gehörte (Abb. 54)[9].

Im Obergeschoss der Kapelle kann man den mit gezackten zarten Säulen und ornamentalen Bögen reichlich verzierten Blockaltar (Abb. 62) bewundern, der der ursprüngliche Ort der Reliquienverehrung war, bevor das in der Turmkapelle 1520 hierzu eigens gefertigte steinerne Altarretabel (Abb. 59) die Funktion der Aufbewahrung des Kreuzessplitters übernahm[10], der Vera Cruz seinen Namen gab. Die Reliquie selbst wurde am 24. Oktober 1692 in die Kirche Santa Maria Magdalena überführt[11]. Im Obergeschoß sind in der Wand mehrere Nischen eingelassen (Abb. 62 im Hintergrund, Abb. 63), in denen in jüngerer Vergangenheit Ikonen platziert wurden. H. Sutter kam in seiner Dissertation über Form und Ikonologie spanischer Zentralbauten zu der im wissenschaftlichen Kontext erstaunlichen Vermutung, daß in diesen Nischen weitere ursprünglich hier vorhandene Passionsreliquien (!) verehrt wurden[12].

Über dem Westportal zeigt das einzige Motivfenster (Abb. 60) von Vera Cruz Johannes den Täufer mit dem Satz aus dem Johannesevangelium: „ECCE AGNVS DEI", „Siehe, das ist GOttes Lamm, (welches der Welt Sünde trägt!)" (JOH 1,29). Das Alter des Fensters bzw. seiner Zugehörigkeit zur Kirche ist leider ungeklärt. Es ist jedoch eine interessante Parallele, daß die gleiche Textstelle im Genter Altar auf dem roten Brokat des Altartisches des Lammes in Form einer Stickerei wiedergegeben wurde (vergl. Abb. 40).

Über dem nördlichen Umgang liegt eine fensterlose Kammer mit einem kleinen Vorraum, die lediglich durch eine kleine, nur mit einer Leiter zu erreichende Holztür in der Nordwestwand des Obergeschosses verschlossen ist und deren Existenz sich so dem unerfahrenen Besucher dieser Kirche nicht erschließt[13]. Die abenteuerlich klingende Deutung dieses Ungemachs als Schatzkammer findet sich auch in seriöser wissenschaftlicher Literatur[14]. Ein weiterer Hohlraum wurde in den Mauern der Südapsis entdeckt (Abb. 61).

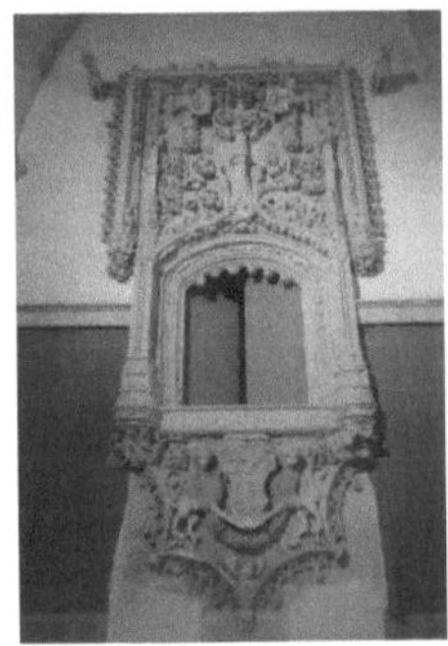

Abb. 59: La Vera Cruz, Heilig-Kreuz-Reliquar

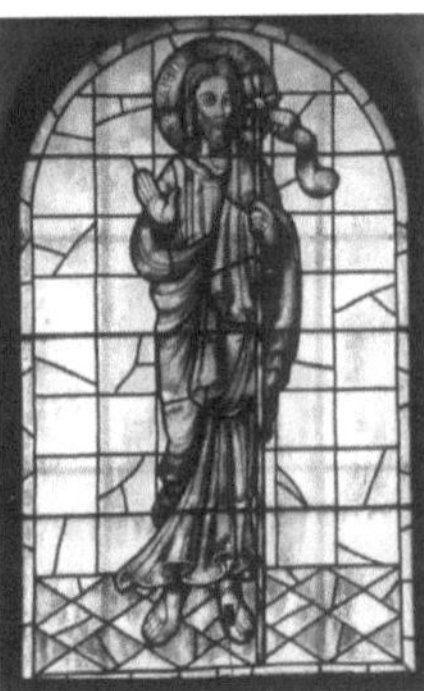

Abb. 60: La Vera Cruz, Kirchenfenster mit Johannes dem Täufer, undatiert

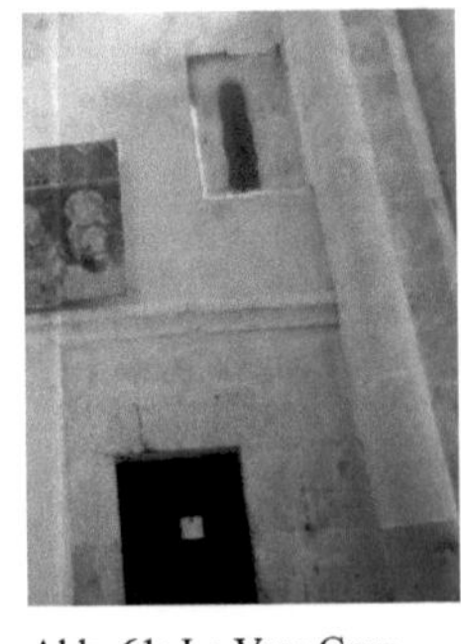

Abb. 61: La Vera Cruz, freigelegter Hohlraum in der Südapsis (oben)

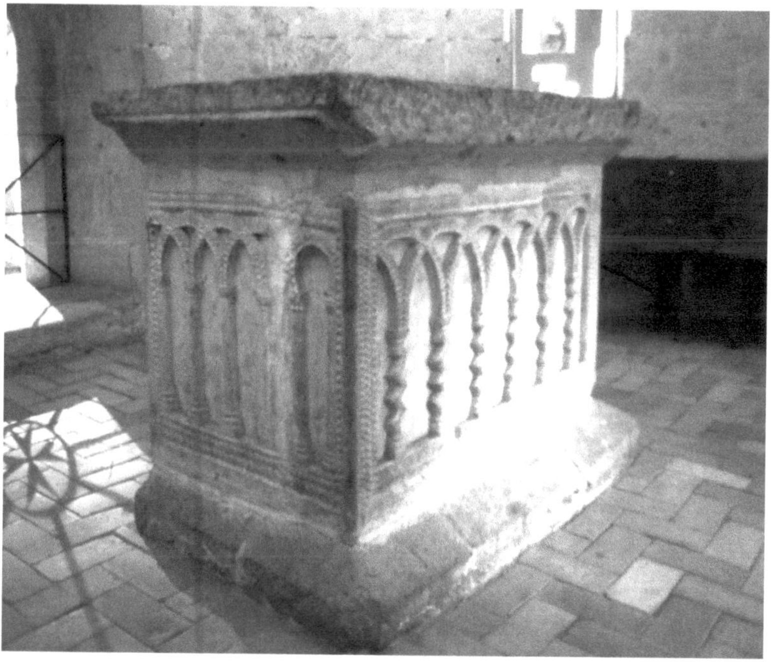

Abb. 62: La Vera Cruz, Altarblock im Obergeschoß der Kapelle

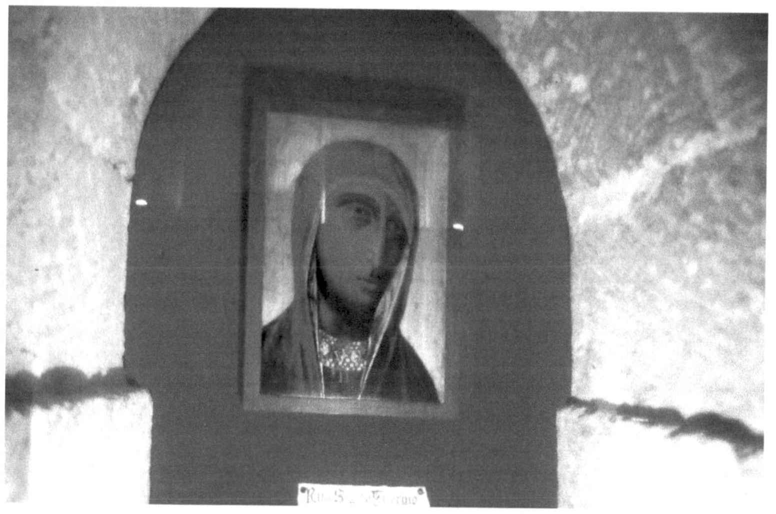

Abb. 63: La Vera Cruz, Nische im Obergeschoß mit Ikone

Wandmalereien und Altarbild

Beachtenswert sind auch verschiedene, bruchstückhaft erhaltene Fresken, die bei Restaurierungsarbeiten in den Jahren 1949 bis 1951 entdeckt wurden[15].

An der südöstlichen Außenwand befinden sich in Kopfhöhe romanische Darstellungen von Halbfiguren und einer Säule (Abb. 66, 67), die thematisch nicht mehr zu identifizieren sind. Wesentlich höher und von der Proportionierung und vom Stil nicht dazu passend, steht ein sehr interessantes Brustbildnis einer einzelnen männlichen Figur (Abb. 66 oben und Abb. 68), das etwas jüngeren Datums sein dürfte, allein auf weiter Flur. Auch wenn dieser Gedanke rein spekulativer Natur ist, wäre es doch zumindest eine aufwendigere naturwissenschaftliche und kunsthistorische Untersuchung wert, sicherzustellen, daß es sich hier nicht etwa um einen eilig gemachten Graffiti des berühmten Besuchers dieser Kirche handelt.

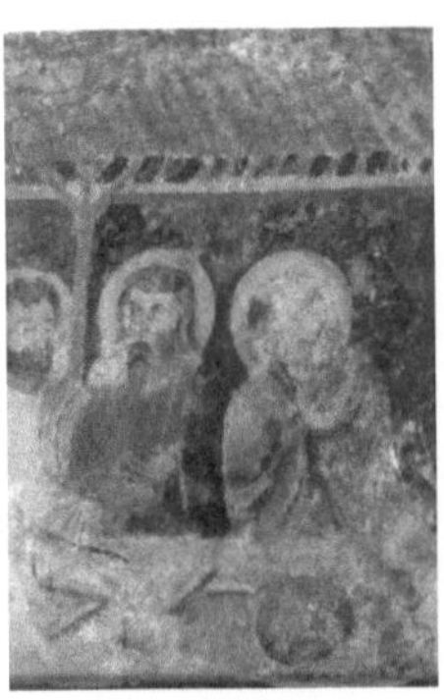

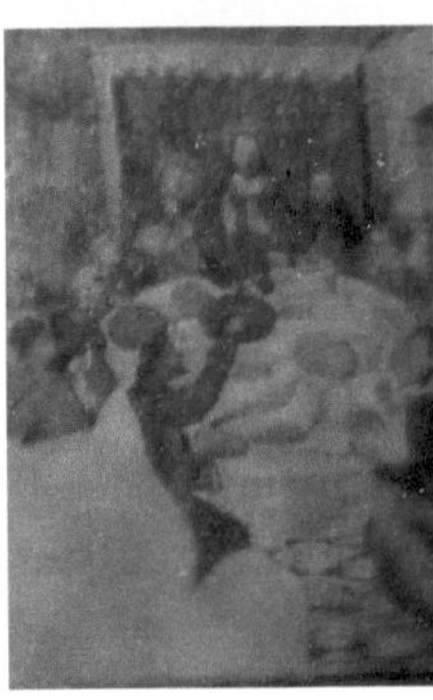

Abb. 64 a und b: La Vera Cruz, Abendmahldarstellungen

Zwei Abendmahldarstellungen, die man in der Turmkapelle fand und deutlich später entstanden sein dürften als die romanischen Fresken, wurden auf Leinwand übertragen und ins Kircheninnere verlegt (Abb. 64 a und b). In der Südapsis befindet sich eine Stifterfigur (Abb. 65)[16]. Die Gleichförmigkeit solcher Darstellungen in betender oder büßender Haltung im allgemeinen läßt aber keine Rückschlüsse von diesem Bild auf die Werktagsseite des Genter Altars zu.

Von größerem Interesse sind aber zwei nicht mehr gut erhaltene Fresken in der Hauptapsis, die nicht mehr zu identifizierende Figuren mit Spruchbändern zeigen (Abb. 69). Sie erinnern an die Propheten in den Lynetten der Werktagsseite des Genter Altars (vergl. Abb. 9). Sie könnten, von ihrem Stil her zu schließen, vor dem Besuch van Eycks entstanden sein. Es fragt sich also, ob sie zu diesem Zeitpunkt schon übermalt waren oder nicht. Der Lebensbrunnen aus dem Prado zeigt lediglich ein Spruchband in den Händen eines der Engel (Abb. 23). Die Propheten tauchen erst in der Genter Fassung auf und wurden möglicherweise von den Darstellungen in Segovia inspiriert.

Ein großes Altarretabel steht an der Nordwand des Umgangs und befand sich früher im Obergeschoß der

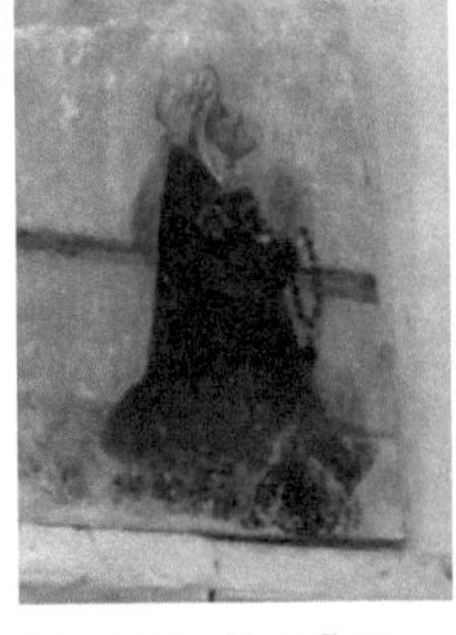

Abb. 65: La Vera Cruz, Stifterbild in der Südapsis

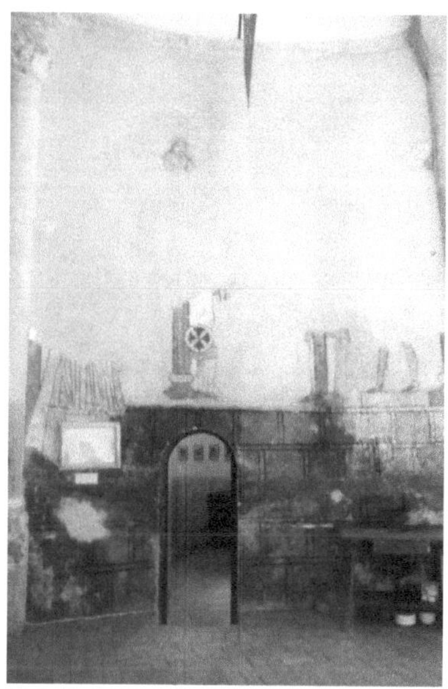

Abb. 66: La Vera Cruz, Wandgemälde zwischen Südportal und Chor

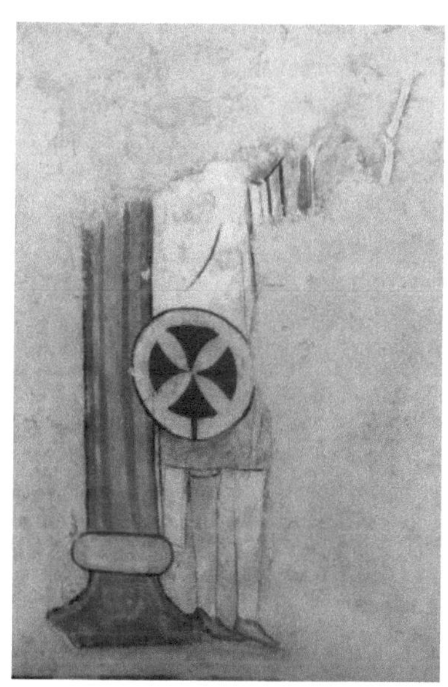

Abb. 67: La Vera Cruz, Wandgemälde zwischen Südportal und Chor (Ausschnitt)

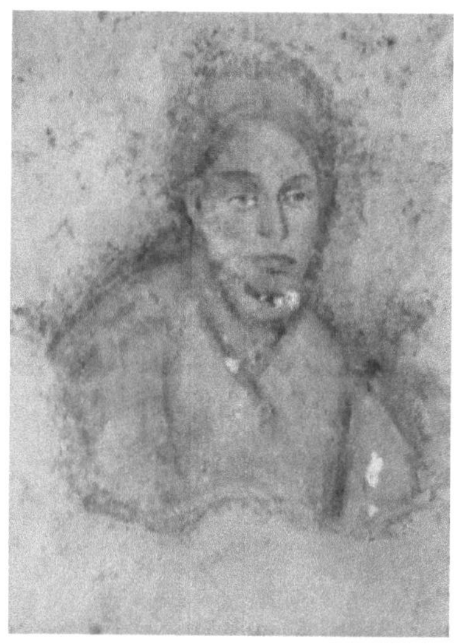

Abb. 68: La Vera Cruz, Wandgemälde zwischen Südportal und Chor (Ausschnitt)

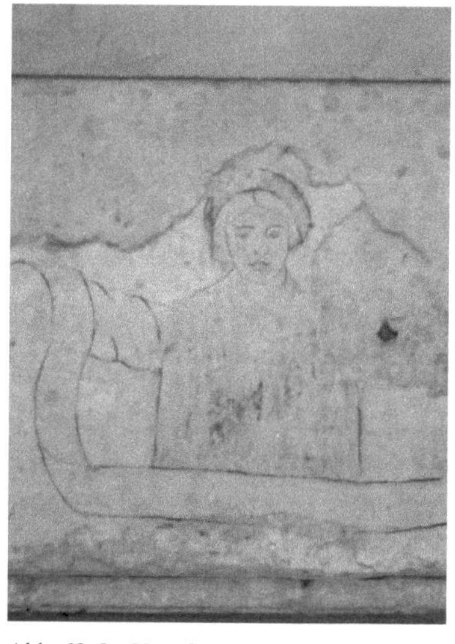

Abb. 69: La Vera Cruz, Fresko in der Hauptapsis

Kapelle. Da es sich um eine Arbeit der segovianischen Malerschule des 16. Jhd. handelt, ist es im Kontext dieser Untersuchung weniger von Belang[17].

Geschichte und Zuschreibung

Die Grabkirche von Segovia verfügt über eine weitere Parallele zum Genter Altar: Ihre Geschichte liegt im Dunkeln und beginnt mit einer Inschrift als wichtigstes Indiz bzgl. ihrer Genese. Sie ist in der Außenwand der Kapelle ins Mauerwerk eingelassen:
„HAEC: SACRA: FUNDANTES:
CELESTE: SEDE: LOCENTUR
ATQUE: SUBERANTES: IN EADEM:
CONSOCIENTUR: DEDICATIO:
ECCLIE: BEATI: SEPULCRI: IDUS:
APRILIS: ERA: M: CC: XL: VI:"
Auch hier wird in der letzten Zeile das Datum einer Weihe genannt (in der Übersetzung von Stefanie Dathe):
„Den Gründern dieses Heiligtums sei ein Platz im Himmel und auch seine Leitenden mögen sich ebendort einfinden. Die Weihe der Kirche des Heiligen Grabes fand statt an den Iden des April 1246."
Der „Iden" meint im Monat April den 13. Tag. Da in Spanien der gregorianische Kalender verspätet eingeführt wurde, entspricht die Jahresangabe 1246 dem Jahr 1208 unserer Zeitrechnung[18].
Leider benennt der Sechszeiler nicht die Gründer und die Leitenden beim Namen. Doch läßt sich aus dem Text folgern, daß die Kirche eine Stiftung war, denn sonst hätte man wohl nicht zwischen beiden Personengruppen unterschieden. Ferner wurde für beide Gruppen der Plural gewählt.
Die einfache und tradierte Version der Geschichte dieser Kirche sagt nun, daß sie eine Stiftung durch den kastilischen König Alfonso VIII. (und somit auch seiner Frau) war[19]. Zu Beginn seiner langen Regierungszeit von 1158 bis 1214 herrschten in Kastilien aufgrund seiner Minderjährigkeit recht anarchistische Verhältnisse, denen er jedoch ab 1169 konsequent und erfolgreich entgegentrat. Der Kampf gegen die Mauren war ein zweites großes Thema seiner Amtszeit. Im Jahr

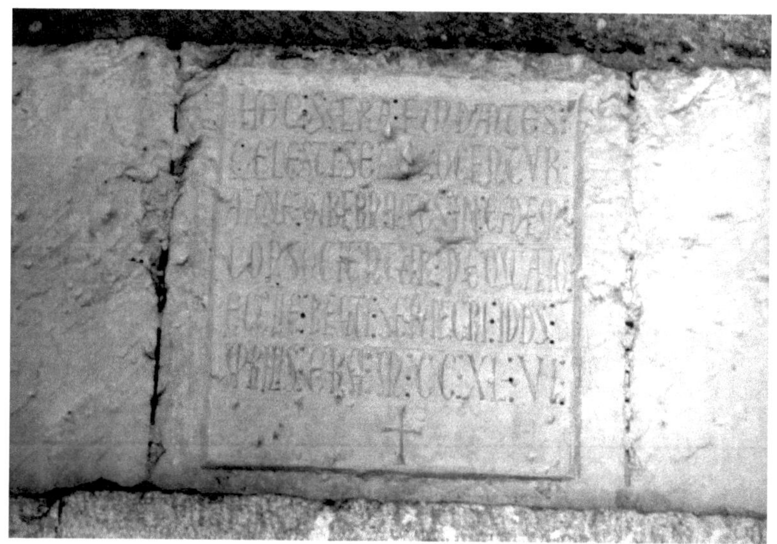

Abb. 70: La Vera Cruz, Weihinschrift

1212 führte er eine Koalition von Kastiliern, Navarresen, Katalanen und Aragonesen in der Schlacht bei Las Navas de Tolosa zum wichtigsten Sieg der Reconquista überhaupt[20]. Die große Hilfe, die ihm die Ritter von Vera Cruz dabei geleistet haben sollen, ist wie seine Kirchenstiftung nicht schriftlich belegt. Wie glaubwürdig ist also die Überlieferung?

Bis mit dem englischen Langbogen im 14. Jhd. die erste gegen Panzerungen wirksame Fernwaffe zum Einsatz kam, war die militärische Bedeutung der Ritter durchaus mit der von Panzern in modernen Kriegen vergleichbar. Für Alfonso XIII. wäre es absolut folgerichtig gewesen, sich die Treue einer solchen Dienerschaft durch die Stiftung von La Vera Cruz zu sichern. Aus dem Zeitpunkt der Weihe 1208 und der engen thematischen Anlehnung der Grabkirche an das Jerusalemer Vorbild läßt sich vermuten, daß die beschenkten Ritter aus Palästina vertrieben wurden, das beginnend mit Jerusalem ab 1187 von Sultan Saladin systematisch zurückerobert wurde[21]. Auch denkbar ist, je nachdem wie man die Bauzeit der Kirche veranschlagt, daß es sich um Ritter des dritten Kreuzzuges von 1189 bis 1192 handelte, der ja mit Richard Löwenherz von dem Bruder der kastilischen Königin, also der Frau Alfonso VIII., geführt wurde[22]. Da Alfonso VIII. nicht nur als religiös und papsttreu galt, sondern als nachweislicher Förderer der Ritterorden im allgemeinen[23], erscheint seine Stiftung und die Richtigkeit der Überlieferung insgesamt glaubhaft.

In der Weihinschrift wird die Kirche als „Heiliges Grab" bezeichnet. Bisher ging man einhellig davon aus, daß dies ihr Gründungsname war und 1224 ihre Umbennung in La Vera Cruz erfolgte, da die Kirche zu diesem Zeitpunkt in den Besitz jenes Stückes vom Wahren Kreuz gekommen sein soll.

Papst Honorius III. soll sie in jenem Jahr den *Templern* („Caballeros Templarios") dieser Kirche zum Geschenk gemacht haben. So ist es der neuzeitlichen Abschrift einer Schenkungsurkunde zu entnehmen, die im Original verschollen ist[24]. Damit wäre scheinbar auch die Frage geklärt, welchen Rittern Alfonso VIII. die Kirche stiftete.

Tatsächlich haben sämtliche im Raum Segovias noch heute kursierenden Legenden um die Grabkirche La Vera Cruz den geheimnisvollen Orden und seine Ritter zum Thema: Ein alter vor dem Südportal zu findender Stein mit der Inschrift „C.T." soll auf einen Caballero Templario (Tempelritter) zurückzuführen sein, der an dieser Stelle im Kampf gegen einen Mauren starb. In Gewölben unter der Kirche sollen die Templer Segovias bis auf den heutigen Tag auf ihre Rehabilitation warten usw.[25].

Als sehr handfestes Indiz einer Templerzuschreibung sind drei rote Tatzenkreuze zu betrachten, die man bei der Restaurierung an den Innenwänden der Kirche freigelegt hat (Abb. 67). Auch die Kleidung der Halbfiguren des Freskos erinnert an jene dieses Ordens.

Die bereits erwähnten formalen Ähnlichkeiten der Kirche mit der in ihrer Zuschreibung unstrittigen Templeranlage in Tomar sind ein weiteres Argument.

Ganz so einfach scheint alles aber nicht gewesen zu sein. Stefanie Dathe, die sich explizit mit der Genese

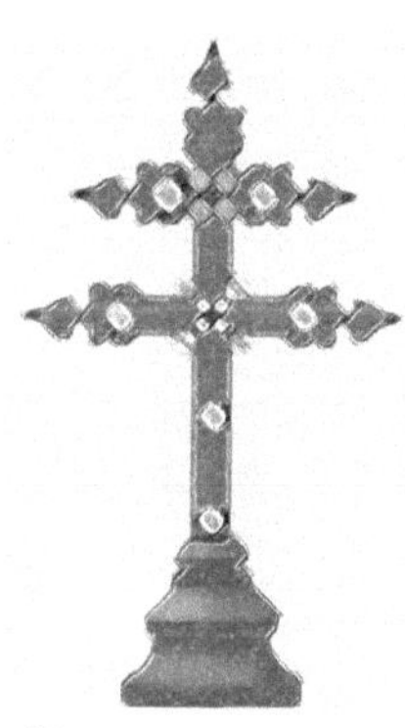

Abb. 71: Zeichnung des Kreuzreliquars von Vera Cruz (mittlerweile in Zamarramala befindlich)

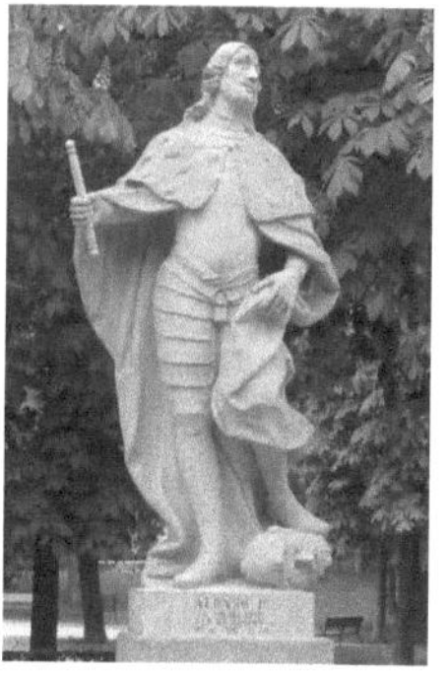

Abb. 72: Alfonso I. von Aragon

von La Vera Cruz beschäftigte (siehe Literaturliste), gelang es, der Abschrift des Schenkungsbrewes der Heilig-Kreuz-Reliquie einige Unstimmigkeiten zu entnehmen. So findet sich darin der Stilbegriff „gótico", der erst im 17. Jhd. Verbreitung fand. Eine Abschrift des Originals konnte von ihr in der Vatikanischen Bibliothek nicht ausgemacht werden[26].

Sie nimmt an, daß es sich wahrscheinlich um eine Neuausstellung einer Authentizitätsurkunde handelt, wie sie 1740 vom Malteserkomtur von Zamarramala beantragt wurde. Sie folgert, daß wenn zumindest die Jahreszahl 1224 der Schenkung wahrheitsgemäß wiedergegeben sein sollte, diese aufgrund des erst später eingeführten gregorianischen Kalenders dem Jahr 1186 unserer Zeitrechnung entspricht. Demnach wäre die Reliquie schon deutlich vor 1208 in Segovia gewesen[27].

Darüber hinaus stellt sie fest, daß die Doppelkreuzgestalt der Staurothek des Kreuzstückes (Abb. 71) an jene des Ordens der Kanoniker vom Heiligen Grab erinnert und sich in dessen Güterlisten eine segovianische Grabkirche schon 1128 und 1146 nachweisen läßt[28]. Sie bringt die Kanoniker so als mögliche Erbauer der Kirche ins Spiel und erwägt, daß eine längere Bauunterbrechung oder die Überführung der Reliquie zur Verzögerung der Weihe bis zum Jahr 1208 führte[29]. Als möglichen Stifter nennt sie Alfonso von Aragon (1073-1134, Abb. 72)[30]. In den gefundenen Tatzenkreuzen identifiziert sie nicht das Zeichen der Templer, sondern einfache Weihekreuze[31].

Die Weihinschrift von 1208 nennt ausdrücklich keine Namen bzgl. des Stifters oder des Empfängers. Ist dies nicht etwas sehr ungewöhnliches? Wenn es bei dem Bau der Grabkirche tatsächlich eine Jahrzehnte anhaltende Unterbrechung gab und in dieser Zeit Kastilien und somit Segovia von den erwähnten anarchistischen Zuständen heimgesucht wurde, ist es da nicht denkbar, daß das Werk im Sinne Stephanie Dathes von den Kanonikern und Alfonso I. von Aragon begonnen und nach gut 80 Jahren Unterbrechung von den Templern und Alfonso VIII. fertiggestellt wurde? Wäre es in diesem Fall nicht folgerichtig, daß Alfonso VIII. sich

nicht als alleiniger Stifter auf der Tafel nennen ließ, da
er dieses als ungerecht betrachtet hätte und statt dessen
im Plural von den Begründern der Kirche die Sprache
ist. Wäre es dann nicht selbstverständlich, daß die Emp-
fänger der Bescheidenheit des Stifters folgen?
Auch bzgl. der Kreuzreliquie muß noch eine dritte
Möglichkeit in Betracht gezogen werden. Es ist gesichert, daß die Kathedrale von Segovia im Jahre 1228
eine größere Menge Reliquien erhalten hat, die aus
Konstantinopel stammten[32]. Im vierten Kreuzzug von
1202 bis 1204 wurde Konstantinopel trotz schriftli-
chem Protest des Papstes Innozenz III. geplündert[33].
Dem Bericht des Ritters und Chronisten Robert de
Clari zufolge wurde dabei auch die Reliquienkammer
ausgeraubt. Er erwähnt, daß sich dort Stücke vom
Kreuz Christi, die Dornenkrone, Kreuzigungsnägel etc.
befunden haben[34]. Der Papst erließ 1215 als Reaktion
auf den Raubzug ein Dekret, nach dem neue Reliquien
nicht ohne Genehmigung der Kurie erworben bzw.
besessen werden durften[35]. Sollte das Kreuzstück von
Vera Cruz aus den Plünderungen des vierten Kreuzzuges stammen und z.B. im Zuge der Lieferung von 1228
nach Segovia gekommen sein, so wäre es also heiße
Ware gewesen. Um diese reinzuwaschen, wäre eine ge-
fälschte Urkunde zwingend notwendig geworden. Mit
einer Rückdatierung auf 1224 unserer Zeitrechnung
wäre diese Fälschung dann dem 1227 verstorbenen
Papst Honorius III. untergeschoben worden.
Diese Fälschung wäre dann nach allgemeiner Kenntnis-
nahme entweder später verloren gegangen oder bewußt
entsorgt worden. Als 1740 die vermeintliche Abschrift,
Neuausstellung oder Fälschung der Fälschung von
vermutlich 1228 entstand, wurde diese mit den überlieferten Stammdaten ausgeführt, wobei die Datierung
der Urkunde bereits in den Jahrhunderten zuvor gre-
gorianisiert worden war und die Zahl 1224 somit tatsächlich 1224 unserer Zeitrechnung meinte. Der Autor
des 18. Jhd. hat wahrscheinlich die notwendige erneute
Umrechnung der Jahreszahl genauso übersehen, wie
die Tatsache, daß man im 13. Jhd. noch nicht den Be-
griff „Gotik" verwendete.

Als Erbauer und oder Nutzer der Kirche kommen bei Betrachtung der bisherigen Indizien sowohl die Grabkanoniker als auch die Templer oder beide nacheinander in Frage. Das gleiche gilt für Alfonso I. von Aragon und Alfonso VIII. von Kastilien. Ferner ist festzustellen, daß weder geklärt ist, wann die Heilig-Kreuz-Reliquie in die Kirche kam, noch woher sie stammte. Was von keinem Autor in Frage gezogen wurde, ist, daß der Name „Vera Cruz" seine Ursprünge vor der Zeit Jan van Eycks hatte.
Die historischen Unklarheiten begleiteten die kleine Kirche noch einige Jahrhunderte. 1531 wurde sie dem Malteserorden zugeschrieben, ohne daß der Vorbesitzer urkundliche Erwähnung fand[36]. Für die Zuschreibung der Kirche an die Grabkanoniker spricht hier, daß Ende des 15. Jhd. Besitzungen derselben an die Johanniter übergingen[37]. Für die Templerzuschreibung spricht hier, daß 1531 dieser Prozess eigentlich schon lange erledigt war. Die beurkundete Übergabe von 1531 ohne Benennung des Vorbesitzers könnte ihre einfache Erklärung darin haben, daß der Vorbesitzer mit den „Johannitern" der gleiche war. Der Orden hatte sich 1530, also kurz vor der erwähnten Amtshandlung, umstrukuriert und umbenannt, was den Verwaltungsakt möglicherweise notwendig machte[38]. Die ehemaligen Templerbesitzungen in Kastilien waren bereits nach dem Verbot des Ordens Anfang des 14. Jhd. pauschal an die Johanniter gegangen. Endgültige Klärung der Zuschreibungsfrage bringt das Ereignis von 1531 nicht. Klärung könnte das Alter des Kirchenfensters erbringen. Wenn das Bildnis des Namensgebers der Johanniter vor der Überführung des Grabkanonikerbesitzes an die Johanniter Ende des 15. Jhd. schon dort war, spräche dies deutlich für die These, daß Vera Cruz aus Templerbesitz an die Johanniter ging.
1835/37 wurde Vera Cruz zusammen mit den Besitztümern der Johanniter verstaatlicht[39] und erfuhr das gleiche Schicksal, wie die meisten Dinge in öffentlicher Hand: sie verfiel. Schließlich nahm sich nach dem zweiten Weltkrieg der Malteserorden erneut des schützenswerten Gebäudes an.

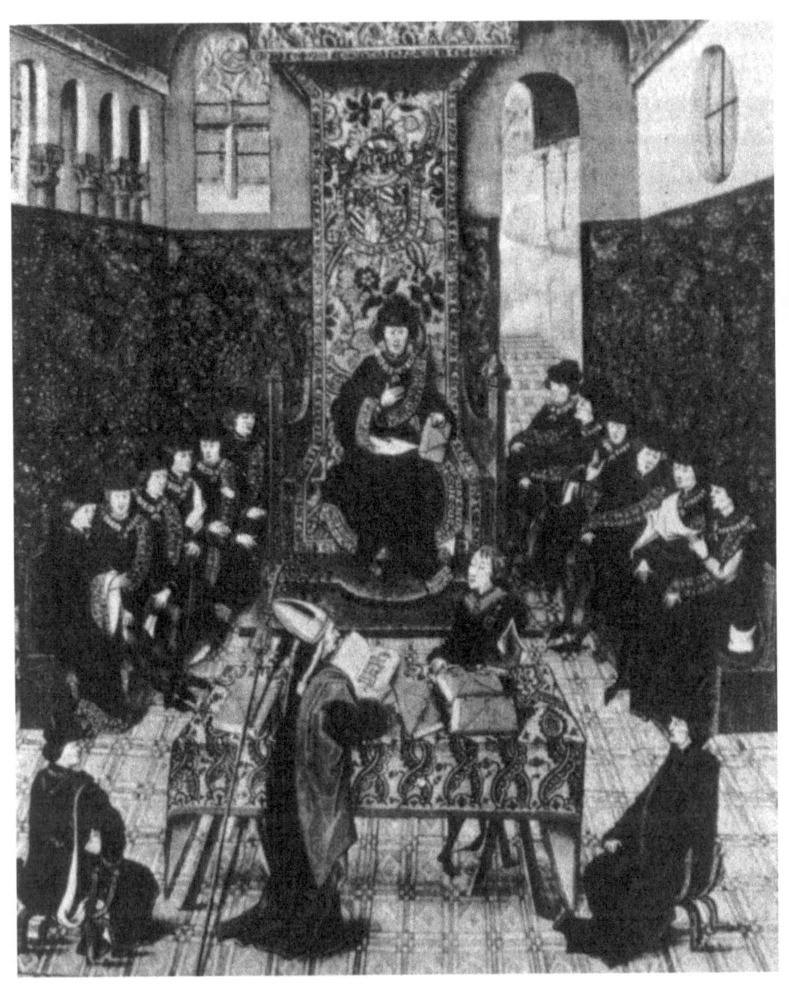

Abb. 73: Karl der Kühne von Burgund als Souverän der Versammlung des Ordens vom Goldenen Vlies. Miniatur im „Buch des Ordens" von Guillaume Filastre, um 1450, Wien, Haus-, Hof- und Staatsarchiv, Depot des Ordens vom Goldenen Vlies

Das Rätsel des Lammes

Eine kurze Zusammenfassung: Der als Gefälligkeit Jodocus Vijds an Philipp den Guten geschaffene Genter Altar hat allem Anschein nach insbesondere den Grundriß der Grabkirche La Vera Cruz zum Vorbild gehabt. Diese wurde von Jan van Eyck im Zuge seiner Geheimreisen nach Kastilien und Portugal im Auftrag des Herzogs aufgesucht, wovon die in unmittelbarer Nähe der Grabkirche aufgefundene Tafel des Lebensbrunnens kundet, die somit zugleich als frühe Studie zum Genter Altar identifiziert wurde. Insbesondere bzgl. der Darstellung des Himmlischen Jerusalems gab es im Altar von 1432 eine gravierende Konzeptänderung im Vergleich zu der älteren Fassung. Die Kirche selbst kann alternativ auf die Templer oder Grabkanoniker zurückgeführt werden. Sie zeichnet sich durch ihre originelle Form und Symbolik aus und beherbergte zumindest eine Passionsreliquie unbekannter Herkunft.

Nachdem dem Genter Altar ein fundamentales Geheimnis entlockt werden konnte, stellt sich nun die Frage, welcher Natur dieses war? War es nur ein Kunstgriff van Eycks? Ist es ein Hinweis auf eine Verschwörung oder gar eine Schatzkarte?

Die allereinfachste Erklärung beschränkt sich auf eine rein künstlerische Deutung der Vorbildfunktion der Grabkirche. Demnach hätte Jan van Eyck den Auftrag für ein Altarbild erhalten, dessen wesentliche Thematik das Himmlische Jerusalem sein sollte. Er entwarf in der ersten Hälfte der Zwanziger Jahre des 15. Jhd. jene Konzeption, die der Pradotafel zu entnehmen ist. Im Zuge seiner Reiseaktivitäten für den Herzog verschlug es ihn dann nach Segovia und er hatte die Pradotafel aus welchen Gründen auch immer dabei im Gepäck. Dort entdeckte er die Grabkirche und kam zu dem Schluß, daß sich deren Grundriß für eine rein kompositorische Lösung für die Architekturdarstellung des Himmlischen Jerusalems im Genter Altar hervorragend eignen würde und verwarf seine ursprüngliche Konzeption. Die in diesem Zuge überflüssig gewordene Tafel des Lebensbrunnens ließ er vor Ort als Gastgeschenk zurück. Ein darüber hinausgehendes mit der Grabkirche im Zusammenhang stehendes Geheimnis gab und gibt es nicht.

Wie glaubhaft ist diese Annahme? Die Verwendung des Grundrißes an Stelle der gotischen Architektur erlaubte es dem Künstler, den Altar um die prächtige Landschaftsdarstellung zu bereichern, ohne mit der Beschreibung des Himmlischen Jerusalems in der Offenbarung in einen theologischen Konflikt zu geraten, was man als ästhetischen Gewinn betrachten darf.

Aber die bibelkonforme Darstellung der Gotteshütte ist in einem Maße verklausuliert worden, daß es mit Verlaub über 500 Jahre dauerte, bis dies dem ersten in diese Vorgehensweise nicht eingeweihten Betrachter auffiel. Wenn es sich also wirklich um einen rein ästhetisch motivierten Kunstgriff handelte, müßte man diesen als gründlich mißlungen bezeichnen. Ferner sollte man sich dann fragen, warum der Betrachter durch die vielen Kirchengebäude im Hintergrund der Landschaft zusätzlich verwirrt wurde? Hätte es darüber hinaus nicht genügt, nur die architektonische Grundidee von La Vera Cruz in irgendwie gearteter Weise zu verarbeiten, statt ihren Grundriß so exakt zu übernehmen? Was ist mit den verschiedenen weiteren Unstimmigkeiten im Altar, die allesamt als Hinweise auf das konkrete Gebäude La Vera Cruz und nicht nur auf dessen Symbolik gedeutet werden können?

Die Unterstellung einer rein ästhetischen Motivation ist unzufriedenstellend. Vielmehr scheint die Verwendung des Grundrißes im Genter Altar eine Art Rätsel zu sein, dessen Lösung La Vera Cruz lautet. Es ergibt sich daraus die paradox zu nennende Situation, daß zu einer bekannten Antwort die richtige Frage gesucht werden muß und nicht umgekehrt.

Es gibt im Buchhandel nicht wenig Titel, in denen dargelegt wird, wie man gewissen Kunstwerken gewisse Geheimnisse entnehmen kann, also eben Hinweise auf eine Verschwörung oder zum Verbleib des Heiligen Grals. Die Stellung einer simplen Frage, wird dabei überraschender Weise durchgehend vermieden: Wem sollte das nützen? Ein Geheimnis bewahrt man am besten, indem man darüber schweigt. Wenn man in Sorge darum ist, das Geheimnis könnte durch das eigene unverhergesehene Ableben verloren gehen, empfielt sich zur Vorsorge doch eher eine testamentarische Lösung mit präziser Nennung der Adressaten als ein das Geheimnis in Form eines Rätsels beinhaltendes Kunstwerk für jedermann sichtbar in irgendeine Kirche zu hängen. Es ist vollkommen unlogisch anzunehmen, daß ein öffentliches Kunstwerk der Existenzsicherung eines Geheimnisses dienen sollte.

Ein öffentliches Kunstwerk, das ein Geheimnis in Form eines Rätsels beinhaltet, vermag aber etwas anderes zu leisten. Es erfreut diejenigen, die die Lösung schon kennen. Sie können es genießen, es besser zu wissen als die Scharen der vorbeiziehenden Ahnungslosen. Nur den Personen, die die Antwort kennen, gibt die Betrachtung jenes öffentlichen Rätsels das Gefühl der Erhabenheit.

Und derjenige, dessen Charakter von solch niederen Gefühlen frei ist, kann sich diese Wirkung zunutze machen und einen Kreis von Eingeweihten bestimmen, den er auf diese Weise für eine ihm am Herzen liegende Sache motiviert und an sich bindet.

Wenn die Verwendung des Grundrißes im Genter Altar also eine tieferliegende Bedeutung hatte, dann war sie einer Reihe von Leuten bekannt und aus dieser Gruppe muß man denjenigen isoliert betrachten, der das Geheimnis in die Gruppe brachte, denn er versprach sich daraus einen Nutzen.

Glücklicherweise gibt es für diese Person mit Herzog Philipp dem Guten einen Hauptverdächtigen. Die Beauftragung des Altars war eine an ihn gerichtete Gefälligkeit. Er war es, der Jan van Eyck als dessen Dienstherr nach Kastilien und Portugal schickte, was die Besichtigung der Kirche warum auch immer zur Folge hatte. Es empfiehlt sich somit ein Blick auf dessen Situation und Interessenslage, die sich aus der zur Zeit der Entstehung des Genter Altars noch jungen

Geschichte des Herzogtums Burgund ergab: Dieses war 1363 friedlich aus Frankreich hervorgegangen[1]. Der französische König belehnte seinen Sohn Philipp den Kühnen (Abb. 74), den Großvater Philipps des Guten, mit dem Herzogtum Burgund, da das dortige Karpetinger Herrschergeschlecht ausgeloschen war[2]. Als Herzog von Burgund begründete er das Haus Burgund als Seitenzweig der Valois[3]. Diesem folgte Johann Ohnefurcht (der Vater Philipp des Guten, Abb. 75) 1404 als neuer Herzog[4]. Dieser begann umgehend damit, die Machtverhältnisse in Frankreich seinen und somit den burgundischen Interessen dienend gründlich aufzumischen. Er geriet mit Herzog Ludwig von Orléans in ernstzunehmende Streitigkeiten und ließ diesen 1407 brutal ermorden[5]. 1414 ging er mit seinen Intrigen sogar soweit, sich zwischenzeitlich im Hundertjährigen Krieg zwischen Frankreich und England mit der britischen Seite zu verbünden[6]. Als diese dadurch Überhand gewinnen konnte, beabsichtigte er, sich mit seinen Konkurrenten um den Einfluß in Frankreich bzgl. einer Vertreibung der Engländer zu verständigen. Bei einer in diesem Rahmen verabredeten Zusammenkunft auf der Yonnebrücke zu Montereau wurde er daraufhin 1419 selbst zum Opfer eines Mordanschlags[7]. Das rissige Tischtuch zwischen Frankreich und Burgund war damit endgültig zerschnitten.

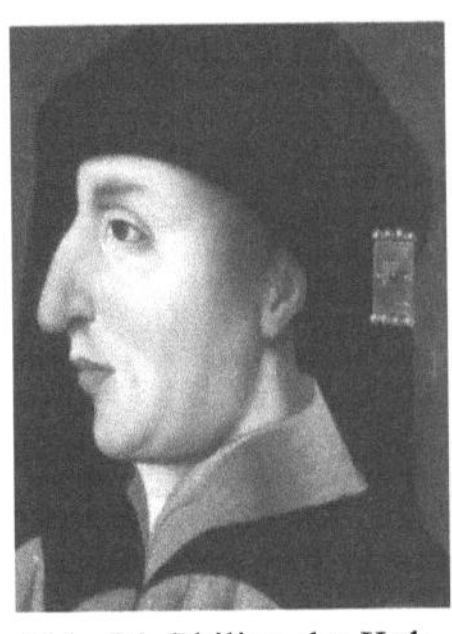

Abb. 74: Philipp der Kühne, Herzog von Burgund

Der neue Herzog Philipp der Gute sah sich in der Pflicht, seinen Vater zu rächen[8]. Als kluger Stratege verstand er es aber auch, die Situation für sich, oder besser gesagt, für Burgund zu nutzen. So ergriff er zunächst im 100-jährigen Krieg Partei für die Engländer[9], legte sich auf diese einfache Linie aber nicht fest. Vielmehr beherrschte er das höchst gefährliche Spiel, in diesem Konflikt der Riesen als Zünglein an der Waage stets das beste für sein Herzogtum herauszuholen. Der Konflikt zwischen England und Frankreich wurde fortan zum Motor des Aufstiegs des Herzogtums zur europäischen Großmacht. H. Pirenne bringt dies auf den Punkt: „Der Mord von Montereau bezeichnet den Ausgangspunkt einer neuen Epoche. Künftig verfolgt das burgundische Herrscherhaus die Verwirklichung seiner Pläne nicht

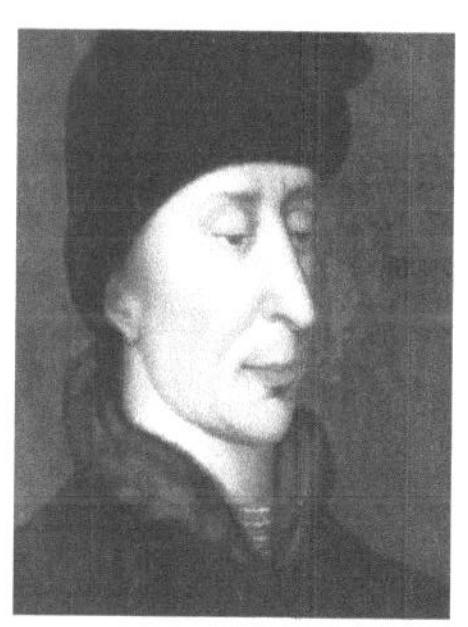

Abb. 75: Johann Ohne-furcht, Herzog von Burgund

mehr innerhalb Frankreichs und mit Hilfe Frankreichs, sondern außerhalb und gegen Frankreich."[10]

Die Ereignisse, die also zum Wendepunkt der burgundisch-französischen Beziehungen wurden und Philipp den Guten zum neuen Herzog machten fanden ein Jahr vor der wahrscheinlichen Auftragsvergabe für den Genter Altar und der für diesen Zeitpunkt anzunehmenden Aussöhnung des Herzogs mit Jodocus Vijd statt. Man darf also in diesen politischen Ereignissen einen Schlüssel zum Verständnis des dem Genter Altar innewohnenden Geheimnisses vermuten. Um den schwelenden Konflikt mit Frankreich, aber auch die Spannungen innerhalb seines expandierenden Staatsgebildes in den Griff zu bekommen, brauchte Philipp treue Verbündete.

Es gilt als erwiesen, daß der Herzog daher schon kurz nach seinem Amtsantritt die Gründung eines eigenen Ritterordens erwog, da er zu diesem Zeitpunkt eine durch den Herzog von Bedfort angebotene Mitgliedschaft im englischen Hosenbandorden ablehnte[11]. Diese verzögerte sich aber. In den zwanziger Jahren des 15. Jhd. waren die erste und die zweite Frau Philipps gestorben, ohne ihm einen männlichen Erben hinterlassen zu haben. Seine Stiftung des legendären Ordens vom Goldenen Vlies erfolgte schließlich erst anlässlich seiner dritten Ehelichung mit Isabella von Portugal im Jahre 1430[12] und an der Anbahnung dieser Verbindung war Jan van Eyck ja persönlich beteiligt. Zumindest seine zweite Reise auf die iberische Halbinsel diente diesem Zweck und sie war genauso geheim wie das Vorbild des Genter Altars.

Es gibt also eine Reihe von Indizien dafür, daß Philipp der Gute mit dem wie auch immer gearteten Geheimnis des Genter Altars die Ritter des Ordens vom Goldenen Vlies ansprechen wollte, um diese an sich zu binden bzw. ihr Vertrauen zu gewinnen.

Das Motto des Goldenen Vlieses bezog sich zunächst auf die Jason-Sage, in der der Held einen verlorenen Gegenstand, eben jenes Widderfell, zurückerobert (Abb. 76). Die Inspiration zu dieser Thematik wurde Philipp in die Wiege gelegt. Eine Tapisserie mit

Motiven Jasons befand sich schon zu Zeiten seines
Großvaters Philipp dem Kühnen im Besitz der Familie[13]
(der übrigens ebenfalls einen Orden gründete, der jedoch
wenig erfolgreich im Sande verlief)[14]. Der neue burgundische Orden wurde in elegantem französisch „Ordre de
la toison d`or" genannt, in frühesten Zeiten aber auch der
Ritterorden des „güldenen Lämbleins" von Burgund[15].
Letztere Bezeichnung läßt einen fast unweigerlich an die
Tafel der Anbetung des Lammes denken.

Tatsächlich gibt es eine Reihe direkter Bezüge zwischen
der Ordenssymbolik und dem Genter Altar. Otto Prächt
hat bereits darauf hingewiesen, daß eine Reihe von heute
in der Weltlichen Schatzkammer Wien befindlichen
Textilien aus dem Paramentenschatz des Golden Vlieses,
die der Orden bei seinen religiösen Zeremonien nutze,
deutliche Bezüge zur Sonntagsseite des Genter Altars
aufweist[16]. Die Kleidung Gottvaters im Genter Altar
selbst erinnert stark an die roten Roben der Großmeister
des Goldenen Vlieses (Abb. 73). Deren Entwurf soll
ebenfalls ein Werk Jan van Eycks in seiner Funktion als
künstlerischer Berater des Hofes gewesen sein[17].

Die Ritterschaft, die Philipp der Gute als erster Großmeister des Ordens direkt im Zuge der Gründung ernannte, repräsentierte eine Reihe mächtiger Familien,
wie z.B. die neureichen Adelsgeschlechter der Croy
und Lannoys[18]. Neben dem Stifter gehörten zunächst 24
Ritter zum Startaufgebot. Diese Anzahl entsprach jener
des englischen Hosenbandordens und war somit wohl
nicht zufällig gewählt worden[19]. Die Grabkirche Vera
Cruz symbolisiert diese Zahl mit ihren zwei Zwölfecken der inneren und äußeren Rotunde ebenfalls, aber
wenn es bei ihrer Verwendung für den Genter Altar nur
darum gegangen wäre, hätte man ein Symbol nehmen
können, daß keine 1000 km entfernt liegt.

Zu den ausdrücklichen und offiziellen Zielen des Ordens gehörte die Wiederbelebung der Kreuzzugsidee.
In Bezug auf den burgundischen Staat schreibt Johan
Huizinga in seinem Buch „Herbst des Mittelalters"
treffend[20]: „Es gab ein politisches Streben, das unlös-
lich mit dem Ritterideal verknüpft war: den Kreuzzug,
Jerusalem!"

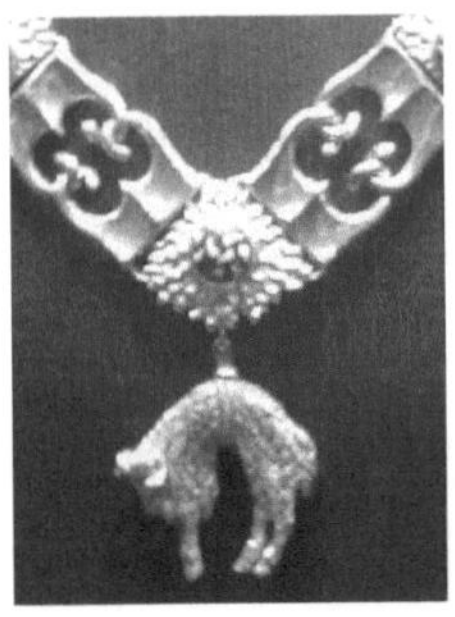

Abb. 76: Kette des Ordens
vom Goldenen Vlies

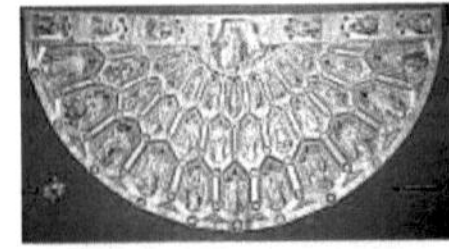

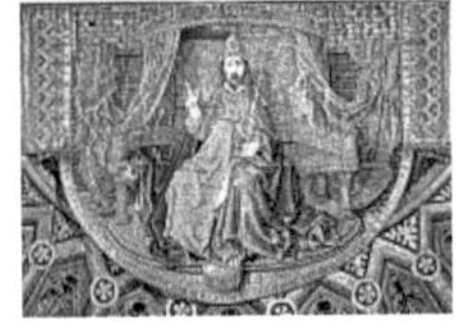

Abb. 77 a und b: Einer
von drei Pluvialen aus der
Weltlichen Schatzkammer
Wien mit einer Darstel-
lung Gottvaters im Mittelpunkt. Die beiden anderen
Pluviale zeigen Maria
und Johannes den Täufer.
Gemeinsam entsprechen
sie der Deesis-Gruppe
des Genter Altars. Die
Pluviale sind von außen
nach innen durch ein radi-
ales Raster unterteilt, das
den Halbkreis zwölftelt.
(KK_19, Christus-Man-
tel des Meßornats des
Ordens vom Goldenen
Vlies, 1425/40, Weltliche
Schatzkammer, Wien)

Philipp dem Guten war gewiß klar, daß die angespannte Situation in Europa dieser Abenteuerlust klare Grenzen setzte, was sich aber erst später, nach 1432, in ganzer Tragweite herausstellen sollte. Das Goldene Vlies aber war zum Zeitpunkt seiner Gründung auch als Plattform für einen zukünftigen Kreuzzug gedacht[21].

Nun liegen genügend Motive vor, die Philipp den Guten bewogen haben könnten, ein Geheimnis zur Motivation seiner Ritterschaft einzusetzen: Sicherung seiner Interessen innerhalb Burgunds und gegen Frankreich, sowie das Ideal eines neuen Kreuzzugs.

Spätestens an diesem Punkt beginnt die zu Vera Cruz führende Spur heißer zu werden. Die Entstehung der Grabkirche hatte bei aller Dunkelheit ihrer Geschichte doch gewiß mit der Zeit der Kreuzzüge zu tun.

Sie repräsentierte das Grab Christi, dessen Befreiung das oberste Ziel aller Kreuzzüge war. Zugleich stand sie für das Himmlische Jerusalem, dessen Idee im Zusammenhang mit Kreuzzugsaktivitäten gerne mit dem irdischen Jerusalem verschmolz.

Philipp der Gute hätte, einfach ausgedrückt, seine Ritterschaft also mit dem heeren Ziel eines Kreuzzuges gelockt, damit sie ihm in der Tagespolitik problemlos folgen würde. Der dem Genter Altar unterlegte Kirchengrundriß verwandelte für die Eingeweihten die für jeden sichtbare Pilgerschaft zum Lamm in der untersten Bildreihe der Sonntagsseite in einen Kreuzzug gegen Jerusalem. Das scheint eine Erklärung zu sein, die plausibel klingt. In diesem Zusammenhang wäre das dem Grundriß innewohnende Geheimnis auf symbolischer Ebene anzusiedeln.

Man müßte aber entgegnen, warum nicht z.B. der Grundriß der Jerusalemer Grabkirche, also des wirklichen Grabes Christi für die Komposition gewählt wurde? Das Problem der dann nicht mehr gewährleisteten Architekturdarstellung des Himmlischen Jerusalems hätte ja klassisch gelöst werden können, indem es sichtbar dargestellt worden wäre, also ähnlich wie in der Pradotafel, nur breiter und pompöser. Statt dessen fiel die Entscheidung auf ein Gebäude in Kastilien.

Philipp der Gute gründete den Orden vom Goldenen

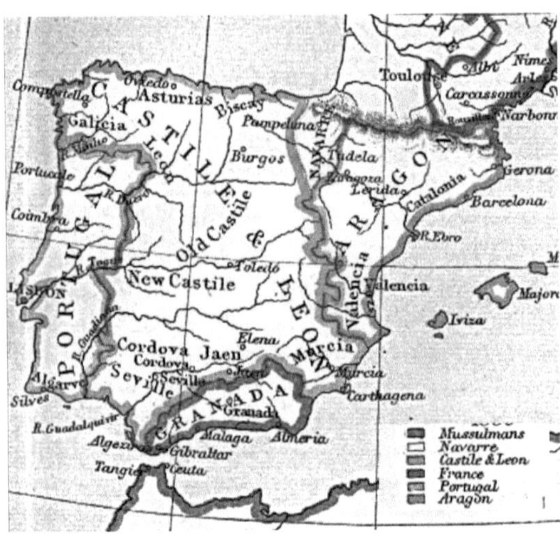

Abb. 78: Die iberische Halbinsel um 1360

Vlies anläßlich seiner Vermählung mit Isabella von Portugal. Erklärt dies die Wahl des Vorbildes? Ein gemeinsames Interesse zwischen der portugiesischen und burgundischen Seite war es gewiß, Kontrolle über Kastilien (Abb. 78) zu erlangen bzw. zu behalten. 1366/69 hatten die Franzosen Heinrich von Trastamara geholfen, König Pedro den Grausamen vom kastilischen Thron zu stoßen, genauer gesagt ihn eigenhändig zu ermorden[22], um durch ein kastilisch-französisches Bündnis die englische Seeherrschaft zu untergraben. Als 1383 die erste Dynastie in Portugal ausstarb und das Haus Avis, dem Isabella angehörte, mit Johann von Avis Anspruch auf den portugiesischen Thron anmeldete, mußte dieser erst kriegerisch in der Schlacht von Aljubarrota gegen die Trastamares ausgefochten werden[23]. Dieser Konflikt war zwar 1430 bereits abgeebbt, aber das Thema Kastilien duldete für die Portugiesen gewiß keine Nachlässigkeit. Isabella von Portugal (Abb. 79) war ferner eine geborene Lancaster und Enkelin von John of Gaunt (da in Gent geboren, 1340-1399), der sich zu seinen Lebzeiten gerne als König von Kastilien bezeichnen ließ, aber seine Ansprüche auf den kastilischen Thron nie umsetzen konnte.

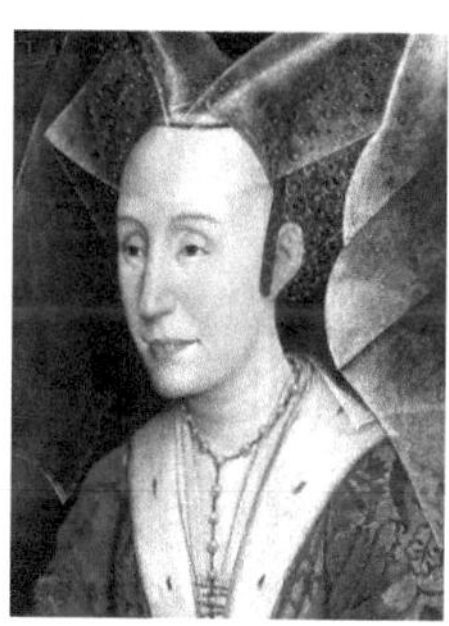

Abb. 79: Isabella von Portugal, die dritte Frau Philipps des Guten

Die burgundische Seite mußte nichts mehr fürchten, als einen richtigen Frieden zwischen England und Frankreich[24]. In diesem Fall hätte ein wiedererstarktes Frankreich dem burgundischen Treiben schnell ein Ende gesetzt. Wollte Philipp der Gute also mit seiner Hochzeit diesem Ereignis, das letztlich nur eine Frage der Zeit war, vorbeugen? Hatte er vielleicht die kühne Vision, die iberische Halbinsel, oder zumindest Teile davon, als zukünftige Partner gegen Frankreich aufzubauen, um so die burgundische Souveränität dauerhaft zu sichern?

Das Motiv der Grabkirche Vera Cruz könnte also durch Philipps Ambitionen in Kastilien motiviert gewesen sein und zwar als geheimes Symbol, das die Kreuzzugsidee mit dem Interesse an Kastilien verschmolz und so beide Gedanken seinen Rittern vom Goldenen Vlies schmackhaft machte.

Zieht man in Betracht, daß es eine ganze Reihe von burgundischen Geheimmissionen vor der Hochzeit Philipps und Isabellas gab, von denen eigentlich nur klar ist, daß sie auf die iberische Halbinsel führten, so ist es durchaus vorstellbar, daß Philipp sich auch direkt um ein Bündnis mit Kastilien bemüht hatte, jedoch einen Korb erhielt. Immerhin war Philipps zweite Frau 1425 gestorben und obwohl der Herzog noch ohne männlichen Erben war, dauerte es gut drei Jahre, bis eine neuerliche Vermählung abgemachte Sache war. Es spricht also einiges dafür, daß Isabella von Portugal nur die zweite Wahl war. In diesem Fall hätte die Entscheidung, Vera Cruz im Altar zu verwenden, schon kurz nach 1425 getroffen worden sein können.

Die Tatsache, daß es zu der erwähnten Verbindung nicht kam, sondern Philipp Isabella von Portugal ehelichte, hätte gemäß dem Fall, die portugiesische Seite wäre in die Bedeutung des Genter Altars überhaupt eingeweiht worden, keinerlei Kompatibilitätsprobleme bzgl. dessen geheimer Symbolik verursacht. Das portugiesische Interesse an Kastilien hätte gepaßt und auch die Kreuzzugsidee war dort absolut willkommen. Isabella von Portugal war nach Enea Silvio Piccolomini nicht nur eine herrschsüchtige Person, sondern von der

Kreuzzugsidee geradezu besessen[25].

Wenn der Grundriß also aus solchen Überlegungen heraus seinen Eingang in den Genter Altar fand, dann irgendwann in der Zeit zwischen 1425 und 1428 und entweder durch Philipps grundsätzliche Absichten auf der iberischen Habinsel oder erst im Zuge seiner Verlobung mit Isabella. Für Jan van Eyck wäre so oder so Zeit genug gewesen, den Genter Altar in seiner geänderten Konzeption bis 1432 fertigzustellen, wie die in nur zwei Jahren entstandene Kopie Cocxiers beweist. Andersherum dürfte Philipp der Gute erst nach dem Tod seiner zweiten Frau ernsthaftes Interesse an dem Altarprojekt gewonnen haben, da sich ein Nutzen für ihn erst im Zuge seiner Pläne für eine neue Heirat und die damit verbundene Ordensgründung ergab. Es braucht einen also nicht mehr zu verwundern, wie klein und blaß der Lebensbrunnen (Abb. 80) im Gegensatz zum späteren Genter Altar wirkt. So betrachtet hätte der Genter Altar ohne den Tod von Philipps Frau Bonne d´Artois im Jahre 1425 wohl völlig anders ausgesehen.

Es ist festzustellen, daß die folgende Deutung insgesamt sehr stimmig klingt:

Die versteckte Wiedergabe des Grundrißes von Vera Cruz im Genter Altar diente der Motivation der Vliesritter hinsichtlich eines Kreuzzuges und verkörperte zugleich burgundische Interessen in Kastilien im Sinne einer antifranzösischen Politik.

An diesem Punkt stellt sich erneut die Frage der Zuschreibung von Vera Cruz an die Templer oder die Grabkanoniker. Zumindest Jan van Eyck und somit auch sein Dienstherr dürften die Antwort gekannt haben und sie war zu Beginn des 15. Jhd. alles andere als unerheblich.

Vera Cruz als Templerthematik würde der antifranzösischen Note in der bisher herausgearbeiteten Symbolik ein deutlich stärkeres Gewicht verleihen.

Am Freitag, dem 13. Oktober 1307 begann mit der Verhaftung der Templer innerhalb des französischen Königreichs die langsame Zerschlagung jenes erfolgreichsten Ritterordens des Zeitalters der Kreuzzüge[26]. Welche Motivationen den König der Franzosen, Philipp den Schönen, auch immer getrieben haben mögen, er

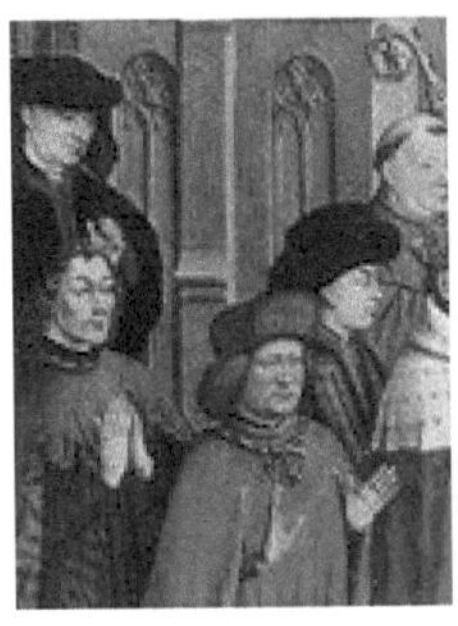

Abb. 80: Ausschnitt aus dem Lebensbrunnen: Mögliche Darstellung Philipps des Guten links neben den knienden Figuren im Lebensbrunnen

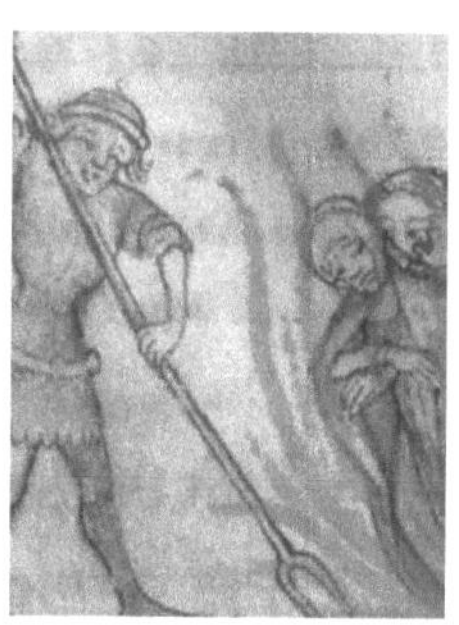

Abb. 81: Templerverbren-
nung

führte seinen Angriff fast im Alleingang. Die nicht ganz freiwillige Auflösung des Ordens durch die Kurie verzögerte sich entsprechend trotz französischen Drucks. Erst mit der Bulle *Considerantes dudum* des Papstes Clemens V. schloß das dafür eigens einberufene Konzil von Vienne mit diesem letzten Baustein der Abwicklung der Templer am *6. Mai 1312*[27].

120 Jahre später - auf den Tag genau - fand im St. Jan zu Gent die Weihe des Altarwerks van Eycks statt und die Taufe des Sohnes von Philipp dem Guten und Isabella von Portugal. Ist das nur ein Zufall?

Was ist mit der Tafel der CHRISTI MILITES des Genter Altars in der deutlich ein rotes Tatzenkreuz zu erkennen ist?

Das französische Vorgehen von 1307 hatte nicht nur innerhalb der Kirche für Widerstand gesorgt. Es war der portugiesische König Dionysius I., der sich zusammen mit seinem kastilischen Amtskollegen erst 1308 durch die eigens zu diesem Zweck verfasste päpstliche Bulle *Faciens misericordam* zur halbherzigen Durchführung der Verhaftungen der Templer anmahnen ließ[28]. Noch 1314, in Paris wurde gerade der letzte Großmeister des Ordens auf dem Scheiterhaufen verbrannt (Abb. 81), nahm Dionysius demonstrativ eine Schenkung von einem Tempelritter an[29]. Sein Engagement für den untergehenden Orden war damit aber nicht erschöpft. In langen und hartnäckigen Verhandlungen mit dem fernen Rom rang er schließlich am 14. März 1319 Papst Johannes XXII. mit der Bulle *Ad ea ex quibus cultus* den Segen für die Überführung des Templerordens in den Christusorden ab und zwar inklusive aller Güter und sonstigen Besitzstände. Das Wirken dieses neuen alten Ordens war allerdings auf Portugal beschränkt.

Nun könnte man einwenden, das sei zur Zeit der Entstehung des Genter Altars alles schon lange her gewesen. Doch erst 1420 war es der portugiesischen Krone gelungen, vom Papst durch die Bulle *In apostolice dignatis* die Erlaubnis zu erhalten, mit Heinrich dem Seefahrer als erstem weltlichen Leiter, die Führung des zu neuer Macht gewachsenen Christusordens an sich zu reißen[30], der seit 1357 seine Zentrale wieder dahin zurückverlegt hatte, wo sie einst die Templer hatten: in die Ordensburg von Tomar[31], also jenem Gebäude, das man gerne mit der Architektur von Vera Cruz vergleicht. Das Symbol des neuen alten Ordens blieb einfach das gleiche: das rote Tatzenkreuz.

Die Bezeichnung CHRISTI MILITES im Genter Altar übersetzt man gern mit „Streiter Christi", aber die Übersetzung „Christusritter" ist zumindest nicht falsch.

Es ist also naheliegend, eine Templerthematik im Genter Altar als wahrscheinlich zu akzeptieren. Da Philipp der Gute den Orden vom Goldenen Vlies anläßlich der Hochzeit mit Isabella von Portugal stiftete, ist es ferner hinsichtlich der historischen Umstände plausibel, daß diese erst durch die burgundisch-portugiesische Verbindung Eingang in den Genter Altar fand. Das rote Tatzenkreuz und die Bezeichnung der Tafel mit den Streitern Christi scheint dann aber wohl eher den Nachfolgeorden der Christusritter und nicht den der Templer selbst gemeint zu haben. Die Tafel der Gerechten Richter müßte man in diesem Zuge ebenfalls neu bewerten. Wenn die Tafel der CHRISTI MILITES mit den Christusrittern die portugiesische Seite repräsentierte, so dürfte jene mit den Gerechten Richtern die burgundische dargestellt haben. Der in der Kopie von 1941 fehlende Ring, den einer der Richter vor der Brust hielt, wäre als das simple Symbol der Ehe zu betrachten, mit der sich die burgundische Seite der portugiesischen verpflichtete, z.B. in den Kreuzzug zu folgen.

Es stünde somit aber auch noch die ganz andere Variante im Raum, daß Vera Cruz von der portugiesischen Seite ins Spiel gebracht wurde, wobei sich bzgl. der Interpretation der Symbolik zunächst keine zwingenden Änderungen ergeben würden. In diesem Fall wäre es aber zumindest als sehr wahrscheinlich zu betrachten, daß Vera Cruz von den Portugiesen als ehemalige Templerkirche betrachtet wurde, was nicht zwingend bedeuten müßte, daß sie es auch tatsächlich war.

Die Zielgruppe des Genter Altars allerdings dürften auch unter diesen neuen Annahmen die Ritter des Ordens vom Goldenen Vlieses gewesen sein. Schließlich zeigen ihre Gewänder die hohen thematischen Ähnlichkeiten zum Genter Altar und es waren auch nicht die Christusritter, die zwei offizielle Kapitel in der den Genter Altar beherbergenden Kirche abhielten.

Betrachtet man den im Genter Altar versteckten Grundriß als Symbol, ergeben sich gleich mehrere denkbare Varianten, warum und durch wessen Initiative dieser Eingang in das Kunstwerk fand. Es läßt sich aber feststellen, daß sein Symbolwert jeweils als Verkörperung der Kreuzzugsidee und konkreter politischer Interessen an Kastilien gelesen werden kann. Eine mögliche Bezugnahme auf die Templer müßte als zusätzliche antifranzösische Komponente interpretiert werden.

Die bisher dargelegten Deutungsansätze basierten auf der Bedeutung der architektonischen Form der Kirche und ihrer Lage im damaligen Machtzentrum Kastiliens. Was aber, wenn das hinter ihrer Verwendung als Darstellung des Himmlischen Jerusalems stehende Geheimnis gar nicht auf die Symbolik ihrer Form oder ihres Ortes anspielte?

Der Chronist Chastellain bezeichnete den Orden des Goldenen Vlieses als „une religion" und beschrieb diesen wie ein heiliges Mysterium[32]. Sollte mit der Grabkirche also am Ende doch einfach der Aufenthaltsort einer wertvollen Reliquie gemeint gewesen sein? War das Jason-Thema des Goldenen Vlieses nur ein antikes Sinnbild dafür, ein geraubtes Objekt ganz anderer Natur zurückzugewinnen? Ging es gar um den Heiligen Gral, der im Zentrum der Sonntagsseite abgebildet ist?

Die Grabkirche Vera Cruz kann alles mögliche beherbergt haben und man kann darüber nur spekulieren. Von dem Stück vom Wahren Kreuz jedenfalls hat die Nachwelt nur deshalb erfahren, weil es bis in die Neuzeit an diesem Ort verblieb, was die fragwürdige Beurkundung zur Folge hatte. Ein Gegenstand, der z.B. im 16. Jhd. dort entfernt worden wäre, hätte keinerlei Zeugnis hinterlassen.

Wem es gefällt, in diese Richtung weiter zu denken, möge dies tun. Eines läßt sich aber bei allen ungeklärten Fragen festhalten. Der Genter Altar barg keinen Hinweis auf ein Objekt, das die Grundlagen des Christentums erschüttert hätte. Vielmehr wäre eher in die gegenteilige Richtung zu ermitteln. Die Religiösität mit all ihren strengen Ritualen nahm einen derart breiten Raum in den Zeremonien des Ordens vom Goldenen Vlies ein, daß daran kein Zweifel bestehen kann[33].

So bleibt schlußendlich noch die Frage, was mit diesem seltsamen Rätsel des Lammes wurde, dessen Existenz aus dieser gesamten Untersuchung hervorgeht, dessen Wesen sich aber einer eindeutigen Klärung hartnäckig widersetzt?

Die Kreuzzugspläne Philipps und Isabellas wurden nie in nennenswertem Umfang durchgesetzt. Stets verhinderten die Spannungen mit Frankreich jenen großen letzten Schritt - den nach Jerusalem. Man mußte sich in diesem Sinne mit Geringerem bescheiden, wie einigen Expeditionen in die Ägäiis und ins Schwarze Meer[34]. Am Willen lag es nicht. Philipp der Gute legte 1454 ein Kreuzzugsgelübde ab[35] und sammelte für das Unterfangen fleißig Steuern[36].

In seiner antifranzösischen Politik war der Vliesorden aber umso erfolgreicher. So erlebte Frankreich die dunkelsten Stunden seiner Geschichte zumeist mit burgundischem Zutun. Es gab aber auch Rückschläge.

Nachdem später Burgund und das Vlies durch den plötzlichen Tod Herzog Karl des Kühnen, Sohn und Erbe Philipps des Guten, 1477 unter massiven französischen Druck geraten waren, ging es inklusive des Herzogs- und des Großmeistertitels an die Habsburger, indem die Erbin Maria von Burgund Maximilian I. ehelichte[37]. Diese gaben sich in der Folge größte Mühe, das neue Terrain und den Orden so zu führen, wie es ihre burgundischen Vorgänger getan hätten und legten großen Wert auf deren Traditionen.

Die Lichtgestalt Karl V. (Abb. 82), in St. Bavo zu Gent getauft und von Vliesrittern erzogen[38], bestimmte in seinem ersten Testament von 1522, man möge ihn an der Seite seiner Ahnen Philipp den Guten und Karl den Kühnen bestatten[39]. Karl gelang es schließlich, den Titel des Herzogs von Burgund mit dem des Königs von Kastilien (!) auf einem Haupt und zum Schaden Frankreichs zu vereinen. Dies geschah im Jahre 1519, fast 90 Jahre nach der Weihe des Genter Altars.

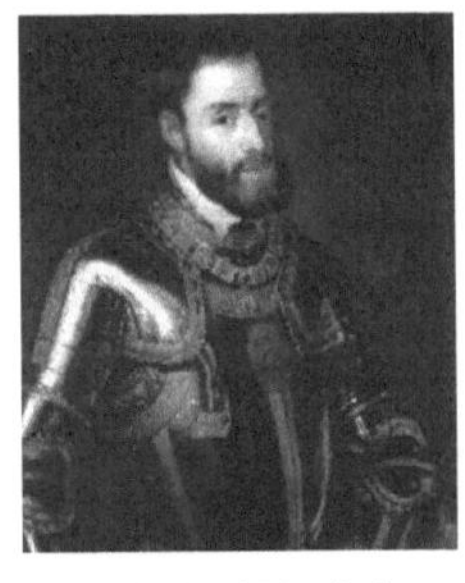

Abb. 82: Karl V. mit der Ordenskette des Goldenen Vlieses

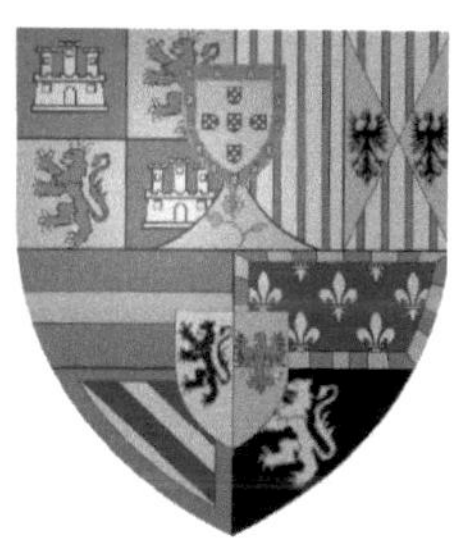
Abb. 83: Das Wappen
Philipps II. von Spanien

Karls Sohn Philipp II. war es, der aus der kastilischen Frucht den Königstitel eines vereinigten Spaniens erntete. Er war es auch, der Frankreich in der Schlacht von Saint-Quentin 1557 so vernichtend schlug, daß dieses am Boden liegend bis ins 17. Jhd. hinein unter spanischer Hegemonie verblieb. Er verwirklichte also jene gegen Frankreich gerichtete Struktur, zu deren Erlangung der Genter Altar die Vliesritter mutmaßlicherweise motivieren sollte.

Interessanterweise ist es auch Philipp II. gewesen, der die aktive Zeit des Ordens vom Goldenen Vlies 1559 folgerichtig auf dem Höhepunkt dessen Erfolges als sein letzter Großmeister beendete. Wo? Natürlich im St. Bavo zu Gent mit dem letzten von insgesamt 23 Vlieskapiteln[40]!

Sein zu Anfang des Buches erwähnter aber mißlungener Plan, den Genter Altar von dieser Veranstaltung mit nach Spanien zu seiner Krönung zu nehmen, erscheint im Angesicht der möglichen Bedeutungen der Grabkirche in einem völlig neuen Licht. Philipp II. residierte in Spanien zunächst im Alcazar von Segovia und der Genter Altar wäre ihm vielleicht dahin gefolgt[41].

Dort heiratete er auch seine dritte Frau Anna von Österreich. Es war die größte und pompöseste Hochzeit, die Segovia je sah[42]. Noch heute fahren die frisch verheirateten Paare dieser Stadt nach der Zeremonie noch kurz zur kleinen Grabkirche La Vera Cruz. Woher dieser Brauch wohl stammen mag?

Durch seine erste Ehe mit Maria von Portugal hatte sich Philipp II. 1543 obendrein Erbrechte gesichert, die ihn 1580 auch noch zum König von Portugal machten[43]. Die Krönung soll in der Ordensburg Tomar stattgefunden haben[44] und sie machte ihn zugleich zum (weltlichen) Großmeister der Christusritter.

In der Kopie des Genter Altars von 1559 schließlich ließ er Portraits von sich und seinem Vater in die Tafel der CHRISTI MILITES einsetzen[45].
Das Rätsel des Lammes bietet also noch genügend Raum für Spekulationen und Entdeckungen. Möchten Sie den letzten Baustein in diesem Puzzle finden? Sie sind herzlich eingeladen.

II. Teil
Materialien und Anhang

Zeittafel

0 / Segovia: Die Römer bezogen in Segovia Stellung. Von dieser Zeit zeugt heute noch das berühmte Aquädukt der Stadt[1].

942 / St. Bavo: In Nähe des heutigen Doms St. Bavo von Gent entstand eine Pfarrkirche. Der Bischof von Doornik-Noyon weihte eine Kapelle Johannes dem Täufer und den glückseligen Bekennern Vedastus und Bavo[1].

1000-1099 / Gent: Gent wurde als Metropole für Textilproduktion zur zweitgrößten Stadt Nordeuropas. Es bildeten sich mächtige Zünfte[1].

1032 / St. Bavo: Ein Genter Bürger namens Lausus ließ die Kapelle umbauen und erweitern[1].

1095 / Kreuzzüge: Aufruf Papst Urban II. zum Kreuzzug[1].

1096-1099 / Kreuzzüge: Der erste Kreuzzug brach Richtung Palästina auf. Unter den Kreuzfahrern befanden sich viele Franzosen, französische und italienische Normannen, sowie Lothringer. Ein Heer von etwa 14.000 Mann eroberte nach längerer Belagerung Jerusalem im Juli 1099 und richtete ein Blutbad unter Moslems und Juden an[1].

1099 / Johanniterorden: Gründung des Ordens vom Spital des Heiligen Johannes zu Jerusalem[1].

1100-1199 / Segovia: Das Alcazar erstmals in Dokumenten erwähnt[1].

1100-1199 / Hl.-Blutreliquie Brügge: Entstehung der Hl.-Blutkapelle in Brügge. Zumindest die untere Kapelle wurde auf Anregung des Grafen von Flandern Diderik van Elzas gebaut, der bei seiner Rückkehr aus Jerusalem der Stadt Brügge die Hl.-Blutreliquie schenkte. Die Kirchenfenster in der Basilika des Heiligen Blutes sind Nachbildungen der in den Museen Victoria und Albrecht befindlichen Originale und zeigen Maria von Burgund mit Maximilian I., Philipp den Guten mit Isabella von Portugal, Karl den Kühnen mit seiner zweiten Frau Isabella von Aragon, Karl V. mit Isabella von Portugal. In der Ausgestaltung der Basilika fällt die häufige Verwendung eines eher seltenen Christussymbols auf, des Pelikans, der seine Jungen mit seinem eigenen Fleische nährt [3].

1120 / Templerorden: Das wahrscheinliche Gründungsjahr des Templerordens, der zunächst als neue Miliz bezeichnet wurde. Die Gründung dürfte mit der Übergabe der el-Aqsa-Moschee an Hugo von Payns durch König Balduin II. von Jerusalem zusammengefallen sein, da die Kreuzfahrer dieses Gebäude schon früh mit dem Tempel Salomons identifizierten [1].

1129 / Templerorden: Das Konzil von Troyes bestimmte die Ordensregeln der Templer [1].

1130 / Templerorden: Erste Niederlassung der Templer in Portugal [1]

1139-1272 / Templerorden: Etwa 100 päpstliche Bullen erweiterten die Privilegien des Templerordens [1].

1143 / Portugal: Im Vertrag von Zamora mußte Kastilien-Leon die Unabhängigkeit Portugals anerkennen [1].

1144 / Kreuzzüge: Die Kreuzfahrer verloren die Grafschaft Edessa [1].

1147 / Templerorden: Das rote Tatzenkreuz auf dem Habit der Templer, das das von Christus vergossene Blut symbolisiert, wurde erstmals erwähnt. Die Ritterschaft verfügte ferner über ein doppelseitiges Siegel als Erkennungszeichen. Auf der einen Seite zeigt es die Kuppel der Heilig-Grabkirche von Jerusalem und auf der anderen zwei Reiter auf einem Pferd [1].

1147 / Portugal: Alfons I. befreite Lissabon und Santarém von den Mauren [2].

1147-1149 / Kreuzzüge: Auf Iniative des Bernhard von Clairvaux rief Papst Eugen III. 1145 zum zweiten Kreuzzug auf. Dieser verlief unter Führung des deutschen und französischen Königs ergebnislos [1].

1148 / Hl.-Blutreliquie Brügge: Am Weihnachtstag 1148 sollen der Patriarch von Jerusalem Fucher und der König von Jerusalem Balduin III Diderik van Elzas die Heilig-Blut-Reliquie übergeben haben. Bei seiner Rückkehr schenkte Diderik diese der Stadt Brügge [1].

1158 / Kastilien: Beginn der Regentschaft Alfonso

VIII. von Kastilien. Da er erst 1155 geboren wurde, waren die ersten Jahre seiner Herrschaft aufgrund seiner Minderjährigkeit von anarchistischen Zuständen geprägt. Er galt als tapfer, gläubig, gerechtigkeitsliebend und als Freund der Künste[1].

1159-1160 / Templerorden: Der Tempelorden erhielt vom ersten portugiesischen König Afonso I. Henriques das Gebiet um Tomar im Flußtal des Nabão als Niederlassung für von den Kreuzzügen zurückkehrende Ritter. Bereits 1160 wurde mit dem Bau der Templerburg von Tomar begonnen, in deren Mittelpunkt auch heute noch die Templerkirche steht[1], die aufgrund ihrer Ausformung als Zentralbau mit einer Doppelrotunde die größten architektonischen Parallelen zur später entstandenen Grabkirche La Vera Cruz aufweist[2].

1162 / Portugal: Alfonso I., der erste König von Portugal, gründete den Ritterorden von Avis[1].

1176 / Kastilien: Alfonso VIII. heiratet Eleonore von England (1161-1214), die Schwester von Richard Löwenherz[1].

1187 / Kreuzzüge: Die Kreuzfahrer verloren Jerusalem an Saladin. Die vorher in Jerusalem befindliche Templerzentrale wurde daraufhin nach Akkon verlegt[1].

1189-1192 / Kreuzzüge: Dritter Kreuzzug unter Beteiligung des englischen Königs Richard Löwenherz, des französischen Königs Philipp II. von Frankreich, Kaiser Friedrich I. und Leopold V. von Österreich zur Rückeroberung Jerusalems. Im Juli 1191 gelang die Übernahme Akkons[1]. Am 30. Oktober 1192 wurde Richard auf seiner Rückreise in der Nähe von Wien verhaftet und erst 1194 nach einer Lösegeldzahlung wieder freigelassen[2].

1195 / Portugal: Die katholische Kirche verhängte das Interdikt (Ausschluss aus christlicher Gemeinschaft bei gleichzeitiger Unwirksamkeit der Sakramente) über Portugal, womit ein fast 200-jähriger Konflikt zwischen Papst und Könighaus begann[1].

1200, um / Segovia: Alfonso VIII. und Eleonore von England machten das Alcazar von Segovia zum bevorzugten Königssitz, das sie zu einem richtigem Palast ausbauten[1].

1202-1204 / Kreuzzüge: Der vierte Kreuzzug wurde von den Venezianern zur Plünderung Konstantinopels vom ursprünglichen Ziel Ägypten umgelenkt. Der Ritter und Chronist Robert de Clari berichtete von der Plünderung der Reliquienkapelle, in der sich unter anderem zwei Stücke vom Wahren Kreuz, die Dornenkrone und Kreuzigungsnägel befunden haben sollen[1]. Er erwähnte in seinem Bericht ferner, das Turiner Grabtuch gesehen zu haben[2].

1208 / Segovia: Weihe von La Vera Cruz als (mutmaßliche) Stiftung Alfonso VIII. an eine Gruppe von Tempelrittern[1].

1212 / Segovia: Die Ritter der Heilig-Grabkirche von Segovia leisteten angeblich Alfonso VIII. wertvolle Hilfe beim Sieg in der für die Reconquista bedeutenden Schlacht von Navas[1]. Das Bündnis aus Kastilien, Aragón und León unter Leitung Alfonsos schlug die maurischen Almohaden unter Kalif Muhammad an-Nasir vernichtend[2].

1215 / Reliquien: Papst Innozenz III. beschloß, daß Reliquin nicht ohne Genehmigung des Heiligen Stuhls erworben bzw. besessen werden dürfen[1].

1224 / Segovia: Am 13. Mai sollen die Templer von Segovia von Papst Honorius III. eine Heilig-Kreuz-Reliquie erhalten haben. Das verschollene Original-Brewe dieser Schenkung soll von einem Kardinal namens Alepo unterzeichnet worden sein und das Fischerringssiegel getragen haben[1].

1228-29 / Kreuzzüge: Fünfter Kreuzzug Friedrichs II. mit der Rückeroberung Jerusalems[1].

1228 / Segovia: Größere Lieferung von Reliquien aus Konstantinopel an die Kathdrale von Segovia.

1244 / Kreuzzüge: Die Kreuzfahrer verloren endgültig Jerusalem[1].

1245 / Portugal: Die Auseinandersetzung zwischen der portugiesischen Krone und der Kirche gipfelten in einem Bürgerkrieg[1].

1250-1251 / Portugal: Mit der Eroberung der restlichen Gebiete an der Algarve endete die Reconquista in Portugal[1].

1256 / Portugal: Die Hauptstadt des Landes wurde

nach Lissabon verlegt[1].

1276 / Portugal: Als Johannes XXI. wurde der erste Portugiese Papst[1].

1279 / Portugal: Dionysius neuer König von Portugal. In einem Bürgerkrieg setzte er sich gegen seinen Bruder Alfonso durch. Zugleich entfachte ein Krieg mit Kastilien, bei dem gleichzeitig Kastilier in Portugal und Portugiesen in Kastilien einmarschierten[1].

1289 / Portugal: Ein Kompromiß zwischen König Dionysius und Papst Nikolaus IV. entschärfte den Konflikt zwischen dem portugiesischen Thron und der Kirche[1].

1294 / Portugal: Mit einem ersten Handelsvertrag begann eine Reihe von Bündnissen zwischen Portugal und England[1].

1297 / Portugal: Vertrag von Alcañices. Dionysius und Ferdinand IV. von Kastilien erkannten gegenseitig die Grenzen zwischen beiden Ländern an[1].

1307 / Templerorden: Wenige Wochen vor ihrer Verhaftung legten 18 beladene Schiffe der Templer in La Rochelle ab. Ein Teil der Boote, in denen u.a. Gold außer Landes geschafft worden sein soll, landete in der Nähe von Nazaré, Portugal[1].

1307 / Templerorden: Am 13. Oktober erfolgte die Verhaftung der Templer im französischen Königreich auf Befehl des Königs Philipp dem Schönen von Frankreich[2].

1307 / Templerorden: Papst Klemens V. ordnete ein Konzil in Salamanca an, um die Schuld der Templer auf der iberischen Halbinsel bzgl. der Anschuldigungen des französischen Königs festzustellen. Das Konzil, an dem auch der Erzbischof von Lissabon teilnam, stellte die Unschuld fest[3].

1308 / Templerorden: König Dionysius von Portugal schloß mit Ferdinand IV. von Kastilien ein Abkommen zum Schutz der Templer und deren Güter in Portugal und Kastilien. Diesem Bündnis trat später auch der König von Aragon bei[1].

1308 / Templerorden: Die päpstliche Bulle Faciens misericordam mahnte Templerverhaftungen in Portugal und Kastilien mit gewissem Erfolg an[2].

1310 / Templerorden: Im Januar bekräftigten der

portugiesische und kastilische König erneut ihre Unterstützung der Templer auf ihrem Hoheitsgebiet. Auf Initiative von Papst Klemens V. traten erneut zwei Konzile in Medina del Campo und wiederum in Salamanca zusammen. Beide bestätigten die Unschuld der iberischen Templer. Ferner entschieden die portugiesischen Gerichte, daß die Güter der Templer in das Eigentum der Krone zu überführen seien[1].

1312 / Templerorden: Das Konzil von Vienne löste den Templerorden auf. In der Bulle Ad providam verfügte Papst Klemens V. am 2. Mai 1312, die Güter der Templer dem Ritterorden vom Hospital St. Johannis zu Jerusalem (Johanniter), dem späteren Malteserorden, zu übereignen. Ausgenommen von dieser päpstlichen Anordnung waren ausdrücklich Portugal, Kastilien, Aragon und Mallorca[1]. Das Konzil schloß am 6. Mai mit der Bulle Considerantes dudum[2].

1314 / Templerorden: Jakob de Molay, Ritter aus der Freigrafschaft Burgund und letzter Großmeister der Templer, wurde in Paris verbrannt[1].

1314 / Templerorden: Der portugiesische König nahm ausdrücklich eine Landschenkung des Tempelritters João Soares an[2].

1317 / Templerorden: König Dionysius von Portugal begann Verhandlungen mit dem Papst über den Kanoniker Coimbra Petrus Petri und Ritter Johannes Laurentii de Monteseratio. Der König verweigerte nach wie vor die Übergabe der Templerbesitzungen an die Johanniter und wünschte statt dessen die Gründung eines neuen Ritterordens[1].

1318 / Templerorden: König Dionysius von Portugal ließ beim Heiligen Stuhl eine Botschaft errichten, von der aus die Verhandlungen mit dem Papst bzgl. der Gründung eines eigenen Ritterordens vorangetrieben werden sollten[1].

1319 / Templerorden: Mit der päpstlichen Bulle Ad ea ex quibus cultus erhielt der König von Portugal die Zustimmung des Papstes für die Gründung des portugiesischen Ordens der Christusritter, den *Militia Domini Nostri Iesu Christi*. Der König übergab dem Orden die Burg Castro Marim in der Algarve. Ferner bekam die offizielle Nachfolgeorganisation der Templer deren gesamten ehemaligen Besitz übereignet. Erster Großmeister wurde Gil Martins, der zuvor dem Ritterorden von Avis vorstand[1].

1319, oder früher / Vera Cruz: Die Templerkirche ging wahrscheinlich kurz nach Ende der Streitigkeiten um die Gründung des Christusordens, vielleicht aber schon vorher, an den Johanniterorden über[1]. Hierzu gibt es keine offiziellen Beurkundungen, was wahrscheinlich auf die langen Auseinandersetzungen zwischen Portugal und Kastilien auf der einen und dem Papst auf der anderen Seite bzgl. des Schicksals des Templerbesitzes zurückzuführen ist.

1321 / Christusritter: Am 11. Juni erließ der Großmeister die Statuten der Christusritter[1].

1325 / Portugal: Dionysius gestorben. Sein Sohn Alfonso IV. wurde neuer König[1].

1336 / Frankreich: Beginn des Hundertjährigen Krieges zwischen Frankreich und England[1].

1338 / Gent: Die Genter Zünfte unter dem Kaufmann und diktatorisch regierenden Stadthauptmann Jacob von Artevelde verbündeten sich mit den Engländern, um gegen den französischen Adel vorzugehen[1].

1340 / Portugal: Zusammen mit Kastilien besiegte Alfonso IV. von Portugal am Salado-Fluss die Mauren und verhindert so eine erneute Besetzung portugiesischen Gebietes[1].

1348 / Hosenbandorden: Stiftung des 24 Mitglieder zählenden englischen Hosenbandordens[1].

1352 / Frankreich: Der Titularkönig von Neapel Ludwig von Anjou und Sohn des französischen Königs Johanns II. gründete den Knotenorden, auch bekannt als Orden vom Heiligen Geist. Unter der letzten Bezeichnung wurde er 1578 reorganisiert[1].

1353 / Gent: Weihe des gotischen Chors von St. Bavo[1].

1357 / Christusritter: Unter dem sechsten Großmeister Nuno Rodrigues wurde der Hauptsitz des Ordens in die alte Templerzentrale von Tomar verlegt und blieb es fortan. Im 1168 von den Tempelrittern gegründeten Konvent wurde daraufhin der Convento da Ordem de

Cristo errichtet[1].

1363 / Burgund: Der französische König belehnte seinen Sohn Philipp mit dem Herzogtum Burgund, da das dortige Karpetinger Herrschergeschlecht ausgeloschen war[1]. Als Herzog von Burgund begründete Philipp der Kühne das Haus Burgund als Seitenzweig der Valois[2]. Historiker bewerten diese Entscheidung des französischen Königs einhellig als die fatalste der gesamten französischen Geschichte.

1369 / Segovia: König Pedro der Grausame von Kastilien wurde mit französischer Unterstützung von Heinrich von Trastamara umgebracht, der den Thron okkupierte und die Dynastie der Trastamara gründete[1]. Ein kastilisch-französisches Bündnis gefährdete die englische Seemacht.

1369 / Gent: Philipp der Kühne heiratete im St. Bavo Margareta von Flandern, wodurch Flandern und Gent später an Burgund fielen[2].

1373 / Gent - Segovia: Der erste Lancaster, der in Gent geborene Johann von Gent, beanspruchte unter Berufung auf die Herkunft seiner Frau, der Tochter Pedros des Grausamen, den Königstitel von Kastilien[1].

1378 / Schisma: Mit den beiden von Kardinälen gewählten Päpsten Urban VI. und Klemens VII. begann das große Kirchenschisma[1].

1383 / Portugal: Durch den Tod König Ferdinand I. endete die Dynastie der Burgunder. Der neue König Johann I. von Avis konnte mit Hilfe der portugiesischen Ritterorden seine Thronansprüche gegen die Trastamaras aus Kastilien in der Schlacht von Aljubarotta durchsetzen[1]. Unter König Johann I. erreichte die Qualität der Beziehungen des Königshauses zu den Ritterorden eine neue Qualität, da der König als ehemaliger Großmeister des Ordens von Avis deren Potential sehr gut einzuschätzen wußte[2].

1384 / Gent: Flandern und Gent fielen an das Herzogtum Burgund. Philipp der Kühne versuchte die Macht der Zünfte einzuschränken, wodurch es unter Philipp von Artevelde zum Aufstand kam. Schließlich mußten sich die Kaufleute dem Herzog beugen.

1386 / Portugal: Vertrag von Windsor, erster Vertrag

in einer langen Reihe von Wirtschafts- und Bündnis-
verträgen zwischen Portugal und England[2].

1387 / Portugal: Johann I. heiratete Philippa von Lancaster, die Schwester von Johann von Gent[1].

1390 / Segovia: König Johann I. von Kastilien aus
dem Hause Trastamara gründete in der Kathedrale von
Segovia den Orden vom Heiligen Geist[1].

1390 / Genter Altar: Geburt Jan van Eycks, wahrscheinlich in der Nähe von Maaseyck bei Maastricht[1].

1390, nach / Genter Altar: Nikolaas Vijd, der Vater
von Jodocus Vijd fiel bei Philipp dem Kühnen aufgrund
der Beschuldigung hinsichtlich der Veruntreuung von
Geldern in Ungnade[1].

1393 / Burgund: Herzog Philipp der Kühne erwarb das
Schwert des Heldens des ersten Kreuzzugs, Gottfried
von Bouillon. Zu diesem Zeitpunkt befand sich bereits
eine Tapisserie in seinem Besitz, die Motive aus dem
Leben Jasons zeigt und seinen Enkel Philipp den Guten
bzgl. der Motivwahl bei der Gründung des Ordens vom
Goldenen Vlies beeinflußt haben dürfte[1].

1395-1369 / Gent: Jodocus Vijd erstmals Mitglied des
Genter Rates[1].

1396, um / Burgund: Philipp der Kühne gründete den
„Arbre dÓr", einen Ritterorden, der als ein Vorläufer
des Goldenen Vlieses betrachtet wird[1].

1396 / Kreuzzüge: Kreuzzug von Nikopolis. Ein fran-
zösisch-ungarisches Heer wurde von den Osmanen
vernichtend geschlagen. Dieser Kreuzzug wird gele-
gentlich als letzter bezeichnet[2].

1399 / England: Richard II. wurde vom Parlament
abgesetzt. Mit Heinrich IV. gelangte ein Lancaster auf
den Thron[1].

1404 / Burgund: Tod Philipp des Kühnen. Sein Sohn
Johann von Nevers wurde als Johann Ohnefurcht sein
Erbe und Nachfolger[1].

1405 / Burgund: Nach dem Tod seiner Mutter begab
sich Johann Ohnefurcht nach Paris, um einer zusätzli-
chen Lehnshuldigung nachzukommen[1]. Da der französische Karl VI. an Wahnsinn litt, waren die Regierungsgeschäfte zeitweilig durch seine drei jüngeren Brüder
Ludwig von Anjou, Johann von Berry und Herzog

Philipp von Burgund übernommen worden, was die Monarchie destabilisierte. In den daraus resultierenden Streitigkeiten kam es zu ernstzunehmenden Spannungen zwischen Johann und Ludwig, dem Herzog von Orléans[2]. Als Johann bei seinem Parisbesuch 5000 Lanzenträger im Gefolge führte, floh Ludwig, während sich der Herzog, nachdem er das Prinzenpaar vor dem Zugriff Ludwigs gerettet hatte, mit diesem in Paris vom Volke als Befreier feiern ließ. Die Auseinandersetzung spiegelte sich auch in Emblemen wieder, die die Kontrahenten als Zeichen führten. Johann fügte seinem ersten Emblem, einer Hopfenranke, eine Brennessel hinzu. Ludwig wählte daraufhin den Knotenstock, worauf Johann mit einem Hobel und (silbernen) Holzspänen antwortete[3].

1405 / Hl.-Blutreliquie Brügge: Schon zu diesem Zeitpunkt existierte eine aus 30 prominenten Staatsbürgern rekrutierte Gemeinschaft mit dem Namen „De Edele Broederschap van het Heilig Bloed", die u.a. für die Organisation der jährlich am Himmelfahrtstag stattfindenden Heilig-Blut-Prozession in Brügge verantwortlich ist[4].

1406 / Burgund: Brabant fiel an das Herzogtum Burgund[1].

1407 / Burgund: Johann Ohnefurcht ließ seinen Gegenspieler Johann von Orleans ermorden und floh nach Flandern[1].

1408 / Burgund: Aussöhnung zwischen dem Herzog Johann Ohnefurcht und dem französischen König[1].

1410 / Burgund: Der Adel erhob sich gegen den starken Einfluß des Herzogs von Burgund in Paris. Es kam zum Bürgerkrieg[1].

1412 / Genter Altar: Nikolaas Vijd starb[1].

1413 / Frankreich: Scheinfrieden zwischen Bourguignons und Armagnacs, den zwei Parteien in den französischen Thronwirren[1].

1414 / Burgund: Johann von Burgund verbündete sich mit England[1].

1414-1418 / Kirche: Das Konzil zu Konstanz. Verbrennung des Reformers Jan Hus[1].

1415 / Frankreich: Heinrich V. fiel in Frankreich ein[1].

1415 / Portugal: Erste portugiesische Eroberungen in Afrika[2].

1415-1416 / Genter Altar: Jodocus Vijd zum zweiten Mal Miglied des Genter Rates[1].

1417 / Schisma: Mit der Wahl Papst Martin V. endete das große Schisma[1].

1417 / Genter Altar: Es wird angenommen, daß Jan van Eyck zu diesem Zeitpunkt die Ausmalung des Turiner Stundenbuches abgeschlossen hat[2].

1418 / Burgund: Heinrich V. von England belagerte Rouen. Frankreich war zu diesem Zeitpunkt faktisch geteilt. Die Burgunder unter Johann Ohnefurcht kontrollierten Paris und ermordeten den Grafen von Armagnac und andere[1].

1419 / Burgund: Die Engländer eroberten Rouen. Johann Ohnefurcht versuchte daraufhin, sich mit dem Dauphin zu verständigen, um gemeinsam die Engländer zu vertreiben. Er wurde bei der Zusammenkunft auf der Yonnebrücke zu Montereau von Anhängern des Dauphins ermordet. Es kam unter dem neuen Herzog Philipp dem Guten zum endgültigen Bruch zwischen Frankreich und Burgund[1].

1419-1420 / Genter Altar: Mutmaßliche Aussöhnung zwischen Jodocus Vijd und Philipp dem Guten.

1420-1440: Fertigung der Meßornate des Ordens vom Goldenen Vlies, die sich heute in der Weltlichen Schatzkammer Wien befinden[1]. Eine präzise Datierung liegt nicht vor.

1420 / Genter Altar: Beginn der Ausschmückung der Vijd-Kapelle im St. Bavo. Etwa zu dieser Zeit dürfte die Auftragsvergabe für den Genter Altar anzusiedeln sein[1].

1420 / Genter Altar: Angebliche, nicht durch seriöse Quellen zu belegene Palästinareise Jan van Eycks[2].

1420 / Christusritter: Die päpstliche Bulle Apostolice Dignatis Specula erteilte dem portugiesischen König Johann I. seinem Sohn Heinrich dem Seefahrer und Herzog von Viseu mit dem Titel eines Administrators der Christusritter zu betrauen. Faktisch ging damit das Großmeisteramt des Ordens an die portugiesische Krone über. Mit der militärischen und wirtschaftlichen

Macht des Ordens im Rücken trieb Heinrich die portugiesische Expansion in Afrika voran[3].

1420 / Burgund: Zusammenkunft von Heinrich V. von England, Philipp dem Guten und Königin Isabella von Frankreich in Troyes. Heinrich V. heiratete Isabella und wurde als Thronfolger in Frankreich durch den Vertrag von Troyes anerkannt. Zusammen mit dem geisteskranken Karl VI. zog er in Paris ein[4]. Indem sich Herzog Philipp der Gute mit dem Vertrag von Troyes auf die englische Seite schlug, wurde sein Lehensverhältnis zu Frankreich hinfällig und er begann mit einer souveränen burgundischen Großmachtpolitik. Seine Aussöhnung mit den französischen Valois durch den Vertrag hatte freilich nur formellen Charakter[5].

1422 / Frankreich: Der Tod von Heinrich V. von England und Karl VI. von Frankreich löste in Frankreich erneut Thronwirren aus. Die Mehrheit der Franzosen hielt zu Karl VII. während Heinrich VI. zum König ausgerufen wurde, für den zunächst dessen Oheim Johann von Bedfort die Regentschaft führte[1].

1422 / Burgund: Tod der ersten Frau Philipp des Guten, Michelle von Frankreich[2].

1422-1424 / Genter Altar: Jan van Eyck war in dieser Zeit für den im Haag residierenden Johann von Bayern, Graf von Holland, tätig und malte dessen Residenz aus[1].

1424 / Burgund: Philipp der Gute heiratete seine zweite Frau Bonne d´Artois aus Interesse am Elsaß[1].

1424-1425 / Genter Altar: Jodocus Vijd begleitete den Herzog Philipp den Guten auf dessen Reise nach Holland und Seeland[1].

1425 / Genter Altar: Dienstantritt Jan van Eycks beim Herzog Philipp von Burgund (*dem Guten*). Er erhielt den Status eines Kammerherrn („Va(r)let de chambre")[1].

1425 / Burgund: Tod der zweiten Frau Philipp des Guten, der nach wie vor ohne männlichen Erben war[2].

1425-1426 / Genter Altar: Jodocus Vijd zum dritten mal Mitglied des Genter Rates[1].

1426 / Burgund: Philipp der Gute besiegte die Anhänger Jakobäas von Bayern in der Schlacht von Brouwershaven[1].

1426 / Genter Altar: Jan van Eyck im Auftrag des

Herzogs auf einer Geheimreise (Dokumente bezeichnen diese als „certain longtain voiage secret")[2].

1426 / Genter Altar: Gemäß der Inschrift der 1578 zerstörten Grabplatte in der Vijdkapelle war der 18. September 1426 der Todestag von Hubert van Eyck, dem mutmaßlichen Bruder Jans[3].

1427 / Portugal: Die Azoren wurden entdeckt und kolonisiert[1].

1427 / Genter Altar: Jan van Eycks zweite geheime Reise. Für den 18.10. ist Jans Aufenthalt in Doornik belegt. Dies kann als Indiz für einen vorherigen Aufenthalt auf der iberischen Halbinsel gewertet werden, da dort zwei Tage später eine Delegation des Herzogs eintraf, die gerade von einer Reise nach Aragon, Barcelona und Valencia zurückkehrte[2]. Man nimmt an, daß er in Doornik Robert Campin, den die Forschung im allgemeinen mit dem „Meister von Flémalle" gleichsetzt, Roger van der Weyden und Jacques Daret traf bzw. kennenlernte[3].

1428 / Burgund: Von Jakobäar von Bayern erwarb Philipp der Gute mit dem Delfter Vertrag die Grafschaft Hennegau, Holland und Zeeland als Landvogt und Erbe[1].

1428 / Genter Altar: Dritte Reise Jan van Eycks im Auftrag Philipps des Guten. Sie führte ihn nach Portugal an den Hof des Königs Johann. Jan erstellte zwei Portraits der Infantin Isabella, um deren Hand Philipp der Gute anhielt[1]. Gesichert ist auf dieser Reise ein Aufenthalt von Oktober 1428 bis 1429. Einzelne Stationen konnten rekonstruiert werden: Abreise von Sluis am 19. Oktober 1428, Empfang in Lissabon, Wallfahrt nach Santiago de Compostella, Besuch bei König Juan II. in Kastilien in Valladolid, Besuch des Herzogs von Ajona und des Königs von Granada[2].

1429 / Frankreich: Jeanne d´Arc am Hof Karl VII in Chinon. Ihr gelang die Befreiung von Orleans und sie führte den Dauphin zu seiner Krönung nach Reims[1].

1430 / Burgund: Heirat von Philipp dem Guten und Isabella von Portugal. Anläßlich der Vermählung stiftete er den Orden vom Goldenen Vlies, deren erster Großmeister er wurde[1].

1430 / Genter Altar: Jan van Eyck ließ sich in Brügge nieder[2].

1430 / Burgund: Burgundischen Soldaten gelang die Verhaftung von Jeanne d´Arc[3].

1430 / Burgund: Isabella gebar Philipp dem Guten einen ersten Sohn, der jedoch nach etwa einem Jahr verstarb[4].

1430-1431 / Genter Altar: Jodocus Vijd zum vierten mal Mitglied des Genter Rates[1].

1431 / Goldenes Vlies: 1. Vlies-Kapitel: Lille[1].

1431 / Genter Altar: Jan van Eyck fertigte eine Portraitzeichnung des Kardinal Nicola Albergati, der wegen Friedensverhandlungen zwischen England und Frankreich vom 8. bis 11. Dezember in Brügge weilte[2].

1431 / Burgund: Isabella von Portugal gebar Philipp dem Guten einen zweiten Sohn, der aber ebenso wie der erste nach gut einem Jahr verstarb[3].

1432 / Genter Altar: Jan van Eyck malte und signierte den „Timotheus"[1].

1432 / Goldenes Vlies: 2. Vlies-Kapitel: Brügge[2].

1432, 6. Mai / Genter Altar: Weihe des Genter Altars im heutigen St. Bavo zu Gent[3]. Der Altarstifter Jodocus Vijd war an diesem Tag zugleich Taufpate des zweiten Sohnes „Joos" von Philipp dem Guten und Isabella von Portugal (siehe auch 1431 / Burgund)[4].

1433 / Jan van Eyck: „Der Mann mit dem Turban"[1].

1433 / Goldenes Vlies: 3. Vlies-Kapitel: Dijon[2].

1433 / Burgund: Philipp der Gute konnte Burgund bis 1433 auch das Erbe der Wittelsbacher mit Holland, Hennegau und Zeeland sichern[3].

1433 / Burgund: Am 11. November wurde Philipp dem Guten ein dritter Sohn geboren, der spätere Karl der Kühne[4].

1433-1434 / Gent: Jodocus Vijd Bürgermeister von Gent. Ein Aufstand der Genter Unterschicht wurde von ihm vereitelt[1].

1434 / Jan van Eyck: „Die Hochzeit des Giovanni Arnolfini und der Giovanna Cenami"[1].

1435 / Jan van Eyck: „Die Madonna des Kanzlers Rolin"[1].

1435 / Genter Altar: Bereits 1435 fand vor dem Genter

Altar täglich eine Messe statt[2].

1435 / Goldenes Vlies: 4. Vlies-Kapitel: Brüssel[3].

1435 / Jan van Eyck: Auftrag an Jan van Eyck für farbige Fassung der Fassadenstatuen des Rathauses in Brügge[4] (neben der Heilig-Blut-Basilika).

1435 / Burgund: Herzog Philipp der Gute erwarb die Picardie und konnte die burgundische Lehensabhängigkeit vom römisch-deutschen Kaisertum beenden[5].

1435 / Burgund: Friedenskongreß von Arras: Der Friede zwischen England und Frankreich kam nicht zustande, jedoch kam es zur Aussöhnung zwischen Philipp dem Guten und Karl VII. von Frankreich, der ihm unter anderem Städte an der Somme verpfändete und der Lehenspflicht entbindete.

1436 / Goldenes Vlies: 5. Vlies-Kapitel: Lille[1].

1436 / Frankreich: Paris wieder in den Händen Karl VII[2].

1436 / Jan van Eyck: Erneut eine geheime Reise Jan van Eycks, Zielort unbekannt[3].

1438 / Burgund: Herzog Philipp der Gute konnte das Erbe der Luxemburger an sich bringen[1].

1438 / Portugal: Nachdem König Eduard an der Pest verstarb, übernahm Peter von Coimbra die Regierungsgeschäfte für den minderjährigen neuen König[2].

1439 / Gent: Tod des Jodocud Vijd[1].

1440 / Goldenes Vlies: 6. Vlies-Kapitel: Saint-Omer[1].

1440 / Frankreich: „La Prauerie", eine Verschwörung gegen Karl VII[2].

1441 / Jan van Eyck: Der am 9.7. verstorbene Jan van Eyck wurde in der St. Donatiankirche beigesetzt[1]. Die Grabinschrift lautet: `Hier licht Mr. Joannes de Eijcke den aiderconstichsten meester van schilderijen die in dese Nederlanden gheweest heeft die starf anno 1441` Hier liegt der Meister Jan van Eyck, der kunstfertigste Maler, den es je in den Niederlanden gab, der im Jahr 1441 starb[2].

1442 / Jan van Eyck: Jan van Eycks Grab wurde auf Initiative der Familie ins Kircheninnere in die Nähe des Taufsteins verlegt[1].

1443 / Gent: Tod Elisabeth Borluuts, der Frau von Jodocus Vijd. Die Ehe blieb kinderlos[1].

1445 / Goldenes Vlies: 7. Vlies-Kapitel: Gent[1].

1445 / Segovia: Gründung des Klosters El Parral zu Segovia. Das Kloster ging auf die Einsiedelei Santa Maria de los Huertos zurück[2], die Gründung auf Juan Fernandez Pacheco, einem Günstling Heinrichs IV. von Kastilien[3].

1447 / Burgund: Philipp der Gute nahm mit Kaiser Friedrich Verhandlungen zwecks seiner Erhebung zum König auf, die jedoch ohne nützliches Ergebnis verliefen[1].

1447 / Portugal: Kap Verdes wurde nach seiner Entdeckung dem Christusorden zur Besiedlung übergeben[2].

1448-1453 / Frankreich: Die Engländer wurden immer weiter aus Frankreich zurückgedrängt[1].

1449 / Kirche: Ende des Baseler Konzils[1].

1450 / Goldenes Vlies: Darstellung Karl des Kühnen von Burgund als Souverän der Versammlung des Ordens vom Goldenen Vlies. Miniatur im „Buch des Ordens" von Guillaume Filastre, um 1450[1]. Die Datierung ist verwirrend, da Karl der Kühne erst später Großmeister des Ordens wurde[2]. Er war zu diesem Zeitpunkt jedoch schon in Stellvertretung leitend tätig.

1450-1452 / Kreuzzüge: Kardinal Nikolaus von Cues (1401-1464) reiste als päpstlicher Legat durch Deutschland und die Niederlande, um den Jubelablaß und den Kreuzzug gegen die Türken zu predigen[1].

1451 / Goldenes Vlies: 8. Vlies-Kapitel: Mons[1]. Auf dem Kapitel hielt Jean Germain, Bischof von Chalon, eine kraftvolle Rede für einen Kreuzzug und zur Rettung Byzanz. Dieser wurde sogar zu Karl VII. entsandt, um die Möglichkeit einer Mitwirkung zu prüfen. Dem französischen König ließen sich jedoch nur leere Versprechungen entlocken[2].

1453 / Gent: Durch die Schlacht an der Schelde errang Herzog Philipp der Gute einen entscheidenen Sieg gegen das erneut aufständische Gent. Er ließ die Ratsherren im Büßerhemd vor die Stadt ziehen und um Gnade bitten. Erst nach der Schlacht von 1453 akzeptierte Gent die Herrschaft der Herzöge[1].

1453 / Frankreich: Ende des Hundertjährigen Krieges. Nur Calais verblieb in englischer Hand[2].

1453 / Kreuzzüge: Da Hilfe aus Burgund wegen des

Genter Aufstandes ausblieb, konnte Sultan Mohammed II Konstantinopel erobern und benannte es in Istanbul um[3].

1454 / Kreuzzüge: Auf dem Hoffest zu Lille ließ sich Philipp der Gute das Kreuzzugsgelübde gegen die Türken abnehmen[1].

1454 / Genter Altar: Erstmalige Erwähnung der Tafel des Lebensbrunnens in einem Schenkungsverzeichnis des gerade errichteten Klosters El Parral, Segovia. Als Stifter des ausdrücklich als flämische Tafel bezeichneten Werks wird Heinrich IV. von Kastilien genannt[2].

1454 / Kreuzzüge: Philipp der Gute folgte dem Aufruf Kaiser Friedrichs III. an die Fürsten der Christenheit zum 23. April nach Regensburg, um den Kreuzzug gegen die Türken vorzubereiten und ergreift alle erdenklichen Vorbereitungen. Er entsandte Kanzler Rolin und Antoine de Croy zu König Karl VII., um das Reichsbanner Frankreichs, die Orriflamme, zu erbitten. Der Kreuzzug fand nicht statt, da der französische König sich durch den englisch-französischen Krieg gebunden sah[3].

1456 / Burgund: Mit der Belagerung Deventers begann die Eroberung von Friesland durch Philipp den Guten[1].

1456 / Goldenes Vlies: 9. Vlies-Kapitel: Haag[2].

1456 / Christusorden: Durch verschiedene päpstliche Bullen wurden dem Christusorden Privilegien und Rechte in den eroberten Gebieten zugesprochen[3].

1458 / Genter Altar: Einzug Philipps des Guten in Gent am 23. April. Der Genter Altar wurde als lebendes Bild nachgestellt[1].

1460 / England: Beginn der Rosenkriege in England zwischen Hause York und dem Haus Lancaster[1].

1460 / Christusorden: Nach dem Tode Heinrichs des Seefahrers folgte ihm 1460 der Herzog von Viseu, D. Fernão, ein Bruder Königs Alfons V. im Amt des Administrators, so daß die weltliche Führung des Ordens in der königlichen Familie verblieb[2].

1461 / Frankreich: Tod Karl VII. von Frankreich. Ludwig XI kehrte (von Philipp dem Guten begleitet) nach Frankreich zurück[1].

1461 / England: König Heinrich VI. von England entthront. Eduard IV. aus dem Hause York König von

England[2].

1461 / Burgund: Philipp der Gute präsentierte die Teppiche mit Darstellungen der Geschichte Gideons, des Schutzherren des Goldenen Vlieses[3].

1461 / Goldenes Vlies: 10. Vlies-Kapitel: Saint-Omer[1].

1462 / Gent: Im heutigen St. Bavo erfolgt die Grundsteinlegung für den Turm[1].

1463 / Burgund: Ludwig XI. löste die Städte an der Somme aus der burgundischen Pfandschaft[1].

1465 / Burgund: Karl Graf von Charolais, der spätere Karl der Kühne, verbündete sich mit französischen Prinzen, um gegen Ludwig XI. Krieg zu führen[1].

1467 / Burgund: Tod Philipps des Guten. Karl der Kühne neuer Herzog und Großmeister des Goldenen Vlieses[1].

1468 / Goldenes Vlies: 11. Vlies-Kapitel: Brügge[1].

1470 / England: Heinrich VI. wieder auf englischem Thron. Flucht Eduards IV. in die Niederlande[1].

1471 / England: Eduard IV. kehrte mit burgundischer Hilfe nach England zurück. Die Partei der Lancaster bei Tewkesbury endgültig geschlagen[1].

1471 / Burgund: Tod Isabella von Portugals[2].

1473 / Burgund: Karl der Kühne brachte das Herzogtum Geldern in seine Gewalt. Bündnis der Reichsstädte im Elsaß und die Bischöfe am Oberrhein zur Wahrung ihrer Freiheiten gegen Burgund[1].

1473 / Goldenes Vlies: 12. Vlies-Kapitel: Valencia[2].

1474 / Burgund: Der Frieden zwischen Schweizern und Österreichern sah die Lösung des Elsaßes aus der burgundischen Pfandschaft vor. Karl der Kühne verweigerte sich, diesem zuzustimmen. Nachdem sein Statthalter Peter von Hagenbach getötet wurde, kam es zum Krieg Burgunds gegen die Schweizer und ihre Verbündeten[1].

1474 / Segovia: Nach dem Tod Heinrichs IV. ließ sich Isabella die Katholische im Alcazar von Segovia zur Königin von Kastilien ausrufen[2].

1475 / Burgund: Die Belagerung von Neuß durch Karl den Kühnen verlief erfolglos. Ludwig XI. von Frankreich verbündete sich mit den Schweizern. Karl erhielt

Unterstützung von Eduard IV. Der deutsche Kaiser bezog zunächst gegen Burgund Stellung, ließ sich dann aber von Karl genauso wie Ludwig XI. zur Neutralität bewegen[1].

1476 / Burgund: Karl der Kühne eroberte Lothringen und zog dann gegen die Schweizer[1].

1476-1477 / Portugal: Die Portugiesen wurden in die kastilischen Thronstreitigkeiten verwickelt[1].

1477 / Burgund: In der Schlacht gegen Herzog Réne II. von Lothringen kam Karl der Kühne bei Nancy zu Tode. Das Herzogtum Burgund wurde darauf hin von Ludwig XI. an die Krone gezogen und dieser besetzte umgehend die Freigrafschaft, die Pikardie, Artois und Hennegau[1].

1477 / Burgund: Am 19. August vermählte sich Maria von Burgund mit Maximilian, dem Sohn des römisch-deutschen Kaisers, im heutigen St. Bavo zu Gent. Schon am 21. April wurde die Heirat aufgrund der prikären Situation per procurationem vollzogen[2].

1477 / Gent: Durch die Hochzeit von Maria von Burgund mit dem späteren Kaiser Maximilian erbten die Habsburger Gent, dessen Kaufleute jedoch erneut um ihre Unabhängigkeit kämpften und sich erst 1492 ergaben[3].

1478 / Goldenes Vlies: Maximilian wurde Großmeister des Ordens vom Goldenen Vlies, den die Habsburger miterbten und zu ihrem Hausorden machten[1].

1478 / Goldenes Vlies: 13. Vlies-Kapitel: Brügge[2].

1479 / Portugal: Im Frieden von Alcáçovas verzichtete die portugiesische Seite auf alle Ansprüche auf den kastilischen Thron[1].

1481 / Goldenes Vlies: 14. Vlies-Kapitel: Bois-le-Duc[1].

1481 - 1495 / Portugal: Mit großer Härte setzte Johann II. die Macht der Krone gegen den Adel und die Kirche durch[1].

1482 / Habsburg: Durch den Tod Maria von Burgunds wurde deren Sohn Philipp der Schöne zum neuen Herzog von Burgund. Die Regentschaft für den Minderjährigen übernahm Kaiser Maximilian[1].

1482 / Goldenes Vlies: Der erst 1478 geborene Philipp

der Schöne wurde Großmeister des Goldenen Vlieses[2].

1482 / Portugal: Durch die Gründung der Festung São Jorge da Mina Elmina an der Goldküste verdoppelten sich die Einnahmen der Krone. Starke Expansion des Sklaven-, Gold- und Gewürzhandels[3].

1484 / Christusritter: Unter ihrem Großmeister (und künftigen portugiesischen König Manuel I.) wurde der Kreuzgang und die Christusritterkirche zu Tomar gebaut. Architekt war Diogo de Arruda[1].

1485 / England: Ende der Rosenkriege durch den Tod Richard III. aus dem Hause York. Mit Heinrich Tudor konnten als Heinrich VII. die Thronansprüche der Lancaster und York vereinigt werden.

1486 / Habsburg: Maximilian wurde zum römischen König gewählt[1].

1488 / Portugal: Die Portugiesen erreichten erstmals das Kap der Guten Hoffnung[1].

1491 / Frankreich: Krieg zwischen Maximilian und Karl VIII. von Frankreich[1].

1491 / Goldenes Vlies: 15. Vlies-Kapitel: Malines[2].

1495-1521 / Christusritter: Während der Regentschaft von Manuel wurde Tomar reich ausgestattet[1].

1492 / Spanien: Christoph Columbus im Auftrag Spaniens in Amerika, nachdem König Johann II. von Portugal ihn abgewiesen hatte[1].

1492 / Spanien: Als letzte Besitzung der Mauren wurde Granada von Ferdinand von Aragon und Isabella von Kastilien erobert[2].

1492 / Spanien: Vertreibung der spanischen Juden[3].

1493 / Habsburg: Friede von Senlis zwischen Maximilian und Frankreich. Tod Friedrich III., Maximilian neuer Kaiser[1].

1493 / Portugal-Spanien: Päpstliche Bulle bzgl. der Verteilung der überseeischen Länder zwischen Portugal und Spanien[2].

1494 / Portugal-Spanien: Vertrag von Tordesillas. Einigung zwischen Portugal und Spanien bzgl. Einflußsphären in Afrika und Amerika[1].

1496 / Portugal: Vertreibung der portugiesischen Juden[1].

1496 / Spanien: Erzherzog Philipp der Schöne vermählte sich mit Johanna von Aragonien[2].

1496 / Christusorden: Papst Alexander VI. erteilte den Christusrittern den Dispens vom Zölibat, sowie 1505 den Dispens vom Gelübde der Armut und trug so der stürmischen Entwicklung des Ordens Rechnung[3].

1497 / Portugal: Vasco da Gama fand den Seeweg nach Indien[1].

1498 / Frankreich: Tod Karl VIII. von Frankreich. Mit Ludwig XII. kam die Linie Valoi-Orléans auf den Thron. Ludwig XII. eroberte kurz darauf Mailand, was zu langwierigen Streitigkeiten mit den Habsburgern um Norditalien führte[1].

1500 / Gent: Der spätere Karl V. wurde als Sohn Philipps des Schönen und Johannas von Aragonien in Gent geboren und im heutigen St. Bavo getauft[1].

1500 / Spanien: Infant Miguel, Sohn Manuel I. von Portugal und Isabellas von Spanien, gestorben. Karl V. somit Erbe Spaniens[2].

1501 / Goldenes Vlies: 16. Vlies-Kapitel: Brüssel.

1503 / Habsburg: Geburt Ferdinands, des Bruders Karls V[1].

1504 / Spanien: Das Königreich Neapel ging nach französisch-spanischen Kämpfen an Spanien[1].

1504 / Spanien: Nachdem am 26. November Isabella von Kastilien verstorben war, folgte ihr Philipp der Schöne als Philipp I. auf den Thron[2].

1505 - 1515 / Portugal: Aufbau des portugiesischen Kolonialreichs in Asien[1].

1505 / Goldenes Vlies: 17. Vlies-Kapitel: Middelbourg[1].

1506 / Goldenes Vlies: Karl V. Großmeister des Goldenen Vlieses[1].

1507 / Goldenes Vlies: Adrian von Uetrecht (ab 1522 Papst Hadrian VI.) und Wilhelm de Croy als Erzieher Karl V. am Hof der Erzherzogin Margarete[1].

1507 / La Vera Cruz: Mögliches Erbauungsjahr des Turmes von La Vera Cruz[2].

1507 / Habsburg: Karl V. wurde am 18. Juli zum Herzog von Burgund und Grafen von Flandern gekrönt. Am nächsten Tag erfolgte seine Proklamation zum König von Kastilien[3].

1509 / Portugal: Mit der Vernichtung einer arabischen

Flotte vor Diu sicherte sich Portugal die totale Herrschaft über den Indischen Ozean[1].

1510 / Reformation: Martin Luther in Rom[1].

1511 / Frankreich: Heiliger Bund zwischen Papst Julius II., Venedig und Spanien gegen Frankreich[1].

1513 / Frankreich: Nach dem Tod Ludwig XII. eroberte Franz I. als neuer französischer König Mailand und erlangte Vorherrschaft in Oberitalien gegenüber den Habsburgern[2].

1515 / Goldenes Vlies: 18. Vlies-Kapitel: Brüssel[1].

1516 / Spanien: Durch den Tod seines Großvaters Ferdinand wurde Karl V. König von Kastilien (das er mit seiner für geisteskrank erklärten Mutter regierte), Aragonien, Navarra, Granada, Neapel, Sizilien, Sardinien und den spanischen Kolonien in der neuen Welt. Da er erstmals in einer Person die Kronen von Kastilien und Aragonien vereinte, gilt er als erster (aber inoffizieller) König von Spanien[1].

1516 / Christusorden: Mit der Bulle Constanti fidei übertrug Papst Leo X. die Verwaltung aller Meisterämter der drei portugiesischen Ritterorden am 30. Juni auf Lebzeiten dem portugiesischen König Manuel. Damit erlangte die Krone endgültig Zugriff auf die Besitztümer des Christusordens in Übersee. Beim Tod Manuels im Jahr 1521 besaß der Orden 454 Komtureien. Mit der Ernennung von König Johann III. zum Großmeister und Administrator im Jahr 1521 traten 991 neue Ritter dem Orden bei[2].

1517 / Reformation: Luther schlägt an der Schloßkirche zu Wittenberg seine Ablaß-Thesen an[1].

1517 / Genter Altar: Antonio de Beatis (Begleiter des Kardinals Luigi d'Aragona) rühmte in seinem Reisebericht den Genter Altar als „das schönste Werk der Malerei in der Christenheit". Er bezeichnete es allerdings als Himmelfahrt der Mutter Gottes, die ein Meister „Robert" nicht mehr habe vollenden können, weil er vorher starb[2].

1519 / Habsburg: Nach Maximilians Tod wurde Karl V. am 28. Juni in Abwesenheit zum römisch-deutschen Kaiser gewählt[1].

1519 / Goldenes Vlies: 19. Vlies-Kapitel: Barcelona[2].

1519 / Spanien: Veracruz wurde als erste spanische Niederlassung in Mexico von H. Cortes mit dem Namen Villa Rica de Vera Cruz gegründet[3].

1519 bis 1522 / Spanien: Weltumsegelung Magellans im spanischen Auftrag[1].

1520 / Habsburg: Zusammenkunft von Heinrich VIII. und Franz. I wegen Beratungen über eine Heirat Karls mit Maria Tudor[1].

1520 / Vera Cruz: Die Kreuzreliquie von La Vera Cruz wurde in ein eigens dafür gefertigtes steinernes Altarretabel in den Turm verlegt[2]. Eine Inschrift gibt Gonzalo Maldonado als Auftraggeber des Altars an[3]. Die Heilig-Kreuz-Kapelle selbst soll eine Stiftung von Dona Maria de Guzman gewesen sein, deren Erstbestattung innerhalb der Kirche überliefert ist[4].

1520 / Habsburg: Karl V. in Brüssel[5].

1520 / Segovia: Aufstand der „Comuneros" in Spanien während der Abwesenheit Karls V[6].

1520 / Habsburg: Krönung Karls zum Kaiser in Aachen am 23. Oktober. Dezember: Aufstände in Spanien niedergeschlagen[7].

1521 / Genter Altar: Albrecht Dürer besuchte den Genter Altar auf seinen Reisen durch die Niederlande und notierte: „... danach sah ich des Johannes Tafel, das ist ein überköstlich, hochverständig Gemäl, und sonderlich die Eva, Maria und Gott Vater sind fast gut.[1]"

1521 / Reformation: Karl V. verhängte auf dem Wormser Reichstag über Luther den Bann. Geheimvertrag zwischen Kaiser, Papst und englischen König[2].

1521-1526 / Frankreich: Erster Krieg Franz I. von Frankreich gegen Karl V[1]. Der Krieg wurde in erster Linie um Norditalien ausgetragen, Kämpfe fanden aber auch von spanischer Seite und in den Niederlanden statt[2].

1522 / Vliesorden: Karls Erzieher Adrian von Uetrecht wurde als Hadrian VI. Papst[1].

1522 / Habsburg: Karl V. übertrug Herrschaft über die österreichischen Erblande an seinen Bruder Ferdinand. Nach der Ratifizierung seines Bündnisses mit Heinrich VIII. wurde seine Verlobung mit Maria Tudor bestätigt. Rückkehr Karls nach Spanien[2].

1522 / Johanniterorden: Nachdem Süleyman die Insel Rhodos eroberte, stellte Karl V. den Johannitern die Insel Malta als Wohnsitz und Terretorium zur Verfügung[3].

1522 / Christusorden: Erste Indizien für die Trennung des Christusordens in einen religiösen, der Kurie unterstehenden und einen weltlichen, von den portugiesischen Königen bzw. deren republikanischen Nachfolgern dominierten Zweig[4],

1522 / Habsburg: Im erstem Testament von 1522 bestimmte Karl V., man möge ihn an der Seite seiner Vorfahren Philipp und Karl in Dijon, der alten Hauptstadt des Herzogtums, begraben[5].

1523 / Habsburg: Bündnisse Karl V. mit Venedig. Papst Hadrian VI. und Erzherzog Ferdinand v. Österreich gegen Franz I. (Papst Hadrian im September gestorben)[1].

1524-1526 / Reformation: Zwischen 1524 und 1526 wurde das Reich vom deutschen Bauernkrieg erschüttert. Entstehung des luthertreuen Schmalkaldischen Bunds[1].

1525 / Frankreich: Karl V. nahm Franz I. in der Schlacht bei Pavia gefangen[1].

1526 / Frankreich: Franz I. unterzeichnete den Vertrag von Madrid und verzichtete darin auf seine Ansprüche in Norditalien. Er kam frei, wurde jedoch später wortbrüchig[1].

1526 / Habsburg-Portugal: Heirat Karls V. mit Isabella, Schwester von Johann III. von Portugal, der kurz vorher Karls Schwester Eleonore geehelicht hatte. Aus Karls Ehe ging der spätere Philipp II. als Sohn hervor[2].

1526-1529 / Frankreich: Zweiter Krieg Franz I. gegen Karl V[1].

1527 / Habsburg: Geburt des späteren Philipp II. von Spanien in Valladolid[1].

1529 / Türken: Die Türken mit einer Armee von 120.000 Mann vor Wien. Karl V. kam aufgrund des Konflikts mit Frankreich um Norditalien jedoch nicht zur Hilfe[1].

1529 / Reformation: „Protestation" der evangelischen Reichsstände (Protestanten) auf dem Reichstag zu Worms[2].

1529 / Frankreich: Niederlage Frankreichs in der

Schlacht von Landriano. Im sogenannten „Damen-Frieden" verzichtet Frankreich auf alle Ansprüche in Italien gegenüber Karl V.[3].

1530 / Habsburg: Karl V. ließ sich vom Papst zum Kaiser krönen[1].

1530 / Johanniterorden: Offizielle Verlegung des Ordenssitzes nach Malta. Der Orden nannte sich von nun an „Malteser"[2].

1531 / Habsburg: Karls Bruder Ferdinand römisch-deutscher König[1].

1531 / Vliesorden: 20. Vlies-Kapitel: Tournai[2].

1531 / Vera Cruz: Die Grabkirche wurde am 4. September dem Malteserorden zugeschrieben. Am 23. September erfolgte die offizielle Übergabe[3]. Den vorherigen Besitzstatus klärte diese Beurkundung aber nicht auf. Die Kirche dürfte sich möglicherweise zuvor im Besitz der Johanniter befunden haben, deren Umbenennung 1530 in Malteser wohl eine solche Amtshandlung nötig machte.

1532 / Christusritter: Zwischen 1532 und 1618 wurde die Ordensburg mehrfach ausgebaut und umgestaltet[1].

1532 / Reformation-Türken: Um Kapazitäten zur Bekämpfung der „Türkengefahr" mobilisieren zu können, schloß Karl V. mit den protestantischen Reichsständen den Nürnberger Religionsfrieden[2].

1532 / Türken: Vertreibung der Türken durch Karl V. in Wien[3].

1532 / Christusorden: Bereits Ende des Jahres 1532 wurde unter Johann III. eine Institution, die Mesa da Consiência (Ausschuß oder Rat des Gewissens), gegründet, die mit der Verwaltung der Ritterorden im Auftrag des Königs befaßt war. Für den Christusorden galten in diesem Zusammenhang noch einige Sonderbedingungen. So blieben z. B. die Angelegenheiten des Konvents von Tomar als Hauptsitz des Ordens (sowie die des dazugehörenden Lissabonner Klosters Mosteiro da Luz) außerhalb des Einflußes der Behörde[4].

1533 / Gent: Der Rest des Mittelschiffs des heutigen St. Bavo wurde abgetragen und mit dem Bau des gotischen Querschiffes und dreischiffigen Langhauses begonnen[1].

1533 / Habsburg: Karl V. zurück in Spanien[2].

1535 / Türken: Wichtiger Sieg und Eroberung von Tunis durch Karl V.

1536 / Portugal: Einführung der Inquisition[1].

1536 / Türken / Frankreich: Bündnis Franz I. mit Süleyman gegen Karl V[2].

1538 / Türken: Heilige Liga gegen die Türken. Friedensverhandlungen zwischen Karl V. und Franz I. Vereinbarung eines 10-jährigen Waffenstillstands[1].

1538 / Gent: Der Turm des heutigen St. Bavo wurde vollendet[2].

1539 / Gent: Aufstand der Kaufleute. Karl in den Niederlanden. Die Anführer des Aufstands wurden am Gravensteen geköpft[1].

1539 / Kreuzzüge: Karl V. gab den Gedanken an einen Kreuzzug auf[2].

1539 / Habsburg: Karl V. ernannte seinen Sohn Philipp zum Regenten in Spanien[3].

1540 / Frankreich: Einzug Karls V. in Paris[1].

1540 / Gent: Karl V. im Februar in Gent. Er beschloß die Errichtung eines gewaltigen Sperrwerks anstelle der St.Bavo-Abtei, die daraufhin zur Kirche St. Jan verlegt wurde. Daher Umbenennung des St. Jan in St. Bavo[2].

1541 / Türken: Erfolgloser Feldzug Karl V. gegen Algier[1].

1542-1544 / Frankreich: Vierter Krieg Franz I. gegen Karl V[1].

1542 / Spanien-Portugal: Verhandlungen bzgl. einer Heirat Philipp II. mit Manuela von Portugal[1].

1543 / Spanien-Portugal: Heirat Philipp II. mit Manuela von Portugal, mit der er einen Sohn, Don Carlos, bekam[1].

1543 / Frankreich: Beistandspakt Heinrichs VIII. von England und Karl V.[2].

1544 / Frankreich: Friede von Crépy. Erneuter Verzicht Frankreichs auf Norditalien[1].

1545 / Reformation: Mit der Eröffnung des Konzils von Trient begann die Gegenreformation. Karl V. konnte für die katholische Seite einige der Fürsten des Reichs gewinnen[1].

1545 / Habsburg: Tod der ersten Frau Philipps II.[2].

1546 / Vliesorden: 21. Vlies-Kapitel: Utrecht[1].

1546 / Reformation: Tod Luthers. Kapitulation von Ulm, Augsburg und Straßburg vor kaiserlichen Truppen im schmalkaldischen Krieg[2].

1547 / Frankreich: Nach dem Tod Franz I. von Frankreich Heinrich II. neuer König[1].

1547-1548 / Reformation: Auf dem „geharnischten Reichtstag" scheiterte die Gründung eines Reichsbundes unter Führung des Kaisers[1].

1548 / Niederlande: Ausgliederung der siebzehn Provinzen der Niederlande aus dem Reich durch Karl V[1].

1550 / Genter Altar: Einem Bericht von M. van Vaernewijk von 1568 zufolge, wurde bei Restaurierungsarbeiten durch Lancelot Blondeel und Jan van Scorel eine mit Wasserfarben gemalte Predella des Genter Altars mit Darstellungen der Hölle zerstört[1].

1550 / Habsburg: Philipp II. als Erbe der Niederlande anerkannt. Maria von Ungarn in Vermittlung um die Nachfolgefrage zwischen Karl V. Philipp, Ferdinand und Maximilian[2].

1551 / Habsburg: Bündnis deutscher Fürsten gegen den Kaiser. Vereinbarung über die Nachfolge im Reich von Ferdinand nicht erfüllt. Kriegserklärung Frankreichs. Beistandspakt deutscher Fürsten mit Heinrich II. von Frankreich[1].

1551 / Christusorden: Könige Portugals von nun an zugleich Großmeister des Christusordens[2].

1552-1556 / Frankreich : Krieg Karls V. gegen Frankreich[1].

1552 / Reformation-Frankreich: Im Vertrag von Chambord wurden Heinrich II. von Frankreich durch deutsche protestantische Fürsten Metz, Toul und Verdun zugesprochen. Augsburg geriet in die Hand des aufständischen Kurfürsten Moritz von Sachsen. Karl V. floh nach Lienz und Villach. Feldzug Karls durch Bayern mit Unterstützung des Herzogs von Alba und des Markgrafen von Brandenburg. Belagerung von Metz. Vertrag von Passau sicherte Protestanten freie Religionsausübung bis zum nächsten Reichstag zu[1].

1553 / England: Maria Tudor englische Königin. Katholische Restauration in England[1].

1554 / England-Habsburg: Maria Tudor die Katholische heiratete Philipp II. von Spanien, der für die Zeit dieser Ehe auch den Titel König von England trug[1].

1554 / Habsburg: Philipp II. erkannte Don Juan de Austria, den unehelichen Sohn Karl V. mit einer Regensburger Bürgerstochter, als seinen Halbbruder an[2].

1555 / Reformation: Im Augsburger Religionsfrieden Anerkennung des lutherschen Bekenntnisses in Deutschland durch Karl V.

1555 / Goldenes Vlies: Philipp II. Großmeister des Ordens vom Goldenen Vlies[2].

1555 / Goldenes Vlies: 22. Vlies-Kapitel: Anvers[3]

1556 / Spanien: Philipp II. durch Abdankung Karl V. König von Spanien[1].

1556 / Habsburg: Ferdinand I. durch Abdankung Karls V. neuer Kaiser[1].

1557 / Habsburg: Karl V. übersiedelte nach Yuste[1].

1557 / Portugal: Nach dem Tod Johanns III. von Portugal vermittelte Karl V. im Streit um die Erbfolge[2].

1557 / Frankreich: Philipp II. gelang am Tag des Hl. Laurentius ein vernichtender Sieg gegen die Franzosen in der Schlacht von St. Quentin[3], der Frankreich bis ins 16. Jhd. hinein unter spanische Hegemonie brachte. Die Habsburger auf dem Höhepunkt ihrer Macht.

1557 / Christusorden: Von diesem Jahr an waren die portugiesischen Könige zugleich Großmeister des Ordens[4].

1557-59 / Genter Altar: Anfertigung einer Kopie des Genter Altars durch M. Cocxie im Auftrag Philipps II. von Spanien[1].

1557-1580 / Christusorden: In Tomar wurde der alte Kreuzgang des Convento Christo durch königlichen Auftrag und nach Plänen von Diego de Torralva ersetzt. Filippo Terzi vollendete den Bau[1].

1558 / Habsburg: Tod Karl V.[1].

1558 / Habsburg: Nach dem Tod seiner zweiten Frau, der kinderlosen Maria Tudor, machte Philipp ihrer jüngeren Schwester Elisabeth I. von England Avancen, jedoch ohne Erfolg[2].

1558 / El Escorial: Philipp II. begann mit der Suche nach einem geeigneten Bauplatz für das El Escorial[3].

1558 / Segovia: Weihe der im Auftrag Karl V. neu

gebauten Kathedrale[4].

1559 / Goldenes Vlies: Unter Vorsitz des Großmeisters Philipp II. fand das 23. und letzte Kapitel des Ordens vom Goldenen Vlies im St. Bavo zu Gent statt[1]. Anläßlich des Vlieskapitels fertigte Lucas de Heere im Auftrag Philipps II. ein Bildnis der Königin von Saba und des Königs Salomon, der die Gesichtszüge des Auftraggebers zeigt. Das Bild befindet sich immer noch im St. Bavo über dem Doppelgrabmal der ersten zwei Bischöfe von Gent von 1595[2].

1559 / Genter Altar: Lucas de Heere verfaßte jene Ode auf den Genter Altar, in der er den vordersten Reiter der „Gerechten Richter" mit Hubert und den vierten mit Jan van Eyck identifizierte[3].

1561 / Gent: Gründung des Bistums Gent. St. Bavo wurde zum Dom promoviert[1].

1561 / Segovia-Madrid: Philipp II., der sich gern im Alcazar aufhielt, macht Madrid zur Haupt- und Residenzstadt[2].

1563 / El Escorial: Beginn der Bauarbeiten, nachdem Philipp II. im Vorjahr den Standort festgelegt hatte. Entworfen wurde El Escorial von Juan Bautista de Toledo, einem Schüler Michelangelos. Nach dessen Tod 1567 übernahm Juan de Herrera die Nachfolge und wurde so zum eigentlichen Schöpfer der Klosterresidenz[1].

1566 und 1578 Gent: Die Bilderstürmer zerstörten in St. Bavo prächtige Buntglasfenster mit denen Kaiser Karl. V, Maria von Ungarn, und Philipp II. die Kirche beschenkt hatten. Besonders die Krypta wurde in Mitleidenschaft gezogen[1].

1568 / Gent: Nachdem die Stadt Mitte des 16. Jahrhunderts an Philipp II. von Spanien gefallen war, erhoben sich die protestantischen Genter gegen die Spanier, die mit einem Terrorregime reagierten. Mit der Hinrichtung des Statthalters von Flandern, Lamoral Graf von Egmont, im Jahre 1568 wurde schließlich der Befreiungskampf unter Willem von Oranien ausgelöst[1].

1569 / Gent: Am 7. Juni nach längeren Baumaßnahmen Weihe des St. Bavo[1].

1570 / Segovia: Im Alcazar von Segovia heiratete Philipp II. mit riesigem Pomp seine dritte Frau Anna von

Österreich, mit der er fünf gemeinsame Kinder bekam. Es war bis auf den heutigen Tag das letzte Großereignis an diesem Ort[1]. Danach diente das Alcazar etwa 200 Jahre als Staatsgefängnis.

1571 / El Escorial: Der Teil, der als Kloster dienen sollte, wurde fast fertiggestellt[1].

1578 / Orden vom Heiligen Geist: Gründung bzw. Neuorganisation des Ordens vom Heiligen Geiste unter dem Vorsitz Heinrichs III von Frankreich[1].

1578 / Genter Altar: Zerstörung der Grabplatte des mutmaßlichen Bruders van Eycks[2].

1578 / Genter Altar: Genter Altar: Demontage und Transport ins Rathaus: Er war als Geschenk für Königin Elisabeth 1. von England vorgesehen. Dies wurde durch die Familie des Stifters verhindert[3].

1578 / Gent: St. Bavo wurde konfisziert und in eine protestantische Kirche umfunktioniert[4].

1580 / Spanien-Portugal: Philipp II durch Erbgang auch noch König von Portugal. Sein Erbrecht sicherte er mit einer Armee, die ihn ins Nachbarland begleitete. Portugal behielt seine verfassungsmäßigen Einrichtungen und blieb bis zu einem gewissen Grad autonom, aber auf föderativer Basis wurde es ein Teil des spanischen Reiches. Durch die Vereinigung beider Kronen gewann Philipp II die Herrschaft über die gesamte Pyrenäenhalbinsel und über das gigantische portugiesische Kolonialreich mit Schwerpunkt Ostasien[1].

1580 / Christusorden: In der Ordensburg Tomar des Christusordens soll Philipp II. zum König von Portugal gekrönt worden sein[2], dessen (weltlicher) Großmeister er damit zugleich wurde.

1580-1640 / Portugal: Die Kronen von Portugal und Spanien in Personalunion[1].

1582 / Vera Cruz: Restaurierung des Glockenturms[1].

1584 / El Escorial: Fertigstellung des El Escorial bis auf Ausschmückungsarbeiten[1].

1584 / Genter Altar: Mögliche Datierung einer wahrscheinlich von Rafael Coxcie gefertigten zweiten Kopie des Genter Altars, des Antwerpener-Retabels[2].

1586 / Genter Altar: Der Genter Altar (das Original) wieder im St. Bavo aufgestellt[1].

1591 / Genter Altar: Beschränkung des Zugangs zum Genter Altar wegen der enormen Besucherzahlen auf vier Termine pro Jahr[1].

1595 / El Escorial: Endgültige Fertigstellung mit der Weihe der Basilika[1].

1598, vor / Genter Altar: Datierung einer Teilkopie des Genter Altars, die sich im Dominikanerinnenkloster des heiligen Blasius in Lerma, Provinz Burgos, in Spanien befindet[1].

1598 / Spanien: Am 13. September 1598 Tod Philipp II. in Madrid im El Escorial. Sein Sohn Philipp III. folgte ihm auf den Thron Spaniens und Portugals[1].

1602 / Gent: Die Feuersbrunst vom 2. September zerstörte außer den flankierenden Türmchen vor allem die hölzerne Turmspitze. Die Spitze wurde nie, die Türmchen aber erst mehr als zwei Jahrhunderte später wieder hergestellt[1].

1640 / Gent: Das Dach des Chors von St. Bavo und die kleine Campanile fielen einem Brand zum Opfer[1].

1654 / Gent: Grabmal des Antonius von Triest im St. Bavo fertiggestellt[1].

1662 / Genter Altar: Die Tafeln des Genter Altars wurden in einen neuen Barockaltar eingesetzt[1].

1682, nach / Vera Cruz: Die sehr einheitlich gestalteten Grabplatten vor der Hauptapsis der Grabkirche La Vera Cruz datieren auf die Jahre 1679-1682. Da es sich vermutlich um Nachbestattungen handelte, haben diese somit nach 1682 hier ihren Platz gefunden. Den Inschriften zufolge handelte es sich um Bürger Zamarramalas[1].

1692 / Segovia: Die Heilig-Kreuz-Reliquie wurde von Vera Cruz in die Kirche Santa Maria Magdalena überführt[1]. Ende des 17. Jhd. wurde Vera Cruz von den Maltesern aufgegeben[2].

1700 / Habsburg-Goldenes Vlies: Mit dem Tod des letzten spanischen Königs aus dem Hause Habsburg teilte sich der Orden in zwei Linien auf. Sowohl der spanische Zweig, der Zweig der Bourbonen, als auch der österreichische Zweig der Habsburger existieren noch heute, jedoch hat der spanische Zweig viel von seiner ursprünglichen Bedeutung verloren[1].

1745 / Gent: Der Genter Bildhauer Laurent Delvaux schnitzte die Rokoko-Kuppel von St. Bavo[1].

1766 / Gent: Wolfgang Amadeus Mozart spielte im St. Bavo Orgel[1].

1781 / Genter Altar: Kaiser Joseph II. ließ die Tafeln mit Adam und Eva wegen Anstößigkeit entfernen[1].

1794 / Gent: Napoléon Bonaparte eroberte Flandern und damit auch Gent[1].

1794 / Genter Altar: Französische Republikaner verschleppen die vier Mitteltafeln des Genter Altars nach Paris, wo sie ins Musée Central d'Art gelangen[2].

1795 / Hl.-Blutreliquie Brügge: Die Basilika des Heiligen Blutes wird während der französischen Revolution fast völlig zerstört[1].

1803 / Gent: Napoleon schenkte dem Bischof von Gent das massive Altarkreuz und die Leuchter für den St. Bavo als Zeichen seiner Gunst[1].

1809 / Vliesorden: Napoleon gründete einen dritten Zweig des Ordens vom Goldenen Vlies, der jedoch nur bis 1813 Bestand hatte[1].

1816 / Genter Altar: Nachdem Napoleon I. in Waterloo verlor, kamen die Mitteltafeln nach Gent zurück und wurden wieder aufgestellt[1].

1821 / Genter Altar: Ohne die bereits entfernten Tafeln Adams und Evas (und deren Rückseiten) wurden die Flügel des Genter Altars über den niederländischen Kunsthändler und Antiquar L.J.Nieuwenhues und den englischen Sammler Solly an die preußische Krone verkauft und gelangten ins Berliner Museum. Die Vorder- und Rückseiten der Tafeln wurden dort getrennt[1].

1823 / Genter Altar: Bei Restaurierungsarbeiten im Berliner Kaiser-Friedrich Museum wurde die Inschrift auf dem Rahmen der Werktagsseite des Altars entdeckt[1].

1833 / Goldenen Vlies: Die Carlisten gründeten einen eigenen Zweig des Ordens vom Goldenen Vlies, der bis 1931 bestand[1].

1845 / Vera Cruz: Die Rettung der Grabkirche La Vera Cruz war die erste Amtshandlung der Provinzkommission für Baudenkmäler[1].

1861 / Genter Altar: Die lange Zeit verschollenen

Tafeln mit Adam und Eva tauchten wieder auf und wurden vom Brüsseler Museum gekauft[1].

1862 / Segovia: Das Alcazar wurde von einer Feuersbrunst heimgesucht, die drei Tage dauerte[1] und unter anderem unzählige Dokumente vernichtete.

1865 / Genter Altar: Victor Lagaye fertigte Kopien von Adam und Eva des Genter Altars, die heute im Brüsseler Museum hängen[1].

1919 / Vera Cruz: Die Grabkirche wurde unter Denkmalschutz gestellt[1].

1920 / Genter Altar: Eine Sonderregelung im Versailler Vertrag sorgte dafür, daß die Berliner Flügeltafeln des Genter Altars an Belgien zurückgegeben wurden. Nach fast 140 Jahren war der Genter Altar wieder vollständig in der Kirche St. Bavo zu bewundern[1].

1934 / Genter Altar: In der Nacht vom 10. auf den 11. April wurden der äußere linke Flügel mit den „Gerechten Richtern" und die Grisaille-Darstellung Johannes des Täufers gestohlen. Letztere Tafel hatte der Dieb später in einem Gepäckdepot hinterlegt und dessen Nummer den Behörden mitgeteilt. Von den „Gerechten Richtern" fehlt bis heute jede Spur[1].

1939-1941 / Genter Altar: Kopie der Gerechten Richter durch J. van der Veken[1].

1940 / Genter Altar: Kurz nach der Besetzung Belgiens durch deutsche Truppen besichtigten Vertreter des militärischen Kunstschutzes Gent und stellten fest, daß der Altar weggebracht wurde. Ermittlungen setzten ein und ergaben, daß die belgische Regierung den Altar in den Vatikan bringen wollte. Aufgrund des Kriegseintritts Italiens im Juni 1940 war dies jedoch nicht mehr möglich gwesen. Frankreich bot Belgien das südfranzösische Schloss Pau als Bergungsort an. Der deutsche Kunstschutz erfuhr davon, hielt den Ort aber für sicher und garantierte zunächst den Verbleib des Altars[1].

1942 / Genter Altar: Im Juli 1942 erteilte Adolf Hitler persönlich Befehl, den Altar in das Schloß Neuschwanstein zu bringen. Der Befehl Hitlers bezog sich auf den gesamten Altar, bedeutete also nicht nur die Aufhebung der Bestimmung des Versailler Vertrags, sondern überschritt die vermeintliche Rückführung ehemals deutschen Eigentums in Richtung eines „Kunstraubs". Die deutsche Botschaft sowie die Reichskanzlei wurden eingeschaltet und am 3. August wurde der Altar zum Transport freigegeben. Am 8. August traf er unter militärischer Begleitung in Neuschwanstein, dem Lager des Einsatzstabes Reichsleiter Rosenberg, ein[1].

1944 / Genter Altar: Als Neuschwanstein in den Bereich der Luftangriffe geriet, wurde der Genter Altar im Herbst 1944 in den Altausseer Salzberg gebracht[1]. Nach der Befreiung von Paris tauchten in der französischen Presse erste Meldungen auf, der Genter Altar sei nach Deutschland gebracht worden. Die US-Army begann mit Ermittlungen[2].

1945 / Genter Altar: Mitarbeiter des Kunstschutz der Wehrmacht bestätigten der US-Army, daß der Altar nach Deutschland gebracht wurde[1]. Dieser wurde nach seiner Sicherstellung schließlich am 11. Juli zunächst in den „Central Collecting Point" nach München gebracht und von dort zurück nach Gent. Der zuständige Kunstoffizier Captain Posey wurde dafür mit dem Leopoldsorden ausgezeichnet. In Brüssel wurde der Altar dem belgischen Prinzregenten übergeben und als ein Symbol der wiedererlangten Freiheit und Selbstbestimmung Belgiens gefeiert[2].

1950-51 / Genter Altar: Röntgen- und Laboruntersuchungen am Genter Altar[1].

1951 / Vera Cruz: Am 13. Mai wurde die Grabkirche La Vera Cruz erneut dem Malteserorden übergeben.

1952 / Genter Altar: Der komplette Altar wurde unter Leitung von Professor Dr. P. Coremans gereinigt und restauriert, sowie mit einem Firniß überzogen[2].

1968 / Vera Cruz: Juan Carlos von Spanien besuchte die Grabkirche Vera Cruz[1].

1979 / Genter Altar: Van Asperen de Boer rückt mit der Infrarotreflektographie dem Genter Altar zu Leibe. Unverkennbar zeigt die Unterzeichnung des Altars die Handschrift Jan van Eycks[1].

1989 / Genter Altar: Aufstellung des Genter Altars in der Villa-Kapelle[1].

Großmeister des Goldenen Vlieses

Großmeister des Ordens

1. Philipp der Gute; Herzog von Burgund
10. Januar 1430-15. Juni 1467
2. Karl der Kühne; Herzog von Burgund
15. Juni 1467-5. Januar 1477
3. Maximilian I.; Römischer Kaiser
30. April 1478-27. März 1482
4. Philipp I. der Schöne; König von Spanien,
Herzog von Burgund
27. März 1482-25. September 1506
5. Karl V.; Römischer Kaiser,
König von Spanien
25. September 1506-22. Oktober 1555
6. Philipp II.; König von Spanien,
Portugal und England
22. Oktober 1555-13. September 1598
7. Philipp III.; König von Spanien und Portugal
13. September 1598-31. März 1621
8. Philipp IV.; König von Spanien und
Portugal
31. März 1621-17. September 1665
9. Karl II.; König von Spanien
17. September 1665-1. November 1700

Großmeister des Ordens (Spanien)

1. Philipp V.; König von Spanien,
1683-1746
2. Ludwig I.; König von Spanien
1707-1724
1. Philipp V.; König von Spanien,
zweite Amtszeit
3. Ferdinand VI.; König von Spanien
1713-1759
4. Karl III.; König von Spanien
1716-1788
5. Karl IV.; König von Spanien
1748-1819
6. Ferdinand VII.; König von Spanien
1784-1833

7.	Isabella II.; Königin von Spanien
	1833-1868
	General Baldomero Espartero als Regent
	Joaquin Marie Lopez, provisorisches
	Gouvernement
7.	Isabella II.
	Duc Du Torre
	1810-1885
	Amadeus I.; König von Savoyen
	1845-1890
8.	Alfons XII.; König von Spanien
	1875-1885
9.	Alfons XIII.; König von Spanien
	1886-1941
10.	Don Juan de Bourbon; Graf von Barcelona
	1913-1993
11.	Juan Carlos I.; König von Spanien
	1938

Großmeister des Ordens (Österreich)

10.	Karl VI.; Römischer Kaiser, König von Spanien
	1. November 1700-20. Oktober 1740
11.	Franz I.; Römischer Kaiser, Herzog von Lothringen
	20. Oktober 1740-18. August 1765
12.	Joseph II.; Römischer Kaiser
	18. August 1765-20. Februar 1790
13.	Leopold II.; Römischer Kaiser
	20. Februar 1790-1. März 1792
14.	Franz II./I.; Römischer Kaiser, Kaiser von Österreich
	1. März 1792-2. März 1835
15.	Ferdinand I.; Kaiser von Österreich
	2. März 1835-2. Dezember 1848
16.	Franz Joseph I.; Kaiser von Österreich
	2. Dezember 1848-21. November 1916
17.	Karl I.; Kaiser von Österreich
	21. November 1916-1. April 1922
18.	Otto von Habsburg; Chef des Hauses Österreich
	1. April 1922-30. November 2000
19.	Karl (II.)
	seit 30. November 2000

Großmeister des Christusordens

Großmeister des Ordens

1. D. Gil Martins,
1318-
2. D. João Lourenço
3. D. Martim Gonçalves Leitao
4. D. Estevão Gonçalves Leitao
5. D. Rodrigo Anes
6. D. Nuno Rodrigues
7. D. Lopo Dia de Sousa
8. Prinz Heinrich der Navigator
1420-1460
9. Infante D. Fernão
1460-1470
10. D. Diogo
1470-1484
11. D. Manuel
12. Johann III.

Könige zugleich Großmeister des Ordens

13. König Sebastian,
1557-1578
14. König Heinrich,
1578-1580
15. König Philipp I (Philipp II. v. Spanien)
1580-1598
16. König Philipp II,
1598-1621
17. König Johann IV,
1621-1656
18. König Alfons VI,
1656-1667
19. König Peter II,
1667-1706
20. König Johann V,
1706-1750
21. Königin Maria I,
1750-1816
22. König Johann VI,
1816-1826

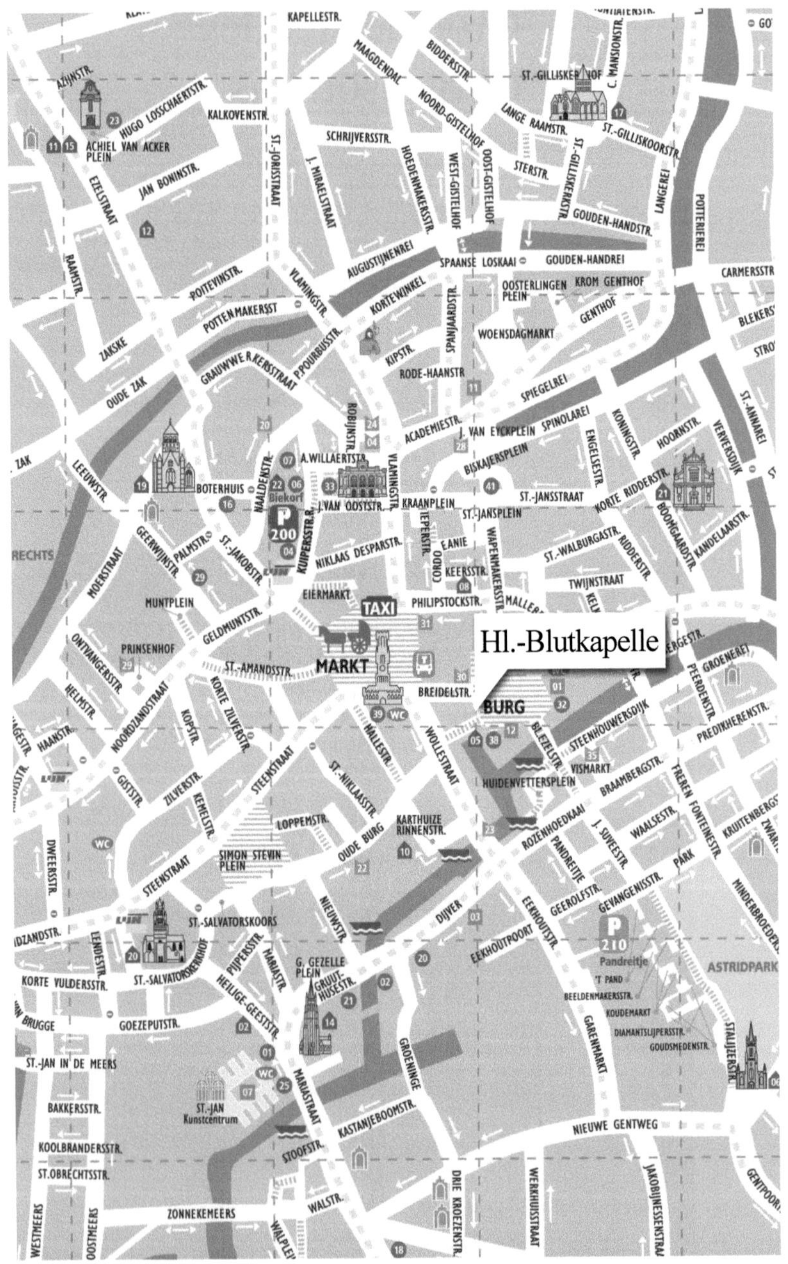

Hl.-Blutkapelle
KAPELLESTR.
MAAGDENDAL
BIDDERSSTR.
ST.-GILLISKERKHOF
C. MANSIONSTR.
GO
NOORD-GISTELHOF
LANGE RAAMSTR.
ST.-GILLISKOORSTR.
ST.-GILLISKERKSTR.
AZIJNSTR.
HUGO LOSSCHAERTSTR.
KALKOVENSTR.
SCHRIJVERSSTR.
WEST-GISTELHOF
OOST-GISTELHOF
STERSTR.
GOUDEN-HANDSTR.
LANGEREI
POTTERIEREI
ACHIEL VAN ACKER PLEIN
JAN BONINSTR.
J. MIRAELSTRAAT
HOEDENMAKERSSTR.
CARMERSSTR.
EZELSTRAAT
ST.-JORISSTRAAT
AUGUSTIJNENREI
SPAANSE LOSKAAI
GOUDEN-HANDREI
BLEKERS
POITEVINSTR.
VLAMINGSTR.
KORTEWINKEL
SPANJAARDSTR.
OOSTERLINGEN PLEIN
KROM GENTHOF
STRO
RAAMSTR.
POTTENMAKERSST
KIPSTR.
WOENSDAGMARKT
GENTHOF
ZAKSE
GRAUWWERKERSSTRAAT
P.POURBUSSTR.
RODE-HAANSTR
SPIEGELREI
OUDE ZAK
ROBIJNSTR.
ACADEMIESTR.
J. VAN EYCKPLEIN
SPINOLAREI
KONINGSTR.
HOORNSTR.
ST.-ANNAREI
ZAK
LEEUWSTR.
A.WILLAERTSTR.
BISKAJERSPLEIN
ENGELSESTR.
VERVERSDIJK
BOTERHUIS
Biekorf
J. VAN OOSTSTR.
KRAANPLEIN
ST.-JANSSTRAAT
KORTE RIDDERSTR.
BOOMGAARDSTR.
KANDELAARSTR.
GEERWIJNSTR.
PALMSTR.
ST.-JAKOBSTR.
NAALDENSTR.
KUIPERSSTR.
KRAANPLEIN
ST.-JANSPLEIN
IEPERSTR.
WAPENMAKERSSTR.
ST.-WALBURGASTR.
RIDDERSTR.
RECHTS
MOERSTRAAT
NIKLAAS DESPARSTR.
EANIE
KEERSSTR.
TWIJNSTRAAT
MUNTPLEIN
EIERMARKT
PHILIPSTOCKSTR.
MALLER
KELV
ONTVANGERSSTR.
GELDMUNTSTR.
TAXI
PRINSENHOF
ST.-AMANDSSTR.
MARKT
BREIDELSTR.
BURG
GROENEREI
HELMSTR.
KORTE ZILVERSTR.
PEERDENSTR.
PREDIKHERENSTR.
HAANSTR.
NOORDZANDSTRAAT
KOPSTR.
HALLESTR.
WC
STEENHOUWERSDIJK
BLEEKERSTR.
ZILVERSTR.
STEENSTRAAT
ST.-NIKLAASSTR.
WOLLESTRAAT
VISMARKT
BRAAMBERGSTR.
FRERENFONTEINESTR.
KEMELSTR.
LOPPEMSTR.
HUIDENVETTERSPLEIN
ROZENHOEDKAAI
WAALSESTR.
KRUITENBERGS
DWEERSSTR.
STEENSTRAAT
SIMON STEVIN PLEIN
KARTHUIZE RINNENSTR.
OUDE BURG
PANDREITJE
J. SUVEESTR.
PARK
GISTSTR.
NIEUWSTR.
DIJVER
GEEROLFSTR.
GEVANGENISSTR.
MINDERBROEDERS
ST.-SALVATORSKOORS
EEKHOUTSTR.
IDZANDSTR.
LENDESTR.
PIJPERSTR.
MARIASTR.
G. GEZELLE PLEIN
GRUUT-HUSESTR.
EEKHOUTPOORT
Pandreitje
ASTRIDPARK
ST.-SALVATORSKERKHOF
HEILIGE-GEESTSTR.
'T PAND
KORTE VULDERSSTR.
GROENINGE
BEELDENMAKERSSTR.
STALIJ
KOUDEMARKT
N BRUGGE
GOEZEPUTSTR.
DIAMANTSLIJPERSSTR.
GOUDSMEDENSTR.
ST.-JAN IN DE MEERS
GARENMARKT
WC
BAKKERSSTR.
ST.-JAN Kunstcentrum
MARIASTRAAT
NIEUWE GENTWEG
KASTANJEBOOMSTR.
KOOLBRANDERSSTR.
STOOFSTR.
DRIE KROEZENSTR.
WERKHUISSTRAAT
JAKOBIJNESSENSTRA
GENTPOOR
ST.OBRECHTSTR.
WALSTR.
WESTMEERS
OOSTMEERS
ZONNEKEMEERS
WALPLEI

Brügge

Basilika des Heiligen Blutes

Besuchszeiten
Sommersaison
20. März bis 30. September
09:30 – 18:00 Uhr
Wintersaison
1. Oktober bis 19. März
10:00 – 16:00 Uhr
Museum geschlossen:
Mittwochnachmittag und am
1. Januar, 1. November, 25. Dezember.
Die Basilika bleibt geöffnet.
Hl. Messen
Obere Kapelle:
Freitags und Sonntags um 11:00 Uhr
Untere Kapelle:
Montags, Dienstags, Donnerstags und Samstags
um 11:00 Uhr
Verehrung der Reliquie:
in der Oberen Kapelle
Montags, Dienstags und Donnerstags
14:00 - 15:00 Uhr
Freitags, Samstags und Sonntags
14:00 - 16:00 Uhr
Freitags und Sonntags nach der Messe von 11:00 Uhr

Eintrittspreise Museum:

Individuell :	1,50 €
Gruppen (ab 15 Personen):	1,00 €
Schulen :	1,00 €

Stand März 2007 / ohne Gewähr
Aktuelle Informationen auf
www.holyblood.org

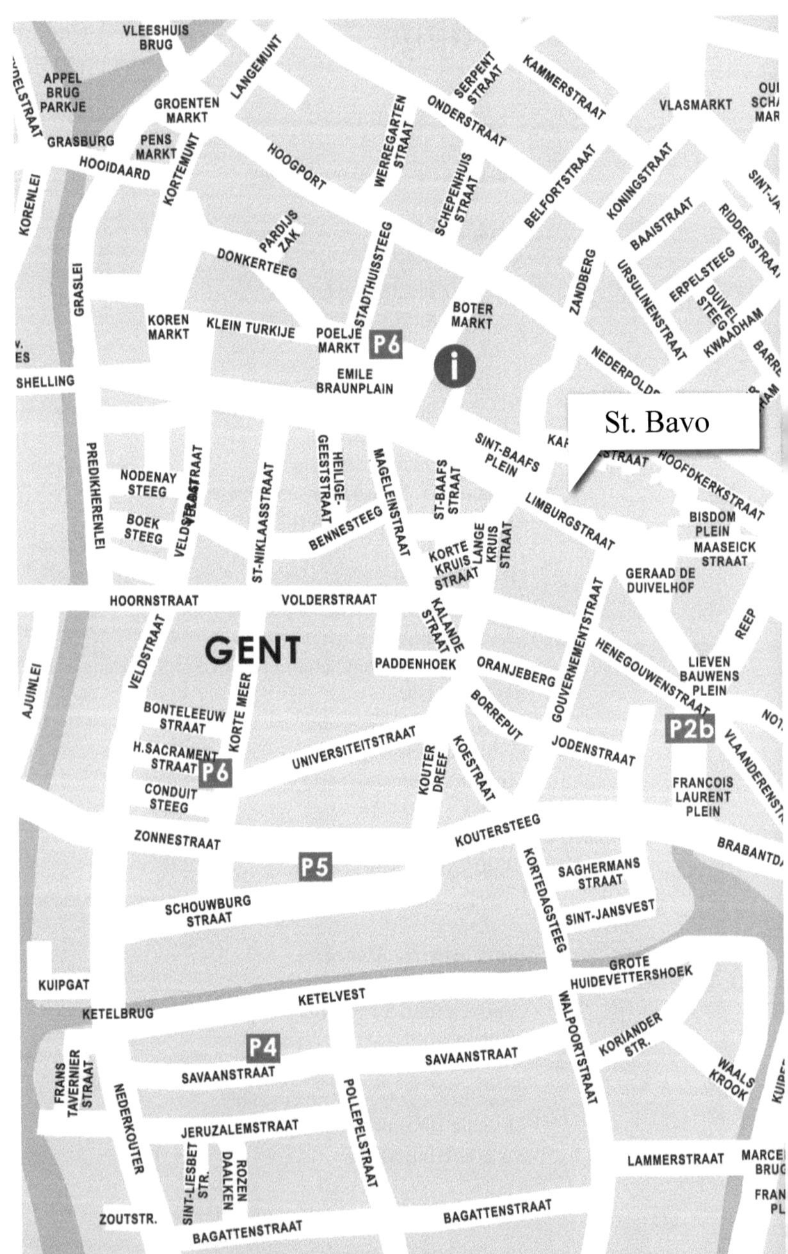

VLEESHUIS BRUG
APPEL BRUG PARKJE
GROENTEN MARKT
LANGEMUNT
SERPENT STRAAT
KAMMERSTRAAT
VLASMARKT
OUI SCHA MAR
NELSTRAAT
GRASBURG
PENS MARKT
KORENLEI
HOOIDAARD
KORTEMUNT
HOOGPORT
WERREGARTEN STRAAT
ONDERSTRAAT
SCHEPENHUIS STRAAT
BELFORTSTRAAT
KONINGSTRAAT
BAAISTRAAT
RIDDERSTRAAT
SINT-JA
GRASLEI
PARDIJS ZAK
DONKERTEEG
ZANDBERG
URSULINENSTRAAT
ERPELSTEEG
DUIVEL STEEG
KWAADHAM
BARRE
V. ES
KOREN MARKT
KLEIN TURKIJE
POELJE MARKT
STADTHUISSTEEG
BOTER MARKT
NEDERPOLDE
SHELLING
EMILE BRAUNPLAIN
St. Bavo
KA
STRAAT
HOOFDKERKSTRAAT
SINT-BAAFS PLEIN
LIMBURGSTRAAT
BISDOM PLEIN
MAASEICK STRAAT
PREDIKHERENLEI
NODENAY STEEG
BOEK STEEG
VELDSTRAAT
ST-NIKLAASSTRAAT
HEILIGE-GEESTSTRAAT
MAGELEINSTRAAT
BENNESTEEG
ST-BAAFS STRAAT
KORTE KRUIS STRAAT
LANGE KRUIS STRAAT
GERAAD DE DUIVELHOF
REEP
HOORNSTRAAT
VOLDERSTRAAT
KALANDE STRAAT
GENT
PADDENHOEK
ORANJEBERG
GOUVERNEMENTSTRAAT
HENEGOUWENSTRAAT
LIEVEN BAUWENS PLEIN
AJUINLEI
VELDSTRAAT
KORTE MEER
BONTELEEUW STRAAT
BORREPUT
NOT.
H.SACRAMENT STRAAT
UNIVERSITEITSTRAAT
KOUTER DREEF
KOESTRAAT
JODENSTRAAT
VLAANDERENST
CONDUIT STEEG
FRANCOIS LAURENT PLEIN
ZONNESTRAAT
KOUTERSTEEG
BRABANTD
SCHOUWBURG STRAAT
KORTEDAGSTEEG
SAGHERMANS STRAAT
SINT-JANSVEST
KUIPGAT
KETELVEST
GROTE HUIDEVETTERSHOEK
KETELBRUG
WALPOORTSTRAAT
KORIANDER STR.
WAALS KROOK
FRANS TAVERNIER STRAAT
NEDERKOUTER
SAVAANSTRAAT
SAVAANSTRAAT
KUIBE
JERUZALEMSTRAAT
POLLEPELSTRAAT
LAMMERSTRAAT
MARCE BRUG
SINT-LIESBET STR.
ROZEN DAALKEN
ZOUTSTR.
BAGATTENSTRAAT
BAGATTENSTRAAT
FRAN PL

Gent

St. Bavo

Besuchszeiten
Sommersaison
(vom 1. April bis 31. Oktober)
Öffnungszeiten der Kathdrale
Werktags 8:30 bis 18:00 Uhr
Sonntags 9:30 bis 18:00 Uhr
(Zugang für Touristen erst ab 13:00 Uhr)
Wintersaison
(vom 1. November bis 31. März)
Öffnungszeiten der Kathdrale
Werktags 8:30 bis 17:00 Uhr
Sonntags 9:30 bis 17:00 Uhr
(Zugang für Touristen erst ab 13:00 Uhr)
Am 1. Januar ist die Kathdrale geschlossen.

Eintrittspreise:

Einzelbesucher (inkl. Audioguide)	3.00 €
Gruppen (ab 15 Personen)	2.50 €
Schulkinder	1.50 €
Audioguide	0.50 €

Anfragen bzgl. Gruppenbuchungen:
Kerkfabriek van de kathedraal
Hoofdkerkstraat 1 9000 Gent
E-mail : Sint-Baafskathedraal@kerknet.be

Stand März 2007 / ohne Gewähr
Aktuelle Informationen auf
www.sintbaafskathedraal-gent.be

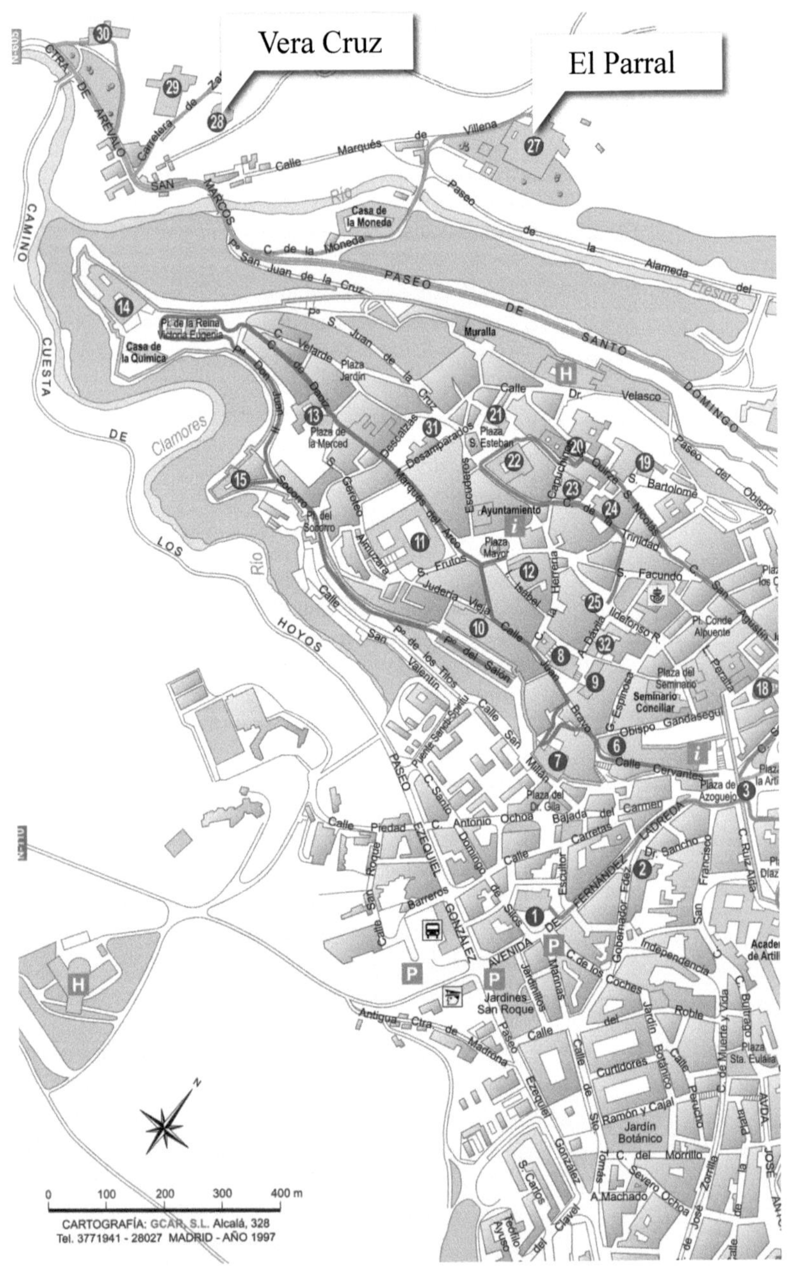

Vera Cruz
El Parral
CAMINO
CUESTA
DE
LOS
HOYOS
CTRA. DE AREVALO
Carretera de Zamarramala
Calle Marqués de Villena
SAN MARCOS
Río
Paseo de la
Alameda del Fresma
Casa de la Moneda
C. de la Moneda
Pº San Juan de la Cruz
PASEO DE SANTO DOMINGO
Muralla
Pº S. Juan de la Cruz
Pl. de la Reina Victoria Eugenia
C. Velarde
Plaza Jardín
Calle Dr. Velasco
Casa de la Química
C. de Daoíz
Pº Don Juan II
Clamores
Plaza de la Merced
Descalzas
Desamparados
Plaza S. Esteban
Capuchinos
S. Quirce
S. Bartolomé
Paseo del Obispo
Pº del Socorro
S. Socorro
S. Geroteo
Martínes del Arco
Escuderos
Ayuntamiento
C. de S. Nicolás
Trinidad
Pl. del Socorro
Almuzara
S. Frutos
Plaza Mayor
Herrería
S. Facundo
Plaza los C.
Río
Judería Vieja
Isabel la Católica
Ildefonso R.
Pt. Conde Alpuente
Calle San
Pº de los Tilos
Pº del Salón
A. Barahona
Peralta
Calle Valentín
Puente Sancti-Spíritu
Calle San Millán
Bravo
G. Espinosa
Plaza del Seminario
Seminario Conciliar
Obispo Gandasegui
Calle Cervantes
Plaza de Azoguejo
Plaza de la Artillería
PASEO
C. Santo
Plaza del Dr. Gila
Bajada del Carmen
Carretas
FERNÁNDEZ LADREDA
Dr. Sancho
C. Ruiz Alda
Pl. Díaz
Calle Piedad
EZEQUIEL GONZÁLEZ
C. Antonio Ochoa
Calle
Escultor
San Francisco
AVENIDA DE
Calle San Roque
Barreros
de
Sicos
Gobernador Fdez.
Independencia
Academia de Artillería
Jardines San Roque
Jardinillos
C. de los Coches
Marinas
Jardín
Roble
C. Buitrago
Antigua Ctra. de Madrona
Paseo
Calle del
Curtidores
Calle Botánico
Plaza Sta. Eulália
C. del Muerte y Vida
Ezequiel González
Ramón y Cajal
Jardín Botánico
C. del Morrillo
AVDA. JOSE ANT.
S. Carlos
Sto. Tomás
Severo Ochoa
A. Machado
Teófilo Ayuso
Zorrilla
N
0   100   200   300   400 m
CARTOGRAFÍA: GCAR, S.L. Alcalá, 328
Tel. 3771941 - 28027 MADRID - AÑO 1997

Segovia

Iglesia de la Vera Cruz

Besuchszeiten
Sommersaison
(von April bis September)
jeweils Dienstags bis Sonntags:
10:30 bis 13:30 Uhr und 15:30 bis 19:00 Uhr
Wintersaison
(von Oktober bis März)
jeweils Dienstags bis Sonntags:
10:30 bis 13:30 Uhr und 15:30 bis 18:00 Uhr

Eintrittspreis: 1.50 €

Monasterio del Parral

Besuchszeiten
jeweils Montags bis Samstags
10:00 bis 12:30 Uhr und 16:00 bis 18:30 Uhr
an Sonn- und Feiertagen
10:00 bis 11:30 Uhr

Eintrittspreis: -

Stand März 2007 / ohne Gewähr
Aktuelle Informationen auf
www.infosegovia.com

Begriffe in verschiedenen Sprachen

DEUTSCH	FLÄMISCH	SPANISCH	ENGLISCH	FRANZÖSISCH
Altar	Altaar	Políptico	Altarpiece	Polyptyque
Brügge	Brugge	Brujas	Bruges	Bruges
Burgund	Bourgondië	Borgoña	Burgundy	Bourgogne
Christusorden	Convent van Christus	Orden de Cristo	Order of Christ	Ordre du Christ
Konstantinopel	Constantinopel	Constantinopla	Constantinople	Constantinople
Flandern	Vlaanderen	Flandes	Flanders	Flandre
Gent	Gent	Gane	Ghent (früher Gaunt)	Gand
Genter Altar	Het Lam Gods	Políptico de Gante	Ghent Altarpiece	L'Agneau mystique
Gerechte Richter	Rechtvaardige Rechters	jueces justos	Just Judges	Juges intègres
Goldenes Vlies	Gulden Vlies	Toisón de Oro	Golden Fleece	Toison d'Or
Heiliger Gral	Heilige Graal	Santo Grial	Holy Grail	sacré Graal
Johann(es)	Jan	Juan	John	Jean
Heiliges Blut	Heilig-Bloed	Santa Sangre	Holy Blood	Saint-Sang
Heinrich	Hendrik	Enrique	Henry	Henri
Karl	Karel	Carlos	Charles	Charles
Kirche	Kerk	Iglesia	Church	Église
Lamm Gottes	Lam Gods	Cordero Místico	Lamb of God	l'Agneau mystique
Lebensbrunnen	fontein van het leven	Fuente de la Gracia	Fountain of Life	fontaine de la vie
Orden	Orde	Orden	Order	Ordre
Philipp (der Gute)	Filips (de Goede)	Felipe (el Bueno)	Philip (the Good)	Philippe (le Bon)
Reliquie	Relikwie	Reliquia	Relic	Relique
Ritter	Ridder	Caballero	Knight	Chevalerie
St. Bavo	Sint-Baafs	San Bavón	Saint Bavo	Saint-Bavon
Tafeln	schilderij, panelen	tablas	panels	panneaux, tableaus
Templerorden	Tempeliers	Orden del Temple	Knights Templar	Ordre du Temple

Literatur

Genter Altar

Dahnens, Elisabeth
Hubert and Jan Van Eyck
Sprache: englisch
Tabard Press, 1980

Gallwitz, Esther
Ein wunderbarer Garten. Die Pflanzen des Genter Altars.
Verlag Insel, Frankfurt (November 1996)
Sprache: deutsch
ISBN: 3458335536

Pächt, Otto
Van Eyck. Die Begründer der altniederländischen Malerei
Verlag Prestel (März 2002)
Sprache: deutsch
ISBN: 3791327208

Panofsky, Erwin
Altniederländische Malerei. 2 Bd
Verlag Dumont Literatur und Kunst Verlag; Auflage: 1 (März 2006)
Sprache: deutsch
ISBN: 383217690X

Schmidt, Peter
Der Genter Altar
Verlag Urachhaus; Auflage: 2., Aufl. (Juli 2000)
Sprache: deutsch
ISBN: 3825170403

Schneider, Norbert
Jan van Eyck ‚Der Genter Altar'
Verlag Fischer (Tb.), Frankfurt; Auflage: 3
Sprache: deutsch
ISBN: 3596239338

La Vera Cruz
Dathe, Stefanie
La Vera Cruz in Segovia.
Verlag und Datenbank für Geisteswissenschaften -
Dr. Bettina Preiss (2001)
Sprache: Deutsch
ISBN: 3897392062

Burgund
Calmette, Joseph
Die grossen Herzöge von Burgund
Callwey; Auflage: 2. Aufl. (1968)
Sprache: deutsch
ASIN: B0000BQBX6

Huizinga, Johan
Herbst des Mittelalters
Verlag Kröner; Auflage: 8. Aufl. (1961)
Sprache: deutsch
ASIN: B0000BJNE5

Orden
Demurger, Alain
Die Templer
Verlag Beck; Auflage: 2., Aufl. (Juli 2004)
Sprache: deutsch
ISBN: 3406523676

Diebstahl der Gerechten Richter
Mortier, Karel, en Kerckhaert, Noël,
Dossier Lam Gods. Zoektocht naar De rechtvaardige rechters,
Stichting Mens en Kultuur,
Gent, 1994

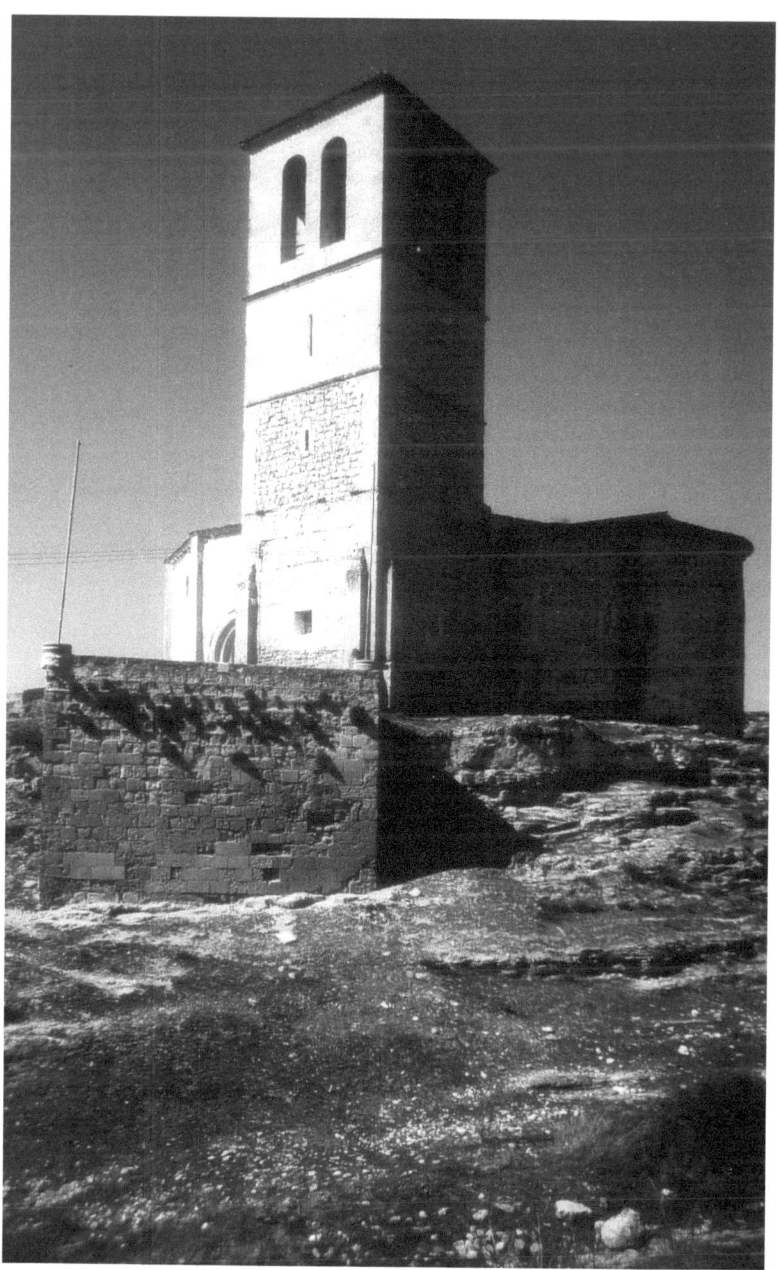

ANMERKUNGEN UND QUELLEN

1. Kapitel

1: Als das „schönste Werk der Malerei in der Christenheit" würdigte Antonio de Beatis, ein Begleiter Kardinals Luigi d´Aragona 1517 den Altar. N.Schneider, „Jan van Eyck - Der Genter Altar"; Frankfurt am Main, 1986, S. 106

2: http://www2.hu-berlin.de/visuelle/ralf/reformat.htm

3: Roger van de Wielle, Der Genter Dom, Gent, 1994, S.4

4: N.Schneider, „Jan van Eyck - Der Genter Altar"; Frankfurt am Main, 1986, S. 106

5: Heinrich Zimmermann, Die Malerei der Gotik und Frührenaissance, S.40

6: Maltechniken großer Meister, herausgegeben von Waldemar Janusczcak, Bindlach, 1991, S. 18

7: Max Dörner; Malmaterial und seine Verwendung im Bilde, 19. Auflage, Herausgeber Thomas Hoppe, Verlag E. A. Seemann

8: Maltechniken großer Meister, herausgegeben von Waldemar Janusczcak, Bindlach, 1991, S. 18

9: Roger van de Wielle, Der Genter Dom, Gent, 1994, S.4

In der Literatur finden sich unterschiedliche Angaben zum Jahr der Umbennung des St. Jan in St. Bavo. Peter Schmidt (TheAdoration of the Lamb, Leuven 1996, S.71) nennt 1540, Schneider („Jan van Eyck - Der Genter Altar"; Frankfurt am Main, 1986, S.41) nennt 1559, auch die Jahreszahl 1561 ist zu finden (Deutschland & Europa - „Flandern - eine europäische Region", Heft. 36, Juni 1998, S.36)

10: Manuel Fernandez Alvarez, Karl V, München, 1977, S. 15

11: Roger van de Wielle, Der Genter Dom, Gent, 1994, S.4

12: http://de.wikipedia.org/wiki/Gent

13: http://de.wikipedia.org/wiki/Gent

14: Calmette, Die großen Herzöge von Burgund, S. 47

15: http://www.ask1.org/modules.php?name=dieredaktion&file=artikel&id=72

16: N.Schneider, „Jan van Eyck - Der Genter Altar"; Frankfurt am Main, 1986, S. 83

17: vergl. N.Schneider, „Jan van Eyck - Der Genter Altar"; Frankfurt am Main, 1986, S. 82, 83

18: N.Schneider, „Jan van Eyck - Der Genter Altar"; Frankfurt am Main, 1986, S. 106

19: N.Schneider, „Jan van Eyck - Der Genter Altar"; Frankfurt am Main, 1986, S. 82

20: Heinrich Zimmermann, Die Malerei der Gotik und Frührenaissance, S.38

21: N.Schneider, „Jan van Eyck - Der Genter Altar"; Frankfurt am Main, 1986, S. 100

22: Abgeleitet vom Beginn der Ausschmückungen der Vijd-Kapelle 1420, siehe Heinrich Zimmermann, Die Malerei der Gotik und Frührenaissance, S.38

23: http://www.ask1.org/modules.php?name=dieredaktion&file=artikel&id=72

24: N.Schneider, „Jan van Eyck - Der Genter Altar"; Frankfurt am Main, 1986, S. 100

25: N.Schneider, „Jan van Eyck - Der Genter Altar"; Frankfurt am Main, 1986, S. 101

26: N.Schneider, „Jan van Eyck - Der Genter Altar"; Frankfurt am Main, 1986, S. 100

27: N.Schneider, „Jan van Eyck - Der Genter Altar"; Frankfurt am Main, 1986, S. 98

28: aus Deutschland & Europa - „Flandern - eine europäische Region", Heft. 36, Juni 1998, S.37

29: Esther Gallwitz, Ein wunderbarer Garten, Frankfurt am Main und Leipzig 1996, S. 43f

30: aus Deutschland & Europa - „Flandern - eine europäische Region", Heft. 36, Juni 1998, S.38

31: Dürer bezeichnete 1521 den Altar als „überköstliche, hochverständige Malerei" ,
P. Schmidt, TheAdoration of the Lamb, Leuven 1996, S.5

32: Thieme Becker, Allgemeines Lexikon der bildenden Künstler, 1913

33: Eva-Maria Born, Die Kopien des Genter Altars, Institut für Kunstgeschichte, RWTH Aachen, WS 2000/01 bei Prof. Dr. Ulrich Schneider, S. 5

34: Roger van de Wielle, Der Genter Dom, Gent, 1994, S. 4, 38

35: N.Schneider, „Jan van Eyck - Der Genter Altar"; Frankfurt am Main, 1986, S. 107

36: Roger van de Wielle, Der Genter Dom, Gent, 1994, S.38

37: Roger van de Wielle, Der Genter Dom, Gent, 1994, S. 4, 40 und auf Auskunft von Herrn Coppens, Brüssel

38: N.Schneider, „Jan van Eyck - Der Genter Altar"; Frankfurt am Main, 1986, S. 107 und auf Auskunft von Herrn Coppens, Brüssel

39: Roger van de Wielle, Der Genter Dom, Gent, 1994, S. 40

40: N.Schneider, „Jan van Eyck - Der Genter Altar"; Frankfurt am Main, 1986, S. 107

41: aus Deutschland & Europa - „Flandern - eine europäische Region", Heft. 36, Juni 1998, S.39

42: der Autor dieses Buches traf sich mit Karel Mortier zu einem Gespräch bzgl. der Angelegenheiten im Zusammenhang mit dem Raub der gerechten Richter am 27.02.1999

43: aus Deutschland & Europa - „Flandern - eine europäische Region", Heft. 36, Juni 1998, S.39

44: http://www.aec.at/freelance/rax/KUN_POL/KUNST/EYCK/gesch3.html

45: aus Deutschland & Europa - „Flandern - eine europäische Region", Heft. 36, Juni 1998, S.39

46: vergl. z.B. „Die großen Rätsel: Gent - Das gestohlene Lamm Gottes", TV-Dokumentation von Roel Oostra, NCRV, BRTN, Discovery-Channel Washington, WDR

47: Roger van de Wielle, Der Genter Dom, Gent, 1994, S. 40

48: Roger van de Wielle, Der Genter Dom, Gent, 1994, S. 40

49: Roger van de Wielle, Der Genter Dom, Gent, 1994, S. 40

50: Ludwig Baldass, Jan van Eyck, Köln 1952, S.261

2. KAPITEL

1: Die Urheberschaft an sieben größeren und einigen kleinere Miniaturen eines Stundenbuchs, die im zweiten Jahrzehnt des 15. Jahrhunderts entstanden sein dürften, werden zumeist van Eyck zugeschrieben. Es handelt sich um farbenfrohe Darstellungen zum Neuen Testament, zur Heiligenlegende und zu Themen der Zeitgeschichte. (vergl. Heinrich Zimmermann, Die Malerei der Gotik und Frührenaissance, S.37)

2: Propyläen Kunstgeschichte, Die Kunst des 16.JH, S.185

3: http://de.wikipedia.org/wiki/Offenbarung_des_Johannes

4: http://de.wikipedia.org/wiki/Offenbarung_des_Johannes

5: N.Schneider, „Jan van Eyck - Der Genter Altar"; Frankfurt am Main, 1986, S. 41

6: N.Schneider, „Jan van Eyck - Der Genter Altar"; Frankfurt am Main, 1986, S. 41

7: E. Panofsky: Early Netherlandish Painting, Cambridge 1953, S.134 ff

8: N.Schneider, „Jan van Eyck - Der Genter Altar"; Frankfurt am Main, 1986, S. 23

9: E. Panofsky: Early Netherlandish Painting, Cambridge 1953

10: Die Darstellung unterschiedlicher großer Figuren als Verkörperung ihres unterschiedlichen religiösen Ranges findet sich z.B. bereits in den Weltgerichtsdarstellungen von Kirchenportalen der Romanik lange vor van Eyck

11: M. Zlatohlávek, „Das jüngste Gericht", Luzern, 2001, S. 126

12: M. Zlatohlávek, „Das jüngste Gericht", Luzern, 2001, S. 126

13: In der Bibel in den Händen Johannes des Täufers ist die Initiale „C" zu erkennen. Mit ihr beginnt das XL. Kapitel von Jesaia, vergl Ludwig Baldass, Jan van Eyck, Köln 1952, S.259

14: Ausführliche Informationen zu Bezügen des Genter Altars zur damaligen Kirchenkrise finden sich in N.Schneider, „Jan van Eyck - Der Genter Altar"; Frankfurt am Main, 1986

15: N.Schneider, „Jan van Eyck - Der Genter Altar"; Frankfurt am Main, 1986, S. 99

16: Herder Lexikon Symbole, Freiburg 1990 S. 122, 123

17: Brügge und seine Schönheiten, Verlag THILL S.A., S.16

18: Brügge und seine Schönheiten, Verlag THILL S.A., S.20

19: E. Panofsky: Early Netherlandish Painting, Cambridge 1953

20: Spätere Versionen der Lutherbibel verwenden im Gegensatz zu der von 1545 anstelle des Begriffes „Heiden" die Begriffe „Nationen" oder „Völker"

21: Esther Gallwitz, Ein wunderbarer Garten, Frankfurt am Main und Leipzig 1996

22: Ludwig Baldass, Jan van Eyck, Köln 1952, S.259

23: P. Schmidt, TheAdoration of the Lamb, Leuven 1996, S. 59

24: der Autor dieses Buches traf sich mit Karel Mortier zu einem Gespräch bzgl. der Angelegenheiten im Zusammenhang mit dem Raub der gerechten Richter am 27.02.1999

25: A. Demurger, Die Templer, München, 1991, S.66

26: Heinrich Zimmermann, Die Malerei der Gotik und Frührenaissance, S.39

3. Kapitel

1: T.-H. Borchert, Jan van Eyck und seine Zeit, Flämische Meister und der Süden, 1430-1530, Stuttgart, 2002, S. 237

2: Romanik, Architektur - Skulptur - Malerei, Rolf Toman (Herausgeber), S.14

3: Herder Lexikon - Symbole, S. 191

4: Die Endzeiterwartung zur ersten Jahrtausendwende wird in jüngerer Zeit kritischer betrachtet, siehe z.B. Jose Ortega y Gasset, Die Schrecken des Jahres Eintausend: Kritik an einer Legende, Leipzig 1992

5: Propyläen Kunstgeschichte, Mittelalter I, S. 40, 68

6: siehe auch Morgan Beatus, Fol. 222v, Mitte des 10.Jhd., New York, Pierpont Library, M. 644

7: In der Vulgata heißt es hier: „Et civitas in quadro posita est". Es wird also ausdrücklich nicht gesagt, daß sie quadratisch ist, sondern - mit einer umständlicheren Formulierung - das sie in einem Quadrat liegt.

8: Propyläen Kunstgeschichte, Mittelalter I, S. 283

9: So unterteilt war zum Beispiel auch die berühmte Ebstorfer Weltkarte von 1208/10, die heute noch als Nachbildung existiert

10: Mit dem Hl. Grab in Jerusalem verband sich in der theologischen Exegese die Vision vom Himmlischen Jerusalem. Stefanie Dathe: La Vera Cruz in Segovia, Weimar, 2001, S. 93

11: Sarah Kochav, Israel, das heilige Land, Erlangen S. 103

12: http://www.burgen.strasse-online.de/3-jagsthausen-rothenburg-o-d-tauber/3-12-gross-comburg/index.html

13: Romanik, Architektur - Skulptur - Malerei, Rolf Toman (Herausgeber) , S.14, S. 118

14: Romanik, Architektur - Skulptur - Malerei, Rolf Toman (Herausgeber) , S.209

15: Romanik, Architektur - Skulptur - Malerei, Rolf Toman (Herausgeber) , S.209

16: N.Schneider, „Jan van Eyck - Der Genter Altar"; Frankfurt am Main, 1986, S.58

17: siehe 5. Kapitel

18: siehe 5. Kapitel

19: Romanik, Architektur - Skulptur - Malerei, Rolf Toman (Herausgeber) , S.20

20: Stefanie Dathe: La Vera Cruz in Segovia, Weimar, 2001, S.61, 62 / Eine Kapelle im Kloster Ettal verfügt ebenfalls über einen zwölfeckigen Grundriss. Jedoch ergeben sich auch bei diesem Bau keine formalen Ähnlichkeiten zu den Genter Mitteltafeln, noch ist dieser zwingend als Grabkirche zu betrachten.

21: Propyläen Kunstgeschichte, Mittelalter I, S. 208f

22: Romanik, Architektur - Skulptur - Malerei, Rolf Toman (Herausgeber) , S.209

23: N.Schneider, „Jan van Eyck - Der Genter Altar"; Frankfurt am Main, 1986, S. 58

24: Ludwig Baldass, Jan van Eyck, Phaidon, Köln, 1952, S. 259

25: Ludwig Baldass, Jan van Eyck, Phaidon, Köln, 1952, S. 259

26: zitiert aus Nova Vulgata, Zephenia Bibelprogramm

4. Kapitel

1: Stefanie Dathe: La Vera Cruz in Segovia, Weimar, 2001, S.37, 38

2: Elisabeth Dahnens, Hubert und Jan van Eyck, S.47ff

3: Elisabeth Dahnens, Hubert und Jan van Eyck, S.47ff

4: N.Schneider, „Jan van Eyck - Der Genter Altar"; Frankfurt am Main, 1986, S.98

5: T.-H. Borchert, Jan van Eyck und seine Zeit, Flämische Meister und der Süden, 1430-1530, Stuttgart, 2002, S. 237

6: Stefanie Dathe: La Vera Cruz in Segovia, Weimar, 2001, S. S.30

7: T.-H. Borchert, Jan van Eyck und seine Zeit, Flämische Meister und der Süden, 1430-1530, Stuttgart, 2002, S. 237

8: T.-H. Borchert, Jan van Eyck und seine Zeit, Flämische Meister und der Süden, 1430-1530, Stuttgart, 2002, S. 237

5. Kapitel

1: Maria Jesús Herrero Sanz, Ganz Segovia, Editorial Escudo de Oro, S.A., S. 2-4

2: Zur kastilischen Meseta - Segovia, S. 291

3: Ana Martin Moreno, The Alcazar of Segovia, Aldeasa, Spain, S. 4

4: Ana Martin Moreno, The Alcazar of Segovia, Aldeasa, Spain, S. 8

5: Stefanie Dathe: La Vera Cruz in Segovia, Weimar, 2001, S. 248f

6: Stefanie Dathe: La Vera Cruz in Segovia, Weimar, 2001, S. 51, 248, 249,

7: Stefanie Dathe stellt die Vermutung auf, daß die steinerne Treppe eine dort vorher befindliche hölzerne Treppe ersetzt haben könnte. (Vergl. Stefanie Dathe: La Vera Cruz in Segovia, Weimar, 2001, S. 241) Aus architektonischen Gründen könnte diese Holztreppe aber keine wesentlich andere Form gehabt haben, da sonst der westliche Eingang zum Untergeschoß der Ädikula versperrt worden wäre.

8: Sutter verweist darauf, daß das Fenster über dem Westportal nachträglich verbreitet wurde. (Vergl. H. Sutter, Form und Ikonographie spanischer Zentralbauten, Weimar, 1997, S. 81). Es handelt sich um das Fenster mit dem Johannesmotiv.

9: Brasas Egido u. José Carlos, Guia de Segovia, Léon, 1980, S. 38

10: Stefanie Dathe: La Vera Cruz in Segovia, Weimar, 2001, S. 51

11: Stefanie Dathe: La Vera Cruz in Segovia, Weimar, 2001, S. 86

12: Stefanie Dathe: La Vera Cruz in Segovia, Weimar, 2001, S. 242

13: Stefanie Dathe: La Vera Cruz in Segovia, Weimar, 2001, S. 54

14: F.J. Cabello Dodero: La Iglesia de la Vera Cruz de Segovia. in: Estudios Segovianos 3, 1951, S. 426

15: Stefanie Dathe: La Vera Cruz in Segovia, Weimar, 2001, S. 49

16: Stefanie Dathe: La Vera Cruz in Segovia, Weimar, 2001, S. 49

17: Stefanie Dathe: La Vera Cruz in Segovia, Weimar, 2001, S. 49

18: Stefanie Dathe: La Vera Cruz in Segovia, Weimar, 2001, S. 68

19: Zur kastilischen Meseta - Segovia, S. 291

20: Zur kastilischen Meseta - Segovia, S. 291

21: A. Demurger, Die Templer, München, 1991, S. 85

22: http://de.wikipedia.org/wiki/Dritter_Kreuzzug

23: Lexikon des Mittelalters: Band I Spalte 395

24: Stefanie Dathe: La Vera Cruz in Segovia, Weimar, 2001, S. 67

25: Stefanie Dathe: La Vera Cruz in Segovia, Weimar, 2001, S. 77

26: Stefanie Dathe: La Vera Cruz in Segovia, Weimar, 2001, S. 91

27: Stefanie Dathe: La Vera Cruz in Segovia, Weimar, 2001, S. 246

28: Stefanie Dathe: La Vera Cruz in Segovia, Weimar, 2001, S. 246

29: Stefanie Dathe: La Vera Cruz in Segovia, Weimar, 2001, S. 246

30: Stefanie Dathe: La Vera Cruz in Segovia, Weimar, 2001, S. 249

31: Stefanie Dathe: La Vera Cruz in Segovia, Weimar, 2001, S. 88

32: Peter Linehan: History and the Historians of Medieval Spain, Oxford 1993 S. 516

33: http://de.wikipedia.org/wiki/Vierter_Kreuzzug

34: http://de.wikipedia.org/wiki/Vierter_Kreuzzug

35: Franz Niehoff: Umbilicus mundi - Der Nabel der Welt. in: Ornamenta Ecclesiae (Band 3), Köln 1985, S. 62

36: Stefanie Dathe: La Vera Cruz in Segovia, Weimar, 2001, S. 73

37: Stefanie Dathe: La Vera Cruz in Segovia, Weimar, 2001, S. 247

38: http://de.wikipedia.org/wiki/Malteserorden

39: Stefanie Dathe: La Vera Cruz in Segovia, Weimar, 2001, S. 12

6. Kapitel

1: Huizinga, Herbst des Mittelalters, S. 520

2: Huizinga, Herbst des Mittelalters, S.520

3: http://de.wikipedia.org/wiki/Haus_Burgund

4: Huizinga, Herbst des Mittelalters, S.523

5: Calmette, Die großen Herzöge von Burgund, S. 97, 98

6: Huizinga, Herbst des Mittelalters, S.523

7: Huizinga, Herbst des Mittelalters, S.524

8: Calmette, Die großen Herzöge von Burgund, S. 157

9: Calmette, Die großen Herzöge von Burgund, S. 157

10: Calmette, Die großen Herzöge von Burgund, S. 166

11: Huizinga, Herbst des Mittelalters, S. 113

12: Huizinga, Herbst des Mittelalters, S.525

13: Calmette, Die großen Herzöge von Burgund, S. 80

14: Calmette, Die großen Herzöge von Burgund, S. 73

15: http://de.wikipedia.org/wiki/Orden_vom_Goldenen_Vlies

16: http://www.uni-konstanz.de/FuF/Philo/LitWiss/KunstWiss/lehre/vvss2003.htm

17: Heinrich Zimmermann, Die Malerei der Gotik und Frührenaissance, S.38

18: Huizinga, Herbst des Mittelalters, S. 385

19: Lexikon des Mittellaters: Band IV Spalte 1545

20: Huizinga, Herbst des Mittelalters, S. 128

21: Genealogie des Mittelalters, http://www.mittelalter-genealogie.de/valois/herzoege_von_burgund/isabella_von_portugal_herzogin_von_burgund_1471.html

22: Huizinga, Herbst des Mittelalters, S. 520

23: http://de.wikipedia.org/wiki/Portugal

24: Calmette, Die großen Herzöge von Burgund, S. 173

25:Genealogie des Mittelalters, http://www.mittelalter-genealogie.de/valois/herzoege_von_burgund/isabella_von_portugal_herzogin_von_burgund_1471.html

26: A. Demurger, Die Templer, München, 1991, S.242f

27: A. Demurger, Die Templer, München, 1991, S.260

28: A. Demurger, Die Templer, München, 1991, S.56, 245

29: http://de.wikipedia.org/wiki/Christusritter

30: http://de.wikipedia.org/wiki/Christusorden

31: http://de.wikipedia.org/wiki/Christusritter

32: Huizinga, Herbst des Mittelalters, S. 113

33: Huizinga, Herbst des Mittelalters, S. 113

34: Genealogie des Mittelalters, http://www.mittelalter-genealogie.de/valois/herzoege_von_burgund/isabella_von_portugal_herzogin_von_burgund_1471.html

35: Huizinga, Herbst des Mittelalters, S. 527

36: Huizinga, Herbst des Mittelalters, S. 129

37: Huizinga, Herbst des Mittelalters, S. 528f

38: Manuel Fernandez Alvarez, Karl V, München, 1977, S. 15

39: Propyläen, Geschichte Europas, 1400-1555, S. 353

40: Roger van de Wielle, Der Genter Dom, Gent, 1994, S.23

41: Die eigens zu dem Schicksal der Kopien des Genter Altars verfasste Magisterarbeit von Eva-Maria Born (Institut für Kunstgeschichte, RWTH Aachen, WS 2000/01 bei Prof. Dr. Ulrich Schneider) liefert keine nennenswerten Informationen zum Verbleib der Cocxie-Tafeln nach Philipps Abreise nach Spanien. Sollten sie ihn ins Alcazar begleitet haben, wären mögliche Dokumente bei einem Großbrand dieses Gebäudes im 19. Jhd. vernichtet worden. Die Cocxie-Kopie folgte Philipp II. jedoch gewiß ins später fertiggestellte Escorial.

42: Ana Martin Moreno, The Alcazar of Segovia, Aldeasa, Spain, S. 8

43: http://de.wikipedia.org/wiki/Philipp_II._(Spanien)

44: http://de.wikipedia.org/wiki/Tomar

45: Eva-Maria Born, Die Kopien des Genter Altars, Institut für Kunstgeschichte, RWTH Aachen, WS 2000/01 bei Prof. Dr. Ulrich Schneider, S. 5

Zeittafel

0.: 1: Maria Jesús Herrero Sanz, Ganz Segovia, Editorial Escudo de Oro, S.A., S. 2-4

942: 1: Roger van de Wielle, Der Genter Dom, Gent, 1994, S. 4

1000-1099: 1: http://de.wikipedia.org/wiki/Gent

1032: 1: Roger van de Wielle, Der Genter Dom, Gent, 1994, S. 4

1095: 1: A. Demurger, Die Templer, München, 1991, S. 19

1096-1099: 1: http://de.wikipedia.org/wiki/Erster_Kreuzzug

1099: 1: http://de.wikipedia.org/wiki/Malteserorden

1100-1199: 1: Segovia - ein Märchen, S. 148

1100-1199: 2: Brügge und seine Schönheiten, Verlag THILL S.A., S. 12, 14, 16, 18

1100-1199: 3: Beobachtung des Autors vor Ort

1100-1199: 4: Brügge und seine Schönheiten, Verlag THILL S.A., S. 12, 14, 16, 18

1120: 1: A. Demurger, Die Templer, München, 1991, S. 24, S. 18

1129: 1: A. Demurger, Die Templer, München, 1991, S. 29

1130: 1: http://de.wikipedia.org/wiki/Zeittafel_Portugal

1139-1272: 1: A. Demurger, Die Templer, München, 1991, S. 69

1143: 1: http://de.wikipedia.org/wiki/Zeittafel_Portugal

1144: 1: http://de.wikipedia.org/wiki/Zweiter_Kreuzzug

1147: 1: A. Demurger, Die Templer, München, 1991, S. 67f

1147: 2: http://de.wikipedia.org/wiki/Zeittafel_Portugal

1147-1149: 1: http://de.wikipedia.org/wiki/Zweiter_Kreuzzug

1148: 1: Brügge und seine Schönheiten, Verlag THILL S.A., S.16

1158: 1: http://de.wikipedia.org/wiki/Alfons_VIII._%28Kastilien%29

1159-1160: 1: http://de.wikipedia.org/wiki/Tomar

1159-1160: 2: Romanik, Architektur - Skulptur - Malerei, Rolf Toman (Herausgeber) , S. 208f

1162: 1: http://de.wikipedia.org/wiki/Zeittafel_Portugal

1176: 1: http://de.wikipedia.org/wiki/Alfons_VIII._%28Kastilien%29

1187: 1: A. Demurger, Die Templer, München, 1991, S. 85

1189-1192: 1: http://de.wikipedia.org/wiki/Dritter_Kreuzzug

1189-1192: 2: http://de.wikipedia.org/wiki/Richard_I.

1195: 1: http://de.wikipedia.org/wiki/Zeittafel_Portugal

1199: 1: http://de.wikipedia.org/wiki/Richard_L%C3%B6wenherz

1200, um: 1: Ana Martin Moreno, The Alcazar of Segovia, Aldeasa, Spain, S. 6

1202-1204: 1: http://de.wikipedia.org/wiki/Vierter_Kreuzzug

1202-1204: 2: http://www.religionfacts.com/christianity/things/shroud_of_turin.htm#timeline

1208: 1: Zur kastilischen Meseta - Segovia, S. 291

1212: 1: Zur kastilischen Meseta - Segovia, S. 291

1212: 2: http://www.mittelalter-genealogie.de/mittelalter/koenige/kastilien/alfons_8_der_edle_koenig_1214.html

1215: 1: Stefanie Dathe: La Vera Cruz in Segovia, Weimar, 2001, S. 67

1224: 1: Stefanie Dathe: La Vera Cruz in Segovia, Weimar, 2001, S. 67

1228-29: 1: A. Demurger, Die Templer, München, 1991, S. 335

1228: 1: Peter Linehan: History and the Historians of Medieval Spain, Oxford 1993 S. 516

1244: 1: A. Demurger, Die Templer, München, 1991, S. 335

1245: 1: http://de.wikipedia.org/wiki/Zeittafel_Portugal

1250-1251: http://de.wikipedia.org/wiki/Zeittafel_Portugal

1256: 1: http://de.wikipedia.org/wiki/Zeittafel_Portugal

1276: 1: http://de.wikipedia.org/wiki/Zeittafel_Portugal

1279: 1: http://de.wikipedia.org/wiki/Zeittafel_Portugal

1289: 1: http://de.wikipedia.org/wiki/Zeittafel_Portugal

1294: 1: http://de.wikipedia.org/wiki/Zeittafel_Portugal

1297: 1: http://de.wikipedia.org/wiki/Zeittafel_Portugal

1307: 1: Keith Laidler, Das Haupt Gottes, Scherz, Bern, München, Wien, 1999, S.323

1307: 2: A. Demurger, Die Templer, München, 1991, S. 242

1307: 3: http://de.wikipedia.org/wiki/Christusritter

1308: 1: http://de.wikipedia.org/wiki/Christusritter

1308: 2: A. Demurger, Die Templer, München, 1991, S. 245

1310: 1: http://de.wikipedia.org/wiki/Christusritter

1312: 1: http://de.wikipedia.org/wiki/Christusritter

1312: 2: A. Demurger, Die Templer, München, 1991, S. 260

1314: 1: A. Demurger, Die Templer, München, 1991, S. 337

1314: 2: http://de.wikipedia.org/wiki/Christusritter

1317: 1: http://de.wikipedia.org/wiki/Christusritter

1318: 1: http://de.wikipedia.org/wiki/Christusritter

1319: 1: http://de.wikipedia.org/wiki/Christusritter

1319, oder früher: 1: Maria Jesús Herrero Sanz, Ganz Segovia, Editorial Escudo de Oro, S.A., S. 32, 33

1321: 1: http://de.wikipedia.org/wiki/Christusritter

1325: 1: http://de.wikipedia.org/wiki/Dionysius_(Portugal)

1336: 1: Huizinga, Herbst des Mittelalters, S.519

1338: 1: http://de.wikipedia.org/wiki/Gent

1340: 1: http://de.wikipedia.org/wiki/Zeittafel_Portugal

1348: 1: http://www.genealogie-mittelalter.de/brabant_herzoege_von_linie_burgund/goldenes_vlies.html

1352: 1: http://www.angelfire.com/mi4/polcrt/SecularOrders.html

1353: 1: Roger van de Wielle, Der Genter Dom, Gent, 1994, S. 4

1357: 1: http://de.wikipedia.org/wiki/Christusritter

1363: 1: Huizinga, Herbst des Mittelalters, S.520

1363: 2: http://de.wikipedia.org/wiki/Haus_Burgund

1369: 1: Huizinga, Herbst des Mittelalters, S.520

1369: 1: Huizinga, Herbst des Mittelalters, S.522

1373: 1: http://de.wikipedia.org/wiki/John_of_Gaunt

1378: 1: Huizinga, Herbst des Mittelalters, S.521

1383: 1: http://de.wikipedia.org/wiki/Zeittafel_Portugal

1383: 2: http://de.wikipedia.org/wiki/Christusritter

1386: 1: http://de.wikipedia.org/wiki/Zeittafel_Portugal

1387: 1: http://de.wikipedia.org/wiki/Johann_I._(Portugal)

1390: 1: http://www.newadvent.org/cathen/13684b.htm

1390: 2: N.Schneider, „Jan van Eyck - Der Genter Altar"; Frankfurt am Main, 1986, S. 98

1390, nach: 1: N.Schneider, „Jan van Eyck - Der Genter Altar"; Frankfurt am Main, 1986, S. 100

1393: 1: Calmette, Die großen Herzöge von Burgund, S. 80

1395-1396: 1: N.Schneider, „Jan van Eyck - Der Genter Altar"; Frankfurt am Main, 1986, S. 100

1396: 1: Calmette, Die großen Herzöge von Burgund, S. 73

1396: 2: http://de.wikipedia.org/wiki/Schlacht_von_Nikopolis

1399: 1: Huizinga, Herbst des Mittelalters, S.522

1404: 1: Huizinga, Herbst des Mittelalters, S.523

1405: 1: Calmette, Die großen Herzöge von Burgund, S. 91- 98

1405: 2: http://de.wikipedia.org/wiki/Ludwig_von_Orl%C3%A9ans

1405: 3: Calmette, Die großen Herzöge von Burgund, S. 91- 98

1405: 4: Brügge und seine Schönheiten, Verlag THILL S.A., S.20

1406: 1: Huizinga, Herbst des Mittelalters, S.523

1407: 1: Calmette, Die großen Herzöge von Burgund, S. 97,98

1408: 1: Huizinga, Herbst des Mittelalters, S.523

1410: 1: Huizinga, Herbst des Mittelalters, S.523

1412: 1: N.Schneider, „Jan van Eyck - Der Genter Altar"; Frankfurt am Main, 1986, S. 100

1413: 1: Huizinga, Herbst des Mittelalters, S.523

1414: 1: Huizinga, Herbst des Mittelalters, S.523

1414-1418: 1: Huizinga, Herbst des Mittelalters, S.523, 524

1415: 1: Huizinga, Herbst des Mittelalters, S.523

1415: 2: http://de.wikipedia.org/wiki/Zeittafel_Portugal

1415-1416: 1: N.Schneider, „Jan van Eyck - Der Genter Altar"; Frankfurt am Main, 1986, S. 100

1417: 1: Huizinga, Herbst des Mittelalters, S.524

1417: 2: N.Schneider, „Jan van Eyck - Der Genter Altar"; Frankfurt am Main, 1986, S. 98

1418: 1: Huizinga, Herbst des Mittelalters, S.524

1419: 1: Huizinga, Herbst des Mittelalters, S.524

1420-1440: 1: Angaben des Kunsthistorisches Museum Wien

1420: 1: Heinrich Zimmermann, Die Malerei der Gotik und Frührenaissance, S.38

1420: 2: http://www.ask1.org/modules.php?name=dieredaktion&file=artikel&id=72

1420: 3: http://de.wikipedia.org/wiki/Christusritter

1420: 4: Huizinga, Herbst des Mittelalters, S.524

1420: 5: http://de.wikipedia.org/wiki/Haus_Burgund

1422: 1: http://de.wikipedia.org/wiki/Haus_Burgund

1422: 2: Calmette, Die großen Herzöge von Burgund, S. 92, siehe auch S.163

1422-1424: 1: N.Schneider, „Jan van Eyck - Der Genter Altar"; Frankfurt am Main, 1986, S. 98

1424: 1: http://www.mittelalter-genealogie.de/valois/herzoege_von_burgund/bona_von_ar-tois_herzogin_von_burgund_1425.html

1424-1425: 1: N.Schneider, „Jan van Eyck - Der Genter Altar"; Frankfurt am Main, 1986, S. 100

1425: 1: N.Schneider, „Jan van Eyck - Der Genter Altar"; Frankfurt am Main, 1986, S. 98

1425: 2: Calmette, Die großen Herzöge von Burgund, S. 92, siehe auch S.166 und http: //www.mittelalter-genealogie.de/valois/herzoege_von_burgund/bona_von_artois_herzo-gin_von_burgund_1425.html

1425-1426: 1: N.Schneider, „Jan van Eyck - Der Genter Altar"; Frankfurt am Main, 1986, S. 101

1426: 1: Huizinga, Herbst des Mittelalters, S.525

1426: 2: N.Schneider, „Jan van Eyck - Der Genter Altar"; Frankfurt am Main, 1986, S. 98

1426: 3: N.Schneider, „Jan van Eyck - Der Genter Altar"; Frankfurt am Main, 1986, S. 98

1427: 1: http://de.wikipedia.org/wiki/Zeittafel_Portugal

1427: 2: Elisabeth Dahnens, Hubert und Jan van Eyck, S.47ff

1427: 3: N.Schneider, „Jan van Eyck - Der Genter Altar"; Frankfurt am Main, 1986, S. 98

1428: 1: Huizinga, Herbst des Mittelalters, S.525 siehe auch : Calmette, Die großen Herzöge von Burgund, S. 92, siehe auch S.171

1428: 1: N.Schneider, „Jan van Eyck - Der Genter Altar"; Frankfurt am Main, 1986, S. 98

1428: 2: Elisabeth Dahnens, Hubert und Jan van Eyck, S.47ff

1429: 1: Huizinga, Herbst des Mittelalters, S.525

1430: 1: Huizinga, Herbst des Mittelalters, S.525

1430: 2: N.Schneider, „Jan van Eyck - Der Genter Altar"; Frankfurt am Main, 1986, S. 99, siehe auch Calmette, Die großen Herzöge von Burgund, S. 92, siehe auch S.177

1430: 3: Huizinga, Herbst des Mittelalters, S.525

1430: 4: Calmette, Die großen Herzöge von Burgund, S.205

1430-1431: 1: N.Schneider, „Jan van Eyck - Der Genter Altar"; Frankfurt am Main, 1986, S. 100

1431: 1: http:// www.antiquesatoz.com/sgfleece/knights1.htm

1431: 2: N.Schneider, „Jan van Eyck - Der Genter Altar"; Frankfurt am Main, 1986, S. 99

1431: 3: Calmette, Die großen Herzöge von Burgund, S.204

1432: 1: N.Schneider, „Jan van Eyck - Der Genter Altar"; Frankfurt am Main, 1986, S. 99

1432: 2: http://www.antiquesatoz.com/sgfleece/knights1.htm

1432: 3: N.Schneider, „Jan van Eyck - Der Genter Altar"; Frankfurt am Main, 1986, S. 106

1432: 4: http://www.ask1.org/modules.php?name=dieredaktion&file=artikel&id=72

1433: 1: N.Schneider, „Jan van Eyck - Der Genter Altar"; Frankfurt am Main, 1986, S. 99

1433: 2: http://www.antiquesatoz.com/sgfleece/knights1.htm

1433: 3: http://de.wikipedia.org/wiki/Haus_Burgund

1433: 4: Calmette, Die großen Herzöge von Burgund, S.205

1433-1434: 1: N.Schneider, „Jan van Eyck - Der Genter Altar"; Frankfurt am Main, 1986, S. 100

1434: N.Schneider, „Jan van Eyck - Der Genter Altar"; Frankfurt am Main, 1986, S. 99

1435: 1: N.Schneider, „Jan van Eyck - Der Genter Altar"; Frankfurt am Main, 1986, S. 99

1435: 2: aus Deutschland & Europa - „Flandern - eine europäische Region", Heft. 36, Juni 1998, S.37

1435: 3: http://www.antiquesatoz.com/sgfleece/knights1.htm

1435: 4: http://www.lpb.bwue.de/aktuell/due/36_98/due36r.htm

1435: 5: http://de.wikipedia.org/wiki/Haus_Burgund

1436: 1: http://www.antiquesatoz.com/sgfleece/knights1.htm

1436: 2: Huizinga, Herbst des Mittelalters, S.526

1436: 3: N.Schneider, „Jan van Eyck - Der Genter Altar"; Frankfurt am Main, 1986, S. 99

1438: 1: http://de.wikipedia.org/wiki/Haus_Burgund

1438: 2: http://de.wikipedia.org/wiki/Zeittafel_Portugal

1439: 1: N.Schneider, „Jan van Eyck - Der Genter Altar"; Frankfurt am Main, 1986, S. 101

1440: 1: http://www.antiquesatoz.com/sgfleece/knights1.htm

1440: 2: Huizinga, Herbst des Mittelalters, S.526

1441: 1: N.Schneider, „Jan van Eyck - Der Genter Altar"; Frankfurt am Main, 1986, S. 99

1441: 2: http://www.lpb.bwue.de/aktuell/due/36_98/due36r.htm

1442: 1: http://www.lpb.bwue.de/aktuell/due/36_98/due36r.htm

1443: 1: N.Schneider, „Jan van Eyck - Der Genter Altar"; Frankfurt am Main, 1986, S. 101

1445: 1: http://www.antiquesatoz.com/sgfleece/knights1.htm

1445: 2: Stefanie Dathe: La Vera Cruz in Segovia, Weimar, 2001, S. 30

1445: 3: Zur kastilischen Meseta - Segovia, S. 293

1447: 1: Huizinga, Herbst des Mittelalters, S.526

1447: 2: http://de.wikipedia.org/wiki/Zeittafel_Portugal

1448-1453: 1: Huizinga, Herbst des Mittelalters, S.526

1449: 1: Huizinga, Herbst des Mittelalters, S.526

1450: 1: Wien, Haus-, Hof- und Staatsarchiv, Depot des Ordens vom Goldenen Vlies

1450: 2: siehe http://www.antiquesatoz.com/sgfleece/knights1.htm

1450-1452: 1: Huizinga, Herbst des Mittelalters, S.526

1451: 1: http://www.antiquesatoz.com/sgfleece/knights1.htm

1451: 2: Calmette, Die großen Herzöge von Burgund, S.197

1453: 1: http://de.wikipedia.org/wiki/Gent

1453: 2: Huizinga, Herbst des Mittelalters, S.527

1453: 3: Calmette, Die großen Herzöge von Burgund, S.197

1454: 1: Huizinga, Herbst des Mittelalters, S.527

1454: 2: T.-H. Borchert, Jan van Eyck und seine Zeit, Flämische Meister und der Süden, 1430-1530, Stuttgart,

1454: 3: Calmette, Die großen Herzöge von Burgund, S.198

1456: 1: Huizinga, Herbst des Mittelalters, S.527

1456: 2: http://www.antiquesatoz.com/sgfleece/knights1.htm

1456: 3: http://de.wikipedia.org/wiki/Christusritter

1458: 1: Esther Gallwitz, Ein wunderbarer Garten, Frankfurt am Main und Leipzig 1996, S.44

1460: 1: Huizinga, Herbst des Mittelalters, S.527

1460: 2: http://de.wikipedia.org/wiki/Christusritter

1461: 1: Huizinga, Herbst des Mittelalters, S.527

1461: 2: Huizinga, Herbst des Mittelalters, S.527

1461: 3: Calmette, Die großen Herzöge von Burgund, S. 200

1461: 4: http://www.antiquesatoz.com/sgfleece/knights1.htm

1462: 1: Roger van de Wielle, Der Genter Dom, Gent, 1994, S. 4

1463: 1: Huizinga, Herbst des Mittelalters, S.527

1465: 1: Huizinga, Herbst des Mittelalters, S.527

1467: 1: http://de.wikipedia.org/wiki/Orden_vom_Goldenen_Vlies

1468: 1: http://www.antiquesatoz.com/sgfleece/knights1.htm

1470: 1: Huizinga, Herbst des Mittelalters, S.528

1471: 1: Huizinga, Herbst des Mittelalters, S.528

1471: 2: Calmette, Die großen Herzöge von Burgund, S. 202

1473: 1: Huizinga, Herbst des Mittelalters, S.529

1474: 1: Huizinga, Herbst des Mittelalters, S.528

1474: 2: Ana Martin Moreno, The Alcazar of Segovia, Aldeasa, Spain, S.6

1475: 1: Huizinga, Herbst des Mittelalters, S.528

1476: 1: Huizinga, Herbst des Mittelalters, S.528

1476-1477: 1: http://de.wikipedia.org/wiki/Zeittafel_Portugal

1477: 1: Huizinga, Herbst des Mittelalters, S.528, 529

1477: 2: Propyläen, Geschichte Europas, 1400-1555

1477: 3: http://de.wikipedia.org/wiki/Gent

1478: 1: http://de.wikipedia.org/wiki/Orden_vom_Goldenen_Vlies

1478: 2: http://www.antiquesatoz.com/sgfleece/knights1.htm

1479: 1: http://de.wikipedia.org/wiki/Zeittafel_Portugal

1481: 1: http://www.antiquesatoz.com/sgfleece/knights1.htm

1481-1495: 1: http://de.wikipedia.org/wiki/Zeittafel_Portugal

1482: 1: Huizinga, Herbst des Mittelalters, S.529

1482: 2: http://de.wikipedia.org/wiki/Orden_vom_Goldenen_Vlies

1482: 3: http://de.wikipedia.org/wiki/Zeittafel_Portugal

1484: 1: http://de.wikipedia.org/wiki/Tomar

1486: 1: Huizinga, Herbst des Mittelalters, S.529

1488: 1: http://de.wikipedia.org/wiki/Zeittafel_Portugal

1491: 1: Huizinga, Herbst des Mittelalters, S.529

1491: 2: http://www.antiquesatoz.com/sgfleece/knights1.htm

1492: 1: http://de.wikipedia.org/wiki/Zeittafel_Portugal

1492: 2: Huizinga, Herbst des Mittelalters, S.529

1492: 3: http://de.wikipedia.org/wiki/Zeittafel_Portugal

1493: 1: Huizinga, Herbst des Mittelalters, S.529

1493: 2: Huizinga, Herbst des Mittelalters, S.529

1494: 1: http://de.wikipedia.org/wiki/Zeittafel_Portugal

1495-1521: 1: http://de.wikipedia.org/wiki/Tomar

1496: 1: http://de.wikipedia.org/wiki/Zeittafel_Portugal

1496: 2: Huizinga, Herbst des Mittelalters, S.530

1496: 3: http://de.wikipedia.org/wiki/Christusritter

1497: 1: http://de.wikipedia.org/wiki/Zeittafel_Portugal

1498: 1: Huizinga, Herbst des Mittelalters, S.530

1500: 1: M. F. Alvarez, Karl. V. Herrscher eines Weltreichs, Heyne Verlag, München, S. 15

1500: 2: M. F. Alvarez, Karl. V. Herrscher eines Weltreichs, Heyne Verlag, München, S. 245

1501: 1: http://www.antiquesatoz.com/sgfleece/knights1.htm

1503: 1: M. F. Alvarez, Karl. V. Herrscher eines Weltreichs, Heyne Verlag, München, S. 245

1504: 1: M. F. Alvarez, Karl. V. Herrscher eines Weltreichs, Heyne Verlag, München, S. 245

1504: 2: M. F. Alvarez, Karl. V. Herrscher eines Weltreichs, Heyne Verlag, München, S. 246

1505-1515: 1: http://de.wikipedia.org/wiki/Zeittafel_Portugal

1505: 1: http://www.antiquesatoz.com/sgfleece/knights1.htm

1506: 1: http://de.wikipedia.org/wiki/Orden_vom_Goldenen_Vlies

1507: 1: Propyläen, Geschichte Europas, 1400-1555, S. 351

1507: 2: Stefanie Dathe: La Vera Cruz in Segovia, Weimar, 2001, S. 248, 249

1507: 3: Propyläen, Geschichte Europas, 1400-1555, S. 353

1509: 1: http://de.wikipedia.org/wiki/Zeittafel_Portugal

1510: 1: M. F. Alvarez, Karl. V. Herrscher eines Weltreichs, Heyne Verlag, München, S. 246

1511: 1: M. F. Alvarez, Karl. V. Herrscher eines Weltreichs, Heyne Verlag, München, S. 246

1513: 2: M. F. Alvarez, Karl. V. Herrscher eines Weltreichs, Heyne Verlag, München, S. 247

1515: 1: http://www.antiquesatoz.com/sgfleece/knights1.htm

1516: 1: http://de.wikipedia.org/wiki/Karl_V._%28HRR%29

1516: 2: http://de.wikipedia.org/wiki/Christusritter

1517: 1: M. F. Alvarez, Karl. V. Herrscher eines Weltreichs, Heyne Verlag, München, S. 248

1517: 2: N.Schneider, „Jan van Eyck - Der Genter Altar"; Frankfurt am Main, 1986, S. 106

1519: 1: M. F. Alvarez, Karl. V. Herrscher eines Weltreichs, Heyne Verlag, München, S. 248

1519: 1: http://www.antiquesatoz.com/sgfleece/knights1.htm

1519: 3: http://de.wikipedia.org/wiki/Hern%C3%A1n_Cort%C3%A9s

1519-1522: 1: http://de.wikipedia.org/wiki/Zeittafel_Portugal

1520: 1: M. F. Alvarez, Karl. V. Herrscher eines Weltreichs, Heyne Verlag, München, S. 249

1520: 2: Stefanie Dathe: La Vera Cruz in Segovia, Weimar, 2001, S. 51

1520: 3: Stefanie Dathe: La Vera Cruz in Segovia, Weimar, 2001, S. 51

1520: 4: Stefanie Dathe: La Vera Cruz in Segovia, Weimar, 2001, S. 84

1520: 5: M. F. Alvarez, Karl. V. Herrscher eines Weltreichs, Heyne Verlag, München, S. 249

1520: 6: M. F. Alvarez, Karl. V. Herrscher eines Weltreichs, Heyne Verlag, München, S. 249

1520: 7: M. F. Alvarez, Karl. V. Herrscher eines Weltreichs, Heyne Verlag, München, S. 249

1521: 1: N.Schneider, „Jan van Eyck - Der Genter Altar"; Frankfurt am Main, 1986, S. 106

1521: 2: M. F. Alvarez, Karl. V. Herrscher eines Weltreichs, Heyne Verlag, München, S. 249

1521-1526: 1: M. F. Alvarez, Karl. V. Herrscher eines Weltreichs, Heyne Verlag, München, S. 249

1521-1526: 2: http://de.wikipedia.org/wiki/Karl_V._%28HRR%29

1522: 1: M. F. Alvarez, Karl. V. Herrscher eines Weltreichs, Heyne Verlag, München, S. 250

1522: 2: M. F. Alvarez, Karl. V. Herrscher eines Weltreichs, Heyne Verlag, München, S. 250

1522: 3: Propyläen, Geschichte Europas, 1556-1648, S.98

1522: 4: http://de.wikipedia.org/wiki/Christusritter

1522: 5: Propyläen, Geschichte Europas, 1400-1555, S.353

1523: 1: M. F. Alvarez, Karl. V. Herrscher eines Weltreichs, Heyne Verlag, München, S. 250

1524-1526: 1: http://de.wikipedia.org/wiki/Karl_V._%28HRR%29

1525: 1: http://de.wikipedia.org/wiki/Karl_V._%28HRR%29c

1526: 1: http://de.wikipedia.org/wiki/Karl_V._%28HRR%29

1526: 2: http://de.wikipedia.org/wiki/Karl_V._%28HRR%29#Krieg_gegen_die_T.C3.BCrken

1526-1529: 1: M. F. Alvarez, Karl. V. Herrscher eines Weltreichs, Heyne Verlag, München, S. 250

1527: 1: http://de.wikipedia.org/wiki/Philipp_II._(Spanien)

1529: 1: http://de.wikipedia.org/wiki/Karl_V._(HRR)

1529: 2: M. F. Alvarez, Karl. V. Herrscher eines Weltreichs, Heyne Verlag, München, S. 251, 252

1529: 3: M. F. Alvarez, Karl. V. Herrscher eines Weltreichs, Heyne Verlag, München, S. 251, 252

1530: 1: M. F. Alvarez, Karl. V. Herrscher eines Weltreichs, Heyne Verlag, München, S. 252

1530: 2: http://de.wikipedia.org/wiki/Malteserorden

1531: 1: M. F. Alvarez, Karl. V. Herrscher eines Weltreichs, Heyne Verlag, München, S. 252

1531: 2: http://www.antiquesatoz.com/sgfleece/knights1.htm

1531: 3: Stefanie Dathe: La Vera Cruz in Segovia, Weimar, 2001, S. 73

1532: 1: http://de.wikipedia.org/wiki/Tomar

1532: 2: http://de.wikipedia.org/wiki/Karl_V._%28HRR%29

1532: 3: M. F. Alvarez, Karl. V. Herrscher eines Weltreichs, Heyne Verlag, München, S. 253

1532: 4: http://de.wikipedia.org/wiki/Christusritter

1533: 1: Roger van de Wielle, Der Genter Dom, Gent, 1994, S. 4

1533: 2: M. F. Alvarez, Karl. V. Herrscher eines Weltreichs, Heyne Verlag, München, S. 253

1536: 1: http://de.wikipedia.org/wiki/Zeittafel_Portugal

1536: 2: http://de.wikipedia.org/wiki/Karl_V._%28HRR%29

1538: 1: M. F. Alvarez, Karl. V. Herrscher eines Weltreichs, Heyne Verlag, München, S. 254

1538: 2: Roger van de Wielle, Der Genter Dom, Gent, 1994, S. 4

1539: 1: http://de.wikipedia.org/wiki/Gent

1539: 2: M. F. Alvarez, Karl. V. Herrscher eines Weltreichs, Heyne Verlag, München, S. 254

1539: 3: M. F. Alvarez, Karl. V. Herrscher eines Weltreichs, Heyne Verlag, München, S. 254

1540: 1: M. F. Alvarez, Karl. V. Herrscher eines Weltreichs, Heyne Verlag, München, S. 254

1540: 2: Roger van de Wielle, Der Genter Dom, Gent, 1994, S. 4 und M. F. Alvarez, Karl. V. Herrscher eines Weltreichs, Heyne Verlag, München, S. 254

1541: 1: M. F. Alvarez, Karl. V. Herrscher eines Weltreichs, Heyne Verlag, München, S. 255

1542-1544: 1: M. F. Alvarez, Karl. V. Herrscher eines Weltreichs, Heyne Verlag, München, S. 255

1542: 1: M. F. Alvarez, Karl. V. Herrscher eines Weltreichs, Heyne Verlag, München, S. 255

1543: 1: http://de.wikipedia.org/wiki/Philipp_II._(Spanien)

1543: 2: M. F. Alvarez, Karl. V. Herrscher eines Weltreichs, Heyne Verlag, München, S. 255

1544: 1: M. F. Alvarez, Karl. V. Herrscher eines Weltreichs, Heyne Verlag, München, S. 255

1545: 1: http://de.wikipedia.org/wiki/Karl_V._%28HRR%29

1545: 2: http://de.wikipedia.org/wiki/Philipp_II._(Spanien)

1546: 1: http://www.antiquesatoz.com/sgfleece/knights1.htm

1546: 2: M. F. Alvarez, Karl. V. Herrscher eines Weltreichs, Heyne Verlag, München, S. 256

1547-1548: 1: M. F. Alvarez, Karl. V. Herrscher eines Weltreichs, Heyne Verlag, München, S. 256

1548: 1: http://de.wikipedia.org/wiki/Karl_V._%28HRR%29

1550: 1: Ludwig Baldass, Jan van Eyck, Köln 1952, S.261

1550: 2: M. F. Alvarez, Karl. V. Herrscher eines Weltreichs, Heyne Verlag, München, S. 256

1551: 1: M. F. Alvarez, Karl. V. Herrscher eines Weltreichs, Heyne Verlag, München, S. 256

1551: 2: Propyläen Kunstgeschichte, Die Kunst des 16. Jahrhunderts, S. 361

1552-1556: 1: M. F. Alvarez, Karl. V. Herrscher eines Weltreichs, Heyne Verlag, München, S. 257

1552: 1: M. F. Alvarez, Karl. V. Herrscher eines Weltreichs, Heyne Verlag, München, S. 257

1553: 1: M. F. Alvarez, Karl. V. Herrscher eines Weltreichs, Heyne Verlag, München, S. 257

1554: 1: M. F. Alvarez, Karl. V. Herrscher eines Weltreichs, Heyne Verlag, München, S. 258

1554: 2: http://de.wikipedia.org/wiki/Philipp_II._(Spanien)

1555: 1: M. F. Alvarez, Karl. V. Herrscher eines Weltreichs, Heyne Verlag, München, S. 258

1555: 2: http://de.wikipedia.org/wiki/Orden_vom_Goldenen_Vlies

1555: 3: http://www.antiquesatoz.com/sgfleece/knights1.htm

1556: 1: http://de.wikipedia.org/wiki/Karl_V._%28HRR%29

1556: 2: http://de.wikipedia.org/wiki/Karl_V._%28HRR%29

1557: 1: M. F. Alvarez, Karl. V. Herrscher eines Weltreichs, Heyne Verlag, München, S. 258

1557: 2: M. F. Alvarez, Karl. V. Herrscher eines Weltreichs, Heyne Verlag, München, S. 258

1557: 3: http://de.wikipedia.org/wiki/San_Lorenzo_el_Real_de_El_Escorial

1557: 4: http://www.thornr.demon.co.uk/kchrist/afterde.html

1557-1559: 1: N.Schneider, „Jan van Eyck - Der Genter Altar"; Frankfurt am Main, 1986, S. 106

1557-1580: 1: Propyläen Kunstgeschichte, Die Kunst des 16. Jahrhunderts, S. 361

1558: 1: http://de.wikipedia.org/wiki/Karl_V._%28HRR%29

1558: 2: http://de.wikipedia.org/wiki/Philipp_II._(Spanien)

1558: 3: J. L. Sancho, Das Kloster San Lorenzo el Real de El Escorial, Patrimonio Nacional und Aldeasa, 1998, S. 8

1558: 4: Ganz Segovia, Editorial Escudo de Oro, S.A., S 16 und Zur kastilischen Meseta - Segovia, S. 293

1559: 1: http://www.antiquesatoz.com/sgfleece/knights1.htm

1559: 2: Roger van de Wielle, Der Genter Dom, Gent, 1994, S. 24

1559: 3: N.Schneider, „Jan van Eyck - Der Genter Altar"; Frankfurt am Main, 1986, S. 106

1561: 1: Roger van de Wielle, Der Genter Dom, Gent, 1994, S. 4

1561: 2: (Propyläen, Geschichte Europas, 1400-1555, S.86)

1563: 1: http://de.wikipedia.org/wiki/San_Lorenzo_el_Real_de_El_Escorial

1566: 1: Roger van de Wielle, Der Genter Dom, Gent, 1994, S. 4

1568: 1: http://de.wikipedia.org/wiki/Gent

1569: 1: Roger van de Wielle, Der Genter Dom, Gent, 1994, S. 4

1570: 1: Ana Martin Moreno, The Alcazar of Segovia, Aldeasa, Spain, S.8

1571: 1: J. L. Sancho, Das Kloster San Lorenzo el Real de El Escorial, Patrimonio Nacional und Aldeasa, 1998, S. 8

1578: 1: Propyläen, Geschichte Europas, 1556-1648, S.76

1578: 2: N.Schneider, „Jan van Eyck - Der Genter Altar"; Frankfurt am Main, 1986, S. 98

1578: 3. http://www.lpb.bwue.de/aktuell/due/36_98/due36s.htm

1578: 4: http://de.wikipedia.org/wiki/St.-Bavo-Kirche

1580: 1: Propyläen, Geschichte Europas, 1556-1648, S.96

1580: 2: http://de.wikipedia.org/wiki/Tomar

1580-1640: 1: http://de.wikipedia.org/wiki/Zeittafel_Portugal

1582: 1: Stefanie Dathe: La Vera Cruz in Segovia, Weimar, 2001, S. 75

1584: 1: http://de.wikipedia.org/wiki/San_Lorenzo_el_Real_de_El_Escorial und J. L. Sancho, Das Kloster San Lorenzo el Real de El Escorial, Patrimonio Nacional und Aldeasa, 1998, S. 8

1584: 2: Magisterarbeit von Eva-Maria Born, „Die Kopien des Genter Altars", Institut für Kunstgeschichte, RWTH Aachen, WS 2000/01 bei Prof. Dr. Ulrich Schneider, S. 10-15

1586: 1: N.Schneider, „Jan van Eyck - Der Genter Altar"; Frankfurt am Main, 1986, S. 107

1591: 1: aus Deutschland & Europa - „Flandern - eine europäische Region", Heft. 36, Juni 1998, S.38

1595: 1: J. L. Sancho, Das Kloster San Lorenzo el Real de El Escorial, Patrimonio Nacional und Aldeasa, 1998, S. 8

1598, vor: 1: Magisterarbeit von Eva-Maria Born, „Die Kopien des Genter Altars", Institut für Kunstgeschichte, RWTH Aachen, WS 2000/01 bei Prof. Dr. Ulrich Schneider, S. 8-10

1598: 1: http://de.wikipedia.org/wiki/Philipp_II._(Spanien)

1602: 1: Roger van de Wielle, Der Genter Dom, Gent, 1994, S. 4

1640: 1: Roger van de Wielle, Der Genter Dom, Gent, 1994, S. 4

1654: 1: Roger van de Wielle, Der Genter Dom, Gent, 1994, S. 14

1662: 1: http://www.lpb.bwue.de/aktuell/due/36_98/due36s.htm

1682: 1: Stefanie Dathe: La Vera Cruz in Segovia, Weimar, 2001, S. 83, 84

1692: 1: Stefanie Dathe: La Vera Cruz in Segovia, Weimar, 2001, S.51

1692: 2: Maria Jesús Herrero Sanz, Ganz Segovia, Editorial Escudo de Oro, S.A., S. 32, 33

1700: 1: http://de.wikipedia.org/wiki/Orden_vom_Goldenen_Vlies

1745: 1: Roger van de Wielle, Der Genter Dom, Gent, 1994, S. 12

1766: 1: http://de.wikipedia.org/wiki/St.-Bavo-Kirche

1781: 1: N.Schneider, „Jan van Eyck - Der Genter Altar"; Frankfurt am Main, 1986, S. 107

1794: 1: http://de.wikipedia.org/wiki/Gent

1794: 2: N.Schneider, „Jan van Eyck - Der Genter Altar"; Frankfurt am Main, 1986, S. 107

1795: 1: Brügge und seine Schönheiten, Verlag THILL S.A., S.14

1803: 1: Roger van de Wielle, Der Genter Dom, Gent, 1994, S. 14

1809: 1: http://www.antiquesatoz.com/sgfleece/bonapart.htm

1816: 1: Roger van de Wielle, Der Genter Dom, Gent, 1994, S.38

1821: 1: N.Schneider, „Jan van Eyck - Der Genter Altar"; Frankfurt am Main, 1986, S. 107

1823: 1: N.Schneider, „Jan van Eyck - Der Genter Altar"; Frankfurt am Main, 1986, S. 83

1833: 1: http://www.antiquesatoz.com/sgfleece/carlist.htm

1845: 1: Maria Jesús Herrero Sanz, Ganz Segovia, Editorial Escudo de Oro, S.A., S. 32, 33

1861: 1: N.Schneider, „Jan van Eyck - Der Genter Altar"; Frankfurt am Main, 1986, S. 107

1862: 1: Ana Martin Moreno, The Alcazar of Segovia, Aldeasa, Spain, S. 8

1865: 1: Roger van de Wielle, Der Genter Dom, Gent, 1994, S. 11

1919: 1: Maria Jesús Herrero Sanz, Ganz Segovia, Editorial Escudo de Oro, S.A., S. 32, 33

1920: 1: N.Schneider, „Jan van Eyck - Der Genter Altar"; Frankfurt am Main, 1986, S. 107

1934: 1: N.Schneider, „Jan van Eyck - Der Genter Altar"; Frankfurt am Main, 1986, S. 107

1939-1941: 1: P. Schmidt, TheAdoration of the Lamb, Leuven 1996, S. 14

1940: 1: http://residence.aec.at/rax/KUN_POL/KUNST/EYCK/gesch3.html

1942: 1: http://residence.aec.at/rax/KUN_POL/KUNST/EYCK/gesch3.html und http://residence.aec.at/rax/KUN_POL/KUNST/EYCK/gesch4.html

1944: 1: http://residence.aec.at/rax/KUN_POL/KUNST/EYCK/gesch4.html

1944: 2: http://residence.aec.at/rax/KUN_POL/KUNST/EYCK/gesch5.html

1945: 1: http://residence.aec.at/rax/KUN_POL/KUNST/EYCK/gesch5.html

1945: 2: http://residence.aec.at/rax/KUN_POL/KUNST/EYCK/gesch6.html

1950-1951: 1: http://kunst.gymszbad.de/kunstgeschichte/motivgeschichte/altaere/genter_altar/gent-bavo.htm

1952: 2: Roger van de Wielle, Der Genter Dom, Gent, 1994, S. 40

1968: 1: Hiervon zeugt eine Inschrift in der Grabkirche Vera Cruz.

1979: 1: http://www.buecher-spezial.de/faz/000000282/jan_van_eyck_und_der_genter_altar_000000282767.html

1989: 1: http://www.lpb.bwue.de/aktuell/due/36_98/due36s.htm

Großmeister des Goldenen Vlieses
http://de.wikipedia.org/wiki/Orden_vom_Goldenen_Vlies

Großmeister des Christusordens
http://www.thornr.demon.co.uk/kchrist/prede.html
http://www.thornr.demon.co.uk/kchrist/afterde.html

ABBILDUNGSNACHWEISE

EINBAND UND FRONTISPIZ
Titel: van Eyck, Genter Altar, Ausschnitt; von
http://commons.wikimedia.org/wiki/Image:Ghent_Altarpiece_D_-_Lamb.jpg [1]
S.3: La Vera Cruz, Segovia, Kirchenboden in der in der unteren Aedikula; Foto von Klaus Schröer

I. Teil
Kapitel 1
Abb. 1: van Eyck, Genter Altar, Werktags- und Sonntagsseite;
von http://commons.wikimedia.org/wiki/Image:Retable_de_l%27Agneau_mystique.jpg,
(durch Klaus Schröer freigestellt) [1] und http://commons.wikimedia.org/wiki/Image:
Ghent_Altarpiece_F_-_Back_panel.jpg (durch Klaus Schröer freigestellt) [1]
Abb. 2: Der Genter Altar in der Vijd-Kapelle; mit freundlicher Genehmigung von Herrn Coppens, Brüssel
Abb. 3: van Eyck, Genter Altar, Werktagsseite, Joducus Vijd und Maria
von http://commons.wikimedia.org/wiki/Image:Jan_van_Eyck_025.jpg (bzw. The Yorck Project: 10.000 Meisterwerke der Malerei. DVD-ROM, 2002. ISBN 3936122202. Distributed by DIRECTMEDIA Publishing GmbH) [1] und http://commons.wikimedia.org/wiki/Image:Jan_van_Eyck_043.jpg (bzw. The Yorck Project: 10.000 Meisterwerke der Malerei. DVD-ROM, 2002. ISBN 3936122202. Distributed by DIRECTMEDIA Publishing GmbH) [1]
Abb. 4: Rogier van der Weyden, Philipp der Gute, Ausschnitt aus dem Widmungsbild, „Chroniques du Hainaut" von Jasques de Guise, Brüssel; von
http://commons.wikimedia.org/wiki/Image:Van_der_weyden_miniature.jpg [1]
Abb. 5: Philipp II, Alcazar, Segovia; Foto von Klaus Schröer
Abb. 6: Arsène Goedertier; mit freundlicher Genehmigung von Herrn Coppens, Brüssel
Abb. 7: Neuschwanstein im Jahr 1886;
von http://de.wikipedia.org/wiki/Bild:Neuschwanstein1886.jpg [1]
Abb. 8: Mathis Grünewald, Isenheimer Altar mit Predella, 1506-1515, Antoniterkloster, Colmar von http://de.wikipedia.org/wiki/Bild:Mathis_Gothart_Gr%C3%BCnewald_019.jpg (bzw. The Yorck Project: 10.000 Meisterwerke der Malerei. DVD-ROM, 2002. ISBN

3936122202. Distributed by DIRECTMEDIA Publishing GmbH) [1]

Kapitel 2

Abb. 9: van Eyck, Genter Altar, Werktagsseite [1]

Abb. 10: van Eyck, Genter Altar, Werktagsseite, Johannes, der Apokalyptiker
von http://commons.wikimedia.org/wiki/Image:Jan_van_Eyck_045.jpg (bzw. The Yorck
Project: 10.000 Meisterwerke der Malerei. DVD-ROM, 2002. ISBN 3936122202. Distributed by DIRECTMEDIA Publishing GmbH) [1]

Abb. 11: van Eyck, Genter Altar: Linker und rechter Flügel der Sonntagssseite [1]

Abb. 12: van Eyck, Genter Altar: Mitteltafeln der Sonntagsseite [1]

Abb. 13: Weltgerichtsdarstellung mit dem thronenden Christus, Notre Dame, Paris
von http://commons.wikimedia.org/wiki/Image:Voorgevelnotredame2.jpg;
Vom Fotograf mit dem Username FoekeNoppert unter der GNU-Lizenz für freie Dokumentation veröffentlicht.

Abb. 14: Roger van der Weyden: Das jüngste Gericht (Ausschnitt), Musée de l'Hôtel Dieu, Beaune;
von http://commons.wikimedia.org/wiki/Image:Rogier_van_der_Weyden_001.jpg
(bzw. The Yorck Project: 10.000 Meisterwerke der Malerei. DVD-ROM, 2002. ISBN
3936122202. Distributed by DIRECTMEDIA Publishing GmbH) [1]

Abb. 15: van Eyck, Genter Altar, Sonntagsseite; Detail des Brokat in der Tafel Gottvaters
mit dem Pelikanmotiv
aus Ludwig Baldass, Jan van Eyck, Phaidon Verlag, Köln 1952, Tafel 68 [1]

Abb. 16: Heilig-Blut-Reliquie, Brügge
von http://www.holyblood.com mit freundlicher Genehmigung des Rektors der Hl. Blutba-
silika Brügge

Abb. 17: van Eyck, Genter Altar, Sonntagsseite, Anbetung des Lammes, Ausschnitt
von http://commons.wikimedia.org/wiki/Image:Ghent_Altarpiece_D_-_Adoration_of_the_
Lamb_2.jpg [1]

Abb. 18 a: van Eyck, Genter Altar, Sonntagsseite, Anbetung des Lammes, Ausschnitt
aus Ludwig Baldass, Jan van Eyck, Phaidon Verlag, Köln 1952, Tafel 39 [1]

Abb. 18 b: van Eyck, Genter Altar, Sonntagsseite, Anbetung des Lammes, Ausschnitt
von http://commons.wikimedia.org/wiki/Image:Ghent_Altarpiece_D_-_Clergy_-_detail.jpg[1]

Abb. 19: van Eyck, Genter Altar, Sonntagsseite, Anbetung des Lammes, Ausschnitt
von http://commons.wikimedia.org/wiki/Image:Ghent_Altarpiece_D_-_Adoration_of_the_
Lamb_2.jpg [1]

Abb. 20: van Eyck, Genter Altar, Sonntagsseite, Gerechte Richter und Streiter Christi
aus Ludwig Baldass, Jan van Eyck, Phaidon Verlag, Köln 1952, Tafel 44 [1]

Abb. 21: van Eyck, Genter Altar, Sonntagsseite, Detail aus den Gerechte Richter
aus Ludwig Baldass, Jan van Eyck, Phaidon Verlag, Köln 1952, Tafel 46 [1]

Abb. 22: van Eyck, Genter Altar, Sonntagsseite, Detail aus der Tafel der Pilger mit dem
Apostel Jakobus d.Ä.
aus Ludwig Baldass, Jan van Eyck, Phaidon Verlag, Köln 1952, Tafel 53 [1]

Abb. 23: Werkstatt van Eyck, Lebensbrunnen, Madrid, Prado

von http://commons.wikimedia.org/wiki/Image:Niederl%C3%A4ndischer_Meister_001.jpg
(bzw. The Yorck Project: 10.000 Meisterwerke der Malerei. DVD-ROM, 2002. ISBN
3936122202. Distributed by DIRECTMEDIA Publishing GmbH) [1]

Kapitel 3

Abb. 24a: van Eyck, Genter Altar, Sonntagsseite, Detail mit Kirchengebäude
von http://de.wikipedia.org/wiki/Bild:Jan_van_Eyck_019.jpg (bzw. The Yorck Project:
10.000 Meisterwerke der Malerei. DVD-ROM, 2002. ISBN 3936122202. Distributed by
DIRECTMEDIA Publishing GmbH) [1]

Abb. 24b: van Eyck, Genter Altar, Sonntagsseite, Detail mit Kirchengebäude
von http://commons.wikimedia.org/wiki/Image:Retable_de_l%27Agneau_mystique_
%2810%29.jpg [1]

Abb. 25: Werkstatt van Eyck, Ausschnitt aus dem Lebensbrunnen, Madrid, Prado
von http://commons.wikimedia.org/wiki/Image:Niederl%C3%A4ndischer_Meister_001.jpg
(bzw. The Yorck Project: 10.000 Meisterwerke der Malerei. DVD-ROM, 2002. ISBN
3936122202. Distributed by DIRECTMEDIA Publishing GmbH) [1]

Abb. 26: Werkstatt van Eyck, Ausschnitt aus dem Lebensbrunnen, Madrid, Prado
von http://commons.wikimedia.org/wiki/Image:Niederl%C3%A4ndischer_Meister_001.jpg
(bzw. The Yorck Project: 10.000 Meisterwerke der Malerei. DVD-ROM, 2002. ISBN
3936122202. Distributed by DIRECTMEDIA Publishing GmbH) [1]

Abb. 27: van Eyck, Genter Altar, Montage mit Gegenüberstellung der Lynetten von Werk-
tags- und Sonntagsseite
aus Ludwig Baldass, Jan van Eyck, Phaidon Verlag, Köln 1952, Tafel 14 und 89 [1]

Abb. 28: Das Himmlische Jerusalem mit rechteckigem Grundriß, Württembergische Landesbib. Brev. 100
von http://www.fak14.uni-muenchen.de/seminare/wallicz/hj003.htm [1]

Abb. 29: Das neue Jerusalem, Apokalypse, Ms. bibl. 140, fol. 55r., Reichenau, vor 1020;
Bamberg 1)

Abb. 30: Das Paradies, „De laudibus Sanctae Crucis", Clm. 14159, fol. 5v., Regensburg,
1170/85; München [1]

Abb. 31: Weltkarte mit Jerusalem als Mittelpunkt, aus einer lateinischen Handschrift von
etwa 1250; Ms. Add. 28681. British Library, London) [1]

Abb. 32: Fensterrose der Südfassade von Chartes, Kathedrale Notre-Dame
von http://upload.wikimedia.org/wikipedia/commons/d/d2/Chartres2006_065.jpg;
Vom Fotograf mit dem Username Urban unter Public Domain-Lizenz veröffentlicht.

Abb. 33: van Eyck, Genter Altar, Sonntagsseite, Anbetung des Lammes, Ausschnitt
von http://commons.wikimedia.org/wiki/Image:Ghent_Altarpiece_D_-_Adoration_of_the_
Lamb_2.jpg [1]

Abb. 34: van Eyck, Genter Altar, Sonntagsseite, Anbetung des Lammes, Ausschnitt von
http://de.wikipedia.org/wiki/Bild:Retable_de_l%27Agneau_mystique_%2811%29.jpg [1]

Abb. 35: Grabkirche La Vera Cruz, Segovia, 1208. Grundriß nach Lampérez y Romea
(1880/1890) (mit Korrektur der Innenkontur der äußeren Mauer nach H. Sutter (1997))

Zeichnung von Klaus Schröer

Abb. 36: van Eyck, Genter Altar, Mitteltafeln der Sonntagsseite

von http://commons.wikimedia.org/wiki/Image:Retable_de_l%27Agneau_mystique.jpg, (Predella-Fläche durch Klaus Schröer hinzugefügt und Mitteltafeln freigestellt) [1]

Abb. 37 a und b: van Eyck, Genter Altar, Details der Sonntagsseite

aus Ludwig Baldass, Jan van Eyck, Phaidon Verlag, Köln 1952, Tafel 20 und 21 [1]

Abb. 38: Überlagerung der Mitteltafeln des Genter Altars und des Grundrisses der Kirche La Vera Cruz, Montage aus Zeichnung von Klaus Schröer und Mitteltafeln von http://commons.wikimedia.org/wiki/Image:Retable_de_l%27Agneau_mystique.jpg, (Predella-Fläche durch Klaus Schröer hinzugefügt und Mitteltafeln freigestellt) [1]

Abb. 39: Grundriß der Ordensburg in Tomar

von http://upload.wikimedia.org/wikipedia/commons/8/89/TomarChurchPlanCC3-pt.jpg Vom Urheber mit dem Username CristianChirita unter GNU-Lizenz für freie Dokumentation veröffentlicht.

Abb. 40: van Eyck, Genter Altar, Ausschnitt;

von Ghent_Altarpiece_D_-_Adoration_of_the_Lamb_2.jpg [1]

Abb. 41: van Eyck, Genter Altar, Ausschnitt;

von http://de.wikipedia.org/wiki/Bild:Ghent_Altarpiece_B_-_Angels.jpg

Kapitel 4

Abb. 42: Stadtplan von Segovia von Klaus Schröer mit phototechnischen Ergänzungen von Klaus Schröer

Abb. 43: La Vera Cruz, Segovia; Foto von Klaus Schröer

Kapitel 5

Abb. 44: Grabkirche La Vera Cruz, Segovia, 1208. Grundriß nach Lampérez y Romea (1880/1890) (mit Korrektur der Innenkontur der äußeren Mauer nach H. Sutter (1997)); Längsschnitt nach J. Gailhabaud; beide Zeichnungen von Klaus Schröer

Abb. 45: Das Alcazar von Segovia; Foto von Klaus Schröer

Abb. 46: Grundriss der Grabeskirche zu Jerusalem

von http://de.wikipedia.org/wiki/Bild:Dehio_9_Church_of_the_Holy_Sepulchre_Floor_plan.jpg (bzw. Georg Dehio/Gustav von Bezold: Kirchliche Baukunst des Abendlandes. Stuttgart: Verlag der Cotta'schen Buchhandlung 1887-1901, Plate No. 9.) [1]

Abb. 47: Ädikula der Grabeskirche zu Jerusalem

von http://de.wikipedia.org/wiki/Bild:Tomb_of_christ_sepulchre1.jpg Vom Fotograf mit dem Username Tin unter Public Domain-Lizenz veröffentlicht.

Abb. 48: La Vera Cruz, Blick auf die Treppenanlage; Foto von Klaus Schröer

Abb. 49: La Vera Cruz, Untergeschoß der Kapelle; Foto von Klaus Schröer

Abb. 50 a und b: La Vera Cruz, West-Ost-Panorama des Gewölbes (Montage aus zwei Aufnahmen) und des Erdgeschoßes (Montage aus drei Aufnahmen) der Innenrotunde; Foto von Klaus Schröer

Abb. 51: La Vera Cruz, Decke des Obergeschoßes mit den Gurtenpaaren; Foto von Klaus Schröer

Abb. 52: La Vera Cruz, Grabplatten vor der Hauptapsis; Foto von Klaus Schröer

Abb. 53: La Vera Cruz, Taufbecken; Foto von Klaus Schröer

Abb. 54: La Vera Cruz, Hauptapsis mit Kreuz aus dem 13. Jhd.; Foto von Klaus Schröer

Abb. 55: La Vera Cruz, Westportal; Foto von Klaus Schröer

Abb. 56: La Vera Cruz, Südportal; Foto von Klaus Schröer

Abb. 57 a und b: La Vera Cruz, Simsfiguren über dem Westportal und Kapitelle des Westportals; Fotos von Klaus Schröer

Abb. 58 a, b und c: La Vera Cruz, Kapitelle am Südportal; Fotos von Klaus Schröer

Abb. 59: La Vera Cruz, Heilig-Kreuz-Reliquar; Foto von Klaus Schröer

Abb. 60: La Vera Cruz, Kirchenfenster mit Johannes dem Täufer; Foto von Klaus Schröer

Abb. 61: La Vera Cruz, freigelegter Hohlraum in der Südapsis (oben); Foto von Klaus Schröer

Abb. 62: La Vera Cruz, Altarblock im Obergeschoß der Kapelle; Foto von Klaus Schröer

Abb. 63: La Vera Cruz, Nische im Obergeschoß mit Ikone; Foto von Klaus Schröer

Abb. 64 a und b: La Vera Cruz, Abendmahldarstellungen; Fotos von Klaus Schröer

Abb. 65: La Vera Cruz, Stifterbild in der Südapsis; Fotos von Klaus Schröer

Abb. 66: La Vera Cruz, Wandgemälde zwischen Südportal und Chor; Fotos von Klaus Schröer

Abb. 67: La Vera Cruz, Wandgemälde zwischen Südportal und Chor (Ausschnitt); Fotos von Klaus Schröer

Abb. 68: La Vera Cruz, Wandgemälde zwischen Südportal und Chor (Ausschnitt); Fotos von Klaus Schröer

Abb. 69: La Vera Cruz, Fresko in der Hauptapsis; Fotos von Klaus Schröer

Abb. 70: La Vera Cruz, Weihinschrift; Fotos von Klaus Schröer

Abb. 71: Kreuzreliquars von Vera Cruz, mittlerweile in Zamarramala befindlich; Zeichnung von Klaus Schröer

Abb. 72: Alfons I. von Aragon

von http://de.wikipedia.org/wiki/Bild:Alfonso_I_de_Arag%C3%B3n.jpg

Vom Fotograf mit dem Username Pablo Alberto Salguero Quiles unter Public Domain-Lizenz veröffentlicht.

Kapitel 6

Abb. 73: Karl der Kühne von Burgund als Souverän der Versammlung des Ordens vom Goldenen Vlies. Miniatur im „Buch des Ordens" von Guillaume Filastre, um 1450, Wien, Haus-, Hof- und Staatsarchiv, Depot des Ordens vom Goldenen Vlies [1]

Abb. 74: Philipp der Kühne, Herzog von Burgund

von http://de.wikipedia.org/wiki/Bild:Philip_II_duke_of_burgundy.jpg [1]

Abb. 75: Johann ohne Furcht, Herzog von Burgund

von http://de.wikipedia.org/wiki/Bild:John_duke_of_burgundy.jpg [1]

Abb. 76: Kette des Ordens vom Goldenen Vlies

von http://de.wikipedia.org/wiki/Bild:Golden_Fleece_dsc02934.jpg

Vom Urheber mit dem Username David Monniaux unter GNU-Lizenz für freie Dokumentation veröffentlicht.

Abb. 77 a und b: Einer von drei Pluvialen aus der Weltlichen Schatzkammer Wien mit
einer Darstellung Gottvaters im Mittelpunkt, Weltliche Schatzkammer, Wien
von http://www.uni-konstanz.de/FuF/Philo/LitWiss/KunstWiss/lehre/
Links%20Kunstgeschichte/Chorm%E4ntel%20und%20Genter%20Altar/chrisman_hpl.htm[1]
Abb. 78: Die iberische Halbinsel um 1360
von http://de.wikipedia.org/wiki/Bild:CastillaLeon_1360.png [1]
Abb. 79: Isabella von Portugal, die dritte Frau Philipps des Guten
von http://de.wikipedia.org/wiki/Bild:CastillaLeon_1360.png [1]
Abb. 80: Werkstatt van Eyck, Ausschnitt aus dem Lebensbrunnen, Madrid, Prado
von http://commons.wikimedia.org/wiki/Image:Niederl%C3%A4ndischer_Meister_001.jpg
(bzw. The Yorck Project: 10.000 Meisterwerke der Malerei. DVD-ROM, 2002. ISBN
3936122202. Distributed by DIRECTMEDIA Publishing GmbH) [1]
Abb. 81: Templerverbrennung
von http://de.wikipedia.org/wiki/Bild:Templars_on_Stake.jpg [1]
Abb. 82: Karl V. mit der Ordenskette des Goldenen Vlises
von http://es.wikipedia.org/wiki/Imagen:Emperor_charles_v.png [1]
Abb. 83: Das Wappen Philipps II. von Spanien
von http://es.wikipedia.org/wiki/Imagen:Armoiries_Philippe_II_d%27Espagne.png
Vom Urheber mit dem Username Odejea unter GNU-Lizenz für freie Dokumentation
veröffentlicht.

Stadtplan Brügge S. 134: von http://foto.brugge.be/dl/plattegrond.pdf mit freundlicher
Genehmigung des In&Uit - Toerisme Brugge
Stadtplan Gent S. 136: von Klaus Schröer erstellter Stadtplan
Stadtplan Segovia S. 138: von http://www.spain.info/TourSpain/Destacados+Multimedia/
?Language=en mit freundlicher Genehmigung durch das Spanische Fremdenverkehrsamt
Foto Vera Cruz S. 143: Fotos von Klaus Schröer

1): Diese Abbildung ist gemeinfrei, weil ihre urheberrechtliche Schutzfrist abgelaufen ist.
Dies gilt für die Europäische Union, die Vereinigten Staaten, Kanada und alle weiteren Staaten mit einer gesetzlichen Schutzfrist von 70 Jahren nach dem Tod des Urhebers. Es wird
explizit darauf hingeweisen, daß die rein technischen Reproduktionen zweidimensionaler
gemeinfreier Vorlagen selbst nicht über genügend Schöpfungshöhe verfügen, um für sie
Schutz im Sinne des Urhebergesetzes zu beanspruchen. Es wird in diesem Zusammenhang
auf folgende Urteile des deutschen Bundesgerichtshofes verwiesen, die diese Auffassung
bestätigen:
BGH, 8. November 1989, Bibelreproduktion, Az. I ZR 14/88
BGH, 7. Dezember 2000, Telefonkarte, Az. I ZR 146/98

Mit Liebe als Pflicht verrichtet.